RECLAMS STÄDTEFÜHRER

München

RECLAMS STÄDTEFÜHRER
ARCHITEKTUR UND KUNST

München

Von Michael und Edda Neumann-Adrian

Mit 26 Abbildungen sowie
9 Plänen und Grundrissen

Philipp Reclam jun. Stuttgart

RECLAMS UNIVERSAL-BIBLIOTHEK Nr. 18454
Alle Rechte vorbehalten
© 2009 Philipp Reclam jun. GmbH & Co., Stuttgart
Umschlagabbildung: Achim Bednorz, Köln
Gesamtherstellung: Reclam, Ditzingen. Printed in Germany 2009
RECLAM, UNIVERSAL-BIBLIOTHEK und
RECLAMS UNIVERSAL-BIBLIOTHEK sind eingetragene Marken
der Philipp Reclam jun. GmbH & Co., Stuttgart
ISBN 978-3-15-018454-7

www.reclam.de

Inhalt

Anhang

München, du Schöne. Ein Kurzporträt

München lockt, München wächst. Fragt man die Deutschen, in welcher Stadt ihres Landes sie am liebsten wohnten, nennen die meisten seit Jahren schon München. Erkundigt man sich bei Wirtschaftsforschern nach den Zukunftsaussichten deutscher Städte, steht München auf einem der vordersten Plätze, u. a. mit jährlich Zehntausenden von Existenzgründungen und neuen Arbeitsplätzen. Die München-Sympathie ist grenzüberschreitend, unter den Besuchern kommt fast jeder zweite aus dem Ausland, mehr als in allen anderen deutschen Städten. Zudem sind Millionäre in München und seinem Umland so zahlreich wie nirgends sonst in Deutschland.

Münchens aus Historie und Moderne geformte Architektur macht noch immer einen Hauptanteil der urbanen Attraktivität aus, im Verbund mit Alpenhorizont und Isarwellen, Englischem Garten und Hofbräuhaus, nicht zu vergessen den FC Bayern und das Oktoberfest. Wie wichtig den Münchnern ihr Stadtbild ist, zeigte sich bei den konkurrierenden Bürgerbegehren über die schon hektisch wachsende Zahl der Hochhäuser. Zur Überraschung vieler stimmte eine klare Mehrheit für die Erhaltung der Stadtsilhouette und forderte mehr Distanz der Hochhaus-Neubauten zum historischen Zentrum.

Wie gewann München, das jahrhundertelang kaum mehr als ein Marktort mit einer bescheidenen Residenz war, seinen Vorzugsplatz? Unter den deutschen Großstädten ist München eine der jüngsten. An der für Schifffahrt nur begrenzt nutzbaren Isar hat es kein römisches Lager gegeben, aus dem eine Stadt hätte wachsen können wie Köln am Rhein, Regensburg an der Donau, Augsburg am Lech. Auch andere Städte sind älter: Frankfurt a. M. war 794 Ort einer Reichsversammlung, Hamburg wurde

schon 831 Bistumsstadt, Leipzig 1015 erstmals erwähnt.
Nur Berlin ist um ein knappes Jahrhundert jünger als
München.

Das erste urkundliche Zeugnis für Münchens Existenz
ist ein Pergament mit dem Rest eines Thronsiegels, das im
Bayerischen Hauptstaatsarchiv aufbewahrt wird: des Stau-
ferkaisers Friedrich I. – genannt ›Barbarossa‹ – Augsburger Schiedsspruch vom 14. Juni 1158, der Herzog Heinrich dem Löwen das **Markt-, Zoll- und Münzrecht** in
München zusprach. Zugleich sicherte das Dokument
Bischof Otto von Freising, der bis dahin Isar-abwärts in
Oberföhring ebendiese Rechte ausgeübt hatte, ein Drittel
der Einnahmen. Der Bischof, ein Onkel des Kaisers, war
ein berühmter Geschichtsschreiber des hohen Mittelalters.
Herzog Heinrichs auf Handelswege und Handelszentren
gerichtete Politik zielte frühzeitig auf reichsweite Vernet-
zung.

München wuchs als Handelsstation und als eine Residenz der Wittelsbacher Herzöge, deren Herrschaft über

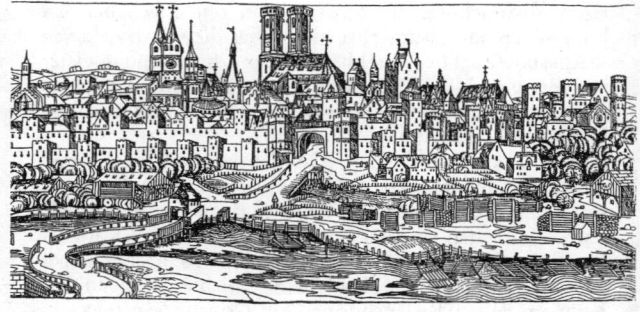

Schedels *Weltchronik* (1493) ist die älteste Ansicht Münchens
(Ausschnitt)

Ober- und Niederbayern und die Pfalz anfangs in vier, dann in drei, später in zwei Linien geteilt war. Erst durch die Wahl des Wittelsbacher Herzogs Ludwig zum deutschen König, 1314, und seine Kaiserkrönung, 1328, trat München in die große Politik ein. Daran erinnert der jüngst teils restaurierte, teils modernisierte **Alte Hof**, der von Ludwig als kaiserliche Residenz genutzt wurde. Dieser Vierflügelbau, eines von Münchens ältesten Bauwerken, war freilich auch zu Ludwigs Regierungszeit kein sonderlich repräsentatives Schloss – der stattliche Torturm wurde erst um 1460 erbaut.

2008 feierte München sein 850-jähriges Stadtjubiläum. Im neuen Passagenviertel um die ›**Fünf Höfe**‹ erinnert im Schäfflerhof eine alte Steintafel an den Stadtbaumeister Jörg von Halspach, genannt Ganghofer, der hier im Jahr 1488 verstarb. Nach der Grundsteinlegung 1468 baute Meister Jörg die ›**Domkirche zu Unserer lieben Frau**‹, eine der größten in Süddeutschland, binnen eines Jahrzehnts bis zum Dachstuhl auf. Bereits 1494 wurde der Bau mit den beiden markanten Türmen geweiht. Weder der in Freising amtierende Bischof noch der Landesherr traten als Bauherren auf, es waren die Münchner, die sich den Dombau vorgenommen hatten. Ablassgelder des Papstes halfen zur Finanzierung.

Auch drei Jahrhunderte nach dem Streit zwischen Herzog Heinrich und Otto von Freising war München mit seinen rund 13 500 Einwohnern nach damaligen Maßstäben noch immer eher eine Kleinstadt. Nun aber manifestierten die fast hundert Meter hohen Domtürme den Anspruch auf Ansehen.

Im **Stadtmodell des Jacob Sandtner** ist das über Jahrhunderte schlichte Stadtbild Münchens präzise erkennbar. Sandtner, Drechslermeister und hervorragender Holzschnitzer aus Straubing, erarbeitete es in sechsjähriger Bauzeit um 1570 im Auftrag von Herzog Albrecht V. Dieser ließ sich zugleich auch von den anderen vier Residenzstädten Bayerns – Landshut, Ingolstadt, Straubing, Burghausen – entsprechende Modelle herstellen (alle im Bayerischen Nationalmuseum, eine vergrößerte Kopie des Münchner Stadtmodells im Stadtmuseum). Ursprünglich war der Kern der Münchner Innenstadt von einem ovalen Mauerring umschlossen, der jüngere, größere Kernbereich hat eher die Gestalt einer Armbrust, mit einem schmalen Ausläufer zur Isar hin.

Schon auf den ersten Blick ist erkennbar, wie dicht besiedelt die Altstadt hinter ihrer im 15. Jh. vollendeten zweiten Stadtmauer bereits um die Mitte des 16. Jh.s war, samt der ›**Neuveste**‹, der Residenz, am Nordrand der Stadtbefestigung. 20000 Einwohner mögen damals in München gelebt haben. Bis gegen Ende des 15. Jh.s war München »kulturell und künstlerisch ... noch von Landshut überstrahlt« gewesen (Norbert Huse). Nun aber kamen Künstler wie Erasmus Grasser aus Krakau und Jan Polack aus der Oberpfalz, der eine schuf das Chorgestühl der Frauenkirche und die Moriskentänzer, der andere Gemälde für die Peters- und die Franziskanerkirche und für die **Blutenburg**, dem letzten erhaltenen spätgotischen Ensemble Münchens.

Der Kunstsinn der Wittelsbacher Herzöge – voran Wilhelm IV., Albrecht V., Wilhelm V. und Maximilian I. – wie auch ihre Entscheidung gegen Luthers protestantische Lehre und für die Gegenreformation lösten eine Welle des anspruchsvollen Bauens und Kunstsammelns aus, die über hundert Jahre anhielt. Der erste Hofgarten entstand (1518), die erste bayerische Gemäldegalerie (um 1530). Mit dem Bau des für die Kunst- und Kuriositätensammlung vorgesehenen **Antiquariums** in der Residenz, das zum Ende des 16. Jh.s seine gültige Gestalt erhielt, und mit der Errichtung der **St. Michaels-Kirche** für die nach Bayern berufenen Jesuiten erhielt München zwei einzigartige Bauwerke im Geist der Renaissance.

Nach dem Staatsbankrott dankte der fromme Wilhelm V.

1597 ab. Unter seinem Sohn Maximilian I. konnten die Münchner 1632 den Einmarsch des Schwedenkönigs Gustav Adolf nicht verhindern, aber die Plünderung ihrer Stadt durch schwedische Truppen unter hohen Opfern abwenden. Maximilian verstand es, in seiner langen Regierungszeit trotz Krieg und Not den architektonischen Wildwuchs der Residenz zu einem in sich geschlossenen Ganzen zu formen: die **Residenz der Wittelsbacher** gilt bis heute als architektonisch reichstes Bauwerk Münchens. Hier wirkten die Niederländer Friedrich Sustris – in Italien aufgewachsen – und Hubert Gerhard, sowie Hans Krumper aus dem bayerischen Oberland.

Maximilians in Turin geborene Schwiegertochter Henriette Adelaide rief italienische Künstler nach Bayern, Architekten und Musiker wie auch die Theatiner-Ordensbrüder. Mit dem Bau der **Theatinerkirche** wurde 1663 begonnen (Weihe 1675; Bauvollendung 1690). Ihre Kuppeln und architektonischen Schwünge kündigen den frühesten großen barocken Kirchenbau nicht nur in München, sondern in Deutschland an, errichtet von den keineswegs immer einigen Architekten Agostino Barelli, Antonio Spinelli, Enrico Zuccalli und Antonio Viscardi.

Barelli und Zuccalli erbauten auch das ›Castello delle Ninfe‹, zu deutsch **Schloss Nymphenburg**, draußen vor der Stadt. Dort schufen sie einen zentralen Kubus einer Landvilla (1675–79), die im 18. Jh. zu einer Sommerresidenz mit einer der schönsten Parklandschaften Europas erweitert wurde. Henriette Adelaides Sohn, Kurfürst Max Emanuel, rief hochkarätige Künstler an den Hof: So konnten Joseph Effner und der Wallone François de Cuvilliés – ein Genie des Dekors – die Parkburgen kreieren, darunter die Amalienburg (1734–39), ein wahres Rokoko-Wunder architektonischer Einbindung in die Parklandschaft, geglückter Proportionen und silberglänzender Floraldekors.

Cuvilliés arbeitete in Adelspalästen im Umkreis der Re-

sidenz, im Bürgersaal und an anderen Plätzen – doch sein
Münchner Hauptwerk wurde das Alte Residenztheater,
das **Cuvilliés-Theater** (1751–53), das er gemeinsam mit
seinem Sohn François de Cuvilliés dem Jüngeren verantwortete. Hier kam Mozarts *Idomeneo* 1781 vor Kurfürst
Karl Theodor zur Uraufführung.

Karl Theodor öffnete sein Residenztheater (1795) und
zuvor schon das ›Churfürstliche Galeriegebäude‹ (seit
1783) am Hofgarten dem Münchner Publikum, zudem
ließ er die Stadtmauern abbrechen (seit 1791). Im Jahr der
Französischen Revolution 1789 entschied er auf Rat Graf
Rumfords, die Anlage des **Englischen Gartens** zur gemeinsamen Nutzung von Militär und Bürgern vorzubereiten. Hier erwies sich Friedrich Ludwig von Sckell als
Meister der Gartengestaltung nach dem Muster des englischen Landschaftsgartens, zuerst im Nymphenburger
Park, dann im Englischen Garten.

Dass München und die Wittelsbacher Dynastie die stür-
mische napoleonische Zeitenwende überstanden und das
Kurfürstentum mit beträchtlich vergrößertem Staatsgebiet
noch zum Königreich avancierte, war dem politischen Ge-
schick des Grafen Maximilian von Montgelas zu danken.
Montgelas, ein Mann der Aufklärung und ein rigoros ziel-
bewusster Reformer, gab als Super-Minister König Maximilians I. Joseph dem bayerischen Staat moderne Strukturen der Verwaltung und eine erste Verfassung mit Frei-
heits- und Gleichheitsrechten für die Bürger.

Mit dem Kronprinzen Ludwig plante Graf Montgelas
auch die Stadterweiterungen, voran die **Maxvorstadt**.
Dafür wurde 1807 der erste städtebauliche Wettbewerb
Deutschlands ausgeschrieben. Daraus erarbeiteten Carl
von Fischer und Ludwig von Sckell den Generalplan, der
1812 vom König genehmigt wurde: Kronprinz Ludwigs
Vision einer **»Kunststadt München«** begann Gestalt an-
zunehmen. Allerdings setzte Ludwig 1817 bei seinem Vater die Entlassung des Grafen Montgelas aus seinen Minis-

terämter durch – empört über die Abschaffung der Klöster und die Verschleuderung katholischer Kunstschätze im Zeichen von Säkularisation und Moderne.

Ludwigs I. stolzer Satz: »Ich will aus München eine Stadt machen, die Deutschland so zur Ehre gereicht, dass niemand sagen kann, er kenne Deutschland, wenn er München nicht gesehen hat«, war ein Bekenntnis zur Kunst und zur Erneuerung mehrerer Kunsttraditionen. Tatsächlich versammelte er auf dem Areal um die Altstadt und die Residenz Nachbildungen der griechischen und römischen Antike, der italienischen Renaissance und von byzantinischen Kirchen, unermüdlich war er mit Architekten im Gespräch und selten zufrieden mit dem Erreichten. Lang ist die Liste der Künstler, die er beschäftigte.

Ludwig I. plante in großen Maßstäben. Leo von Klenzes anlässlich des Baus der **Ludwigstraße** überlieferter Protest: »München ist nicht Rom, und Herr Meyer, für den das Haus errichtet wird, kein Farnese oder Pitti«, wollte der König nicht akzeptieren und vertraute den nördlichen Teil der monumental entworfenen Straße samt **Universität** und **Siegestor** dann Friedrich von Gärtner an. Auf Grund des großen Maßstabs konnten sich die Bauten Ludwigs auch im letzten Drittel des 19. Jh.s behaupten, als die Stadt stark wuchs und im Zeichen des Historismus Neorenaissance und Neobarock die Neubauszene beherrschten.

Was nach Ludwigs I. Abdankung 1848 sein vor allem wissenschaftlich interessierter Sohn und Nachfolger Maximilian II. städtebaulich zuwege brachte, darf nicht unterschätzt werden. Die von Friedrich Bürklein geschaffene **Maximilianstraße** samt dem märchenhaft über der Isar thronenden **Maximilianeum** zeigt in ihrem etwas steifen ›Maximilianstil‹ doch eine unverwechselbar eigene Art. Auch der ›Glaspalast‹ am Alten Botanischen Garten war ein Novum auf dem Kontinent, nach Londoner Vorbild 1854 aus Stahl und Glas geschaffen, 1931 abgebrannt und heute als Vorform zahlloser Bürokuben des 20. und 21. Jh.s erkennbar.

1846 hatte München 100000 Einwohner, im Jahre 1900 waren es 500000. Als Hauptstadt des bayerischen Staates, dem damals auch die linksrheinische Pfalz zugehörte, zog München vielerlei Gewerbe, Studenten und Wissenschaftler, Staatsbedienstete sowie eben auch Künstler und Literaten an.

Wie stark Ludwigs I. Kunststadt-Vision ausstrahlte, bezeugt die Prinzregenten-Ära 1886–1912, als München ein »Isar-Athen«, ein Magnet für Künstler und Literaten geworden war, die ›Malerfürsten‹ Franz von Lenbach und Franz von Stuck ihre Residenzen bauten und in Schwabing unzählige Künstlerfeste gefeiert wurden. Die Prinzregenten-Ära war die Zeit des **Münchner Jugendstils**, zugleich auch die Zeit der Künstlergruppe ›Blauer Reiter‹ um Franz Marc und Wassily Kandinsky, die im Zeichen einer neuen Wahrnehmung von Farbe als Ausdruck seelischer Befindlichkeit dem Expressionismus nahestanden.

Die Zeit der beiden Weltkriege hat München nur schwer beschädigt überstanden. Nach 1945 war der Innenstadtbereich zu 70 Prozent ausgebrannt, die Kirchendächer eingestürzt, auch die Residenz großenteils zerstört. Fünf Millionen Kubikmeter Trümmerschutt mussten geräumt werden, ein Volumen von zwei Cheopspyramiden. Max Frisch, der im April 1946 aus der Schweiz in die deutschen Trümmerstädte reiste, hielt fest: »… Auch die Liebfrauenkirche ist ein offener Raum mit schwirrenden Vögeln darin. Wie ein Gast steht ein einzelner Pfeiler in der Mitte, wie ein Heimkehrer, der sich umschaut; irgendwo sieht man Ansätze eines Gewölbes, Fetzen einer Malerei, die an die Sonne kommt. Das Dach ist ein schwarzes Gerippe.«

Der Münchner Stadtrat entschied sich für den ›Münchner Weg‹ des Wiederaufbaus. Gegen den Trend der ersten Nachkriegsjahre, schmuck- und schnörkellos aufzubauen, plädierte der seit 1938 amtierende Stadtrat Karl Meitinger dafür, die historischen Bauten so weit wie möglich zu erhalten oder zu rekonstruieren, zugleich aber zukunftsorientiert zu planen. Die große Mehrheit der Münchner stimmte zu.

Die enorme Arbeit des Wiederaufbaus wurde geleistet. Ende der 1950er-Jahre zählte die Stadt bereits eine Million Einwohner. Für den gleichfalls stark anwachsenden Verkehr schlug der Bau des **Altstadtrings** und des **Mittleren Rings** Breschen in den noch erhaltenen Baubestand, so auch in der Maximilianstraße. Die 1960er-Jahre brachten einen Schub der Modernisierung mit U- und S-Bahn-Bauten und neue Sportstätten für die Olympischen Spiele 1972. Gegen starke Widerstände konnten die Architekten Günther Behnisch und Frei Otto dessen weltweit bewunderte Zeltkonstruktionen für das **Olympiagelände** durchsetzen. Große Parkgelände und neue Stadtteile entstanden. 1992 wurde der Flughafen nach Hallbergmoos im Nordosten der Stadt verlagert, das Gelände des Flughafens Riem für die neue Messestadt Riem genutzt.

Mit einem Rückgriff auf den Nymphenburg-Biederstein-Kanal des Kurfürsten Maximilian Emanuel um 1700 und auf die Grüngürtel-Planungen König Maximilians II. Joseph entstand das Parkband zwischen Nymphenburger Park und Englischem Garten im Norden Münchens. Der Petuel-Tunnel für den Mittleren Ring ermöglichte den neuen Petuel-Park. Riss die Isar noch um 1900 Münchner Brücken ein und wurde deshalb zum Schutz gegen Hochwasser eingefasst und begradigt, wurde sie hundert Jahre später im Stadtgebiet so weit wie möglich renaturiert.

München wächst. Große Neubaugebiete zum Wohnen und Arbeiten werden am Westrand der Stadt in Freiham und auf freigegebenen Bahnflächen im Zentrum zwischen Hauptbahnhof und Pasing erschlossen. Der aktuelle Stadtentwicklungsplan ›Perspektive München‹ verspricht unter dem Motto »kompakt – urban – grün« bürgerfreundlich

zu sein. Die ›Kunststadt München‹ arbeitet an einer
großen Lösung der **Pinakotheken**-Situation. Umstritten
bleibt der Hochhausboom. Einer zurückhaltenden Hoch-
hauspolitik steht die Absicht entgegen, den »Rahmen der
Hochhausstudien im Einzelfall zeitgemäßer« auszulegen.

Ein Modell der Münchner Innenstadt um das Jahr 2000
ist derzeit im Stadtmuseum zu besichtigen. Wie das berühmte Sandtner-Modell angelegt, dokumentiert es die Situation rund vier Jahrhunderte später.

Stadtgeschichte in Daten

1156   Der Welfen-Herzog Heinrich der Löwe, Sohn Heinrichs des Stolzen, erhält auf dem Reichstag in Regensburg von Friedrich Barbarossa das Herzogtum Bayern als Lehen.

1158   Münchens ›Geburtsurkunde‹: Kaiser Friedrich Barbarossa schlichtet auf dem Reichstag zu Augsburg (14. Juni 1158) den Streit zwischen Heinrich dem Löwen und Bischof Otto von Freising. Streitgegenstand sind Markt, Zollbrücke und Münze – überliefert ist die Zerstörung der bischöflichen Isarbrücke bei Föhring und der Bau einer neuen Brücke bei München (»apud Verigen et Munichen«). Heinrich dem Löwen wird das Marktrecht samt Marktzoll und Münzrecht zugesprochen mit der Auflage, ein Drittel der Einkünfte dem Bischof zu geben. Diese Urkunde war den Chronisten des Mittelalters unbekannt, sie wurde erst 1582 veröffentlicht.

1175   Erste Stadtbefestigung Münchens.

1180   Kaiser Friedrich Barbarossa verhängt über Heinrich den Löwen die Reichsacht, da dieser den Kaiser auf seinem fünften Italienzug nicht unterstützt hat. Bayern fällt an Pfalzgraf Otto von Wittelsbach.

1221/22   Franziskaner gründen eine Niederlassung außerhalb der Stadtmauer, das Angerkloster am Jakobsplatz.

1239   Das Stadtsiegel ist erstmals auf einer Urkunde bezeugt, bereits mit dem Mönchskopf unter Kapuze (›Münchner Kindl‹) und zinnenbekröntem Stadttor.

vor 1250	Die Vorgängerkirche der heutigen Frauenkirche wird erbaut, mit zwei Türmen.
1255	Erste Teilung der Wittelsbacher-Herrschaft in Oberbayern (Ludwig II., Residenz München) und Niederbayern (Heinrich XIII., Residenz Landshut).
1285	Pogrom gegen die Juden: die Gemeinde wird in ihrer Synagoge verbrannt, die Namen von 60 Opfern sind überliefert.
um 1289	Ein zweiter Mauerring, die Stadt ist um das Fünffache gewachsen. Herzogliche Hofhaltung in München (›Alter Hof‹).
1294	Herzog Rudolf bestätigt die Stadtrechte, dabei auch die niedere Gerichtsbarkeit. – Über die Münzverschlechterung empörte Bürger zerstören die herzogliche Münzschmiede.
1314	Doppelwahl des Habsburgers Friedrich des Schönen und des Wittelsbacher Herzogs Ludwig zum deutschen König. München avanciert zur Hauptstadt des Reiches.
1322	Bei Mühldorf/Ampfing überwältigt König Ludwig das Heer Friedrichs von Habsburg.
1328	Kaiserkrönung König Ludwigs. Die Reichskleinodien werden in München bewahrt.
1467–1509	Herzog Albrecht IV. profiliert sich als erster Humanist der Wittelsbacher.
1505	München ist jetzt die alleinige Hauptstadt Bayerns. Das Primogeniturgesetz (1506) unterbindet neue Teilungen.
1508–50	Herzog Wilhelm IV. stellt sich im Streit der Konfessionen auf die Seite der Katholiken.
1550–79	Albrecht V. sammelt antike Skulpturen, beruft Orlando di Lasso, lässt das ›Antiquarium‹ bauen, Deutschlands erstes Museum.
1579–97	Herzog Wilhelm V. lässt den hl. Benno von

Meißen 1580 zum Stadtpatron Münchens erheben.

1597–1651	Herzog Maximilian I. gründet 1609 die ›Katholische Liga‹ in München.
1618–48	Dreißigjähriger Krieg. Herzog Maximilian I. siegt mit Johann Tilly 1620 in der Schlacht am Weißen Berge bei Prag gegen den protestantischen Gegenkönig Friedrich V. von der Pfalz und erhält 1623 die von der Pfalz auf Bayern übertragene Kurwürde.
1628	Münchens erste Zeitung erscheint.
1632	Münchens Stadtbefestigung wird modernisiert. Die Stadt kapituliert vor dem Angriff des Schwedenkönigs Gustav Adolf, muss 300 000 Taler zahlen und Geiseln stellen, um Plünderung und Brand zu vermeiden.
1634/35	Pest, wohl 15 000 Einwohner sterben.
1651–79	Kurfürst Ferdinand Maria. Seine Ehe mit der Savoyer Prinzessin Henriette Adelaide bringt italienische Architekten, Stuckateure, Musiker nach München. Die Theatinerkirche, Schloss und Park Nymphenburg und barocke Adelspaläste werden gebaut.
1679–1726	Kurfürst Max Emanuel, genannt der ›blaue Kurfürst‹, ein Mann der hochgesteckten Ziele: Als 21-Jähriger verteidigt er Wien gegen das osmanische Heer 1683, mit 26 Jahren wird er europaweit als Eroberer Belgrads bewundert, fast ein Jahrzehnt ist er Statthalter in den Niederlanden, im Spanischen Erbfolgekrieg kämpft er auf der Seite Frankreichs, seines ehemaligen Gegners; 1706 wird die Reichsacht gegen ihn verhängt, erst 1715 kehrt er aus dem französischen Exil nach München zurück und erhält sein Kurfürstentum zurück, wo ein Jahrzehnt lang die Österreicher geherrscht

hatten mit München als ›Kaiserlicher Hauptstadt in Bayern‹. Der Heimgekehrte ruft
Künstler, Architekten und Gartenkünstler
nach München: François de Cuvilliés und
Guillaume de Groff, André Le Notre, Dominique Girard.

1777/78   Kurfürst Maximilian III. Joseph stirbt ohne
Erben, Ende der altbayerischen, ludovizischen
Linie der Wittelsbacher. Bayern fällt an die
pfälzische, rudolfinische Linie, Bayern und
Pfalz sind erstmals seit 1329 wieder vereint.
Kurfürst Karl Theodor zieht von Mann-
heim nach München. Sein Angebot an Kaiser
Joseph II., Bayern gegen die habsburgischen
Niederlande zu tauschen, empört viele
Münchner.

1778/79   Im bayerischen Erbfolgekrieg verhindert der
Preußenkönig Friedrich II. Bayerns An-
schluss an Österreich, wird von den Bayern
gefeiert. Kurfürst Karl Theodor zieht zeitweise wieder nach Mannheim.

1784–98   Benjamin Thompson, Graf von Rumford,
Physiker, Offizier und Politiker aus
Massachusetts, stellt das bayerische Militär-
wesen neu auf und gründet den Englischen
Garten.

1791   München beginnt Stadtmauern abzubrechen.

1799–1825   Kurfürst Maximilian V. Joseph, als Bündnis-
partner Napoleons von 1806 an König Maximilian I. Joseph.

1799–1817   Maximilian Joseph Graf Montgelas, Münchner aus altem savoyischen Geschlecht, setzt
als mächtiger Minister ein Bündel von Reformen durch, verkürzt den Einfluss von Kirche
und Adel, vergrößert Bayern und legt den
Grund für den modernen Staat.

1802/03	Säkularisation: geistliche und weltliche Herrschaften fallen an den Staat.
1806	Ende des Heiligen Römischen Reiches Deutscher Nation.
1808	Bayern erhält als erster deutscher Staat seine Verfassung. Die Leibeigenschaft wird aufgehoben, Pressefreiheit gewährt.
1810	Kronprinz Ludwig feiert seine Hochzeit mit Prinzessin Therese von Sachsen-Hildburghausen mit der Landwirtschaftsschau auf dem danach Theresienwiese benannten Gelände. Hier beginnt die Tradition des Münchner Oktoberfests auf der ›Wies'n‹.
1825–48	König Ludwig I., der Bewunderer der Antike, schafft ein neues München, eine Stadt der Künste ohne Fabrikschlote. Der Industrie werden Nürnberg und Augsburg zugewiesen. Ludwig beruft Leo von Klenze, Friedrich von Gärtner und Karl von Fischer.
1826	Die Landesuniversität zieht von Landshut nach München.
1848	Bürgeraufstand gegen Ludwigs I. Protektion der Lola Montez, der König dankt zugunsten seines Sohnes ab.
1848–64	König Maximilian II. Joseph fördert München mit der Berufung von ›Nordlichtern‹ – Gelehrten und Literaten.
um 1850	München zählt 100 000 Einwohner, ist damit die viertgrößte Stadt Deutschlands nach Berlin, Hamburg und Breslau.
1861	Juden dürfen in München Geschäfte eröffnen.
1864–86	König Ludwigs II. vergeblicher Versuch, das von Gottfried Semper entworfene Festspielhaus für Richard Wagner auf dem Isar-Hochufer zu realisieren. Großer Wintergarten auf dem Dach über dem ›Kaisertrakt‹ der Residenz.

1883	Zentrale Wasserversorgung Münchens aus dem Mangfalltal, seither bestes Trinkwasser aller deutschen Großstädte.
1886	Ludwig II. stirbt im Starnberger See; die Umstände sind bis heute ungeklärt.
1886–1912	Münchens Prinzregentenzeit – demokratischer und toleranter als das Leben in Berlin. Prinzregent Luitpold führt für Prinz Otto, den geistesgestörten Bruder Ludwigs II., die Regierungsgeschäfte. Bayern ist seit 1870/71 nicht mehr souverän, sondern Bundesstaat des Deutschen Reiches. Ludwigs I. ›Isar-Athen‹ ist zum Magneten für Künstler und Literaten geworden, Hunderte zieht es zur Schwabinger Boheme. Die ›Malerfürsten‹ Franz von Lenbach und Franz von Stuck, Thomas Mann, Frank Wedekind, Rilke und George sowie die Münchner Secession, die Architekten und Designer des Jugendstils, dann der Blaue Reiter erschließen neue Wahrnehmung und neues Bewusstsein. Zugleich baut sich Münchens wohlhabendes Bürgertum Wohnpaläste im Neorenaissance-, Neobarock- und Neorokoko-Stil – zehnmal mehr als im Jugendstil.
1889	Wettbewerb zur Stadterweiterung. Der Architekt Theodor Fischer leitet das Stadterweiterungsbüro: seine bis 1979 gültige ›Staffelbauordnung‹ stimmt Verdichtung und Höhenentwicklung ab.
1896	Gründung des ›Volks-Hochschul-Vereins München e. V.‹. Später entsteht daraus die Volkshochschule München e. V.
1900	Seit 1850 hat sich die Einwohnerzahl verfünffacht auf eine halbe Million Menschen, Umlanddörfer werden eingemeindet.

1900–02	Für zwei Jahre taucht ein russischer Revolutionär mit falschem Pass in München unter: Wladimir Iljitsch Uljanow, bekannter unter seinem Decknamen Lenin (gelegentlich auch Iordan K. Iordanow).
1906	Einführung des allgemeinen, gleichen, direkten und geheimen Wahlrechts.
1913–18	Ludwig III., der letzte Wittelsbacher König. Der Erste Weltkrieg, 1914 auch in München von Abertausenden begeistert begrüßt, bringt bald Verknappung der Lebensmittel, Hunger und Kälte. An den Fronten sterben 190000 bayerische Soldaten.
1918–19	Auf die Kapitulation des Deutschen Reiches folgt die Flucht Ludwigs III. Kurt Eisner ruft am 7. November die Republik Bayern aus, wird zum Ministerpräsidenten gewählt – und am 21. Februar 1919 hinterrücks von Leutnant Anton Graf von Arco-Valley erschossen.
1919	Am 7. April proklamiert der ›Revolutionäre Zentralrat‹ die Räterepublik. Eine Rote Armee wird aufgestellt, ein zehntägiger Generalstreik ausgerufen. Eskalation des Unheils: Schon im Mai vertreiben preußische Truppen und bayerische Freikorps die roten Arbeiter-, Bauern- und Soldatenräte. Hunderte sterben, als Rache für die Geiselerschießungen. Im selben Jahr hat Adolf Hitler seinen ersten Redeauftritt bei der ›Deutschen Arbeiter Partei‹: Der Ex-Frontsoldat ist von der Reichswehr als Beobachter zur DAP geschickt worden, hält eine viertelstündige Rede, wird ›Werbeobmann‹ der DAP und avanciert zum ›Führer‹, die DAP heißt nun Nationalsozialistische Deutsche Arbeiterpartei (NSDAP).

1923　　　Hitlers ›Marsch auf die Feldherrnhalle‹ endet
　　　　　mit dem Tod von 16 Putschisten und vier
　　　　　Polizisten. Hitler wird des Hochverrats ange-
　　　　　klagt. Ihm drohen als unerwünschtem Aus-
　　　　　länder Abschiebung nach Österreich oder ein
　　　　　scharfes Urteil, doch kommt er mit der Min-
　　　　　deststrafe von fünf Jahren Festungshaft und
　　　　　der Zusage baldiger Haftverschonung davon.

1933　　　Nach Hitlers Sieg bei der Reichstagswahl am
　　　　　9. März ernennt Reichspräsident Hindenburg
　　　　　Generalleutnant Franz Ritter von Epp zum
　　　　　Reichsstatthalter in Bayern (›Nationalsozialis-
　　　　　tische Revolution‹). Das NS-Blatt *Völkischer
　　　　　Beobachter* schildert bereits am 24. März das
　　　　　›Konzentrationslager bei Dachau‹: ›Für Ar-
　　　　　beitsscheue gibt es zunächst verkürzte Ratio-
　　　　　nen, wenn das nicht hilft, werden Haftstrafen
　　　　　verhängt.‹ Wohl über 43 000 Menschen kom-
　　　　　men bis zur Befreiung am 29. April 1945 im
　　　　　KZ Dachau ums Leben.

1935　　　›Führer-Bauten‹ am Königsplatz. München
　　　　　erhält als Parteizentrum der NSDAP den Ti-
　　　　　tel ›Hauptstadt der Bewegung‹.

1937　　　Der Ruf der ›Kunststadt München‹ wird von
　　　　　den Nationalsozialisten durch die Ausstellung
　　　　　›Entartete Kunst‹ missbraucht.

1938　　　›Münchner Abkommen‹: Frankreich, Groß-
　　　　　britannien und Italien geben Hitler freie
　　　　　Hand zu Gebietsabtrennungen in der Tsche-
　　　　　choslowakei. – Sogenannte ›Reichskristall-
　　　　　nacht‹, systematische Verfolgung der Juden.

1939　　　Das Hitler-Attentat des Buchdruckers Johann
　　　　　Georg Elser am 9. November 1939 im Bür-
　　　　　gerbräukeller misslingt (Gedenkplatte am
　　　　　GEMA-Brunnen). Mit dem Angriff auf Polen
　　　　　löst Hitler den Zweiten Weltkrieg aus.

1940–45	71 Luftangriffe der Alliierten überziehen Münchens Zivilbevölkerung mit Bomben. Etwa 60 Prozent der Münchner Altstadt, 70 Prozent von Schwabing werden zerstört.
1946	Stadtbaurat Karl Meitinger: »Wir müssen unter allen Umständen trachten, die Erscheinungsform und das Bild der Altstadt zu retten und müssen alles erhalten, was von Gutem und Wertvollen noch vorhanden ist.«
1948	Gründung der Bayerischen Akademie der Schönen Künste.
1960	Zunehmende Verluste alter Bausubstanz – zugunsten von Straßenerweiterungen und Neubauten.
1957	München hat eine Million Einwohner.
1972	Die XX. Olympischen Spiele werden durch den Überfall palästinensischer Extremisten auf die israelischen Sportler überschattet. Das Olympische Zeltdach-Stadion überdauert als eine architektonische Bravourleistung.
1989–93	Heftig umstrittener Neubau der Bayerischen Staatskanzlei am Hofgarten der Residenz.
1996–2002	Trotz Finanznot: der Bayerische Staat lässt die ›Pinakothek der Moderne‹ erbauen.
2004	Münchens Alt-Oberbürgermeister Georg Kronawitter setzt das Bürgerbegehren gegen Hochhausbauten im Stadtbild durch.
2007	Ludwig-Maximilian-Universität und Technische Universität werden mit dem ›Excellence-Rang‹ ausgezeichnet.
2008	München feiert sein 850-Jahr-Jubiläum – im Vergleich mit den antiken Stadtgründungen Roms wie Köln und Regensburg eine immer noch junge Stadt.

Wittelsbacher Herrscher –
Herzöge, Kurfürsten, Könige

Herzog Ludwig IV. der Bayer, 1294–1347, 1314 König,
1328 deutscher Kaiser

Herzog Albrecht IV., der Weise, 1503–08, Humanist,
Primogenitur-Gesetz

Herzog Wilhelm IV., 1508–50, Neuveste, Hofgarten,
Gemäldegalerie

Herzog Albrecht V., 1550–79, Orlando di Lasso,
Antiquarium, Kunstkammer

Herzog Wilhelm V., 1579–97, St. Michael, »Maxburg«,
Renaissancekultur

Kurfürst Maximilian I., 1597–1651, Vergrößerung der
Residenz, Mariensäule

Kurfürst Ferdinand Maria, 1651–79, Theatinerkirche,
Nymphenburg

Kurfürst Maximilian II. Emanuel, 1679–1726, Parkburgen,
Schloss Schleißheim

Kurfürst Karl Albrecht, 1726–45, 1742 Kaiser, Rokoko –
Residenz, Adelspaläste

Kurfürst Karl Theodor, 1777–99, Englischer Garten,
›Entfestigung‹ Münchens

König Maximilian I. Joseph, 1806–25, Klassizismus

König Ludwig I., 1825–48 (Abdankung), Kunststadt
München, Isar-Athen

Kulturkalender

Februar

Fasching: Faschingstreiben auf dem Marienplatz und anderen Plätzen am Faschingssonntag und -dienstag. Tanz der Marktfrauen am Faschingsdienstag in der Frühe.

Schäfflertanz: Handwerksbrauch der Fassmacher, alle sieben Jahre zwischen Dreikönigstag und Faschingszeit, auf Straßen und Plätzen (nächster Termin 2012).

Münchner Antiquitätenmarkt (Löwenbräukeller).

März/April

Starkbierzeit: 4. und 3. Woche vor Ostern, in den Bierkellern der Brauereien.

Internationale Handwerksmesse (Neue Messe München).

April/Mai

Frühlingsfest der Münchner Schausteller (Theresienwiese).

Auer »Mai«-Dult / Frühjahrsdult (Mariahilfplatz): Traditioneller Markt auf dem Auer Kirchplatz für Hausfrauen und Kinder, Sammler und Kunstfreunde. Siehe auch Juli/August und Oktober.

Mai

Fronleichnamsprozession: 2. Sonntag nach Pfingsten.

Juni/Juli

Schwabinger Woche: literarisch-musikalisches Gaststättenfest, zwei Wochen im Juni/Juli.

Nymphenburger Sommerspiele (Steinerner Saal des Schlosses Nymphenburg).

Juli/August

Münchner Opernfestspiele (Nationaltheater, Cuvilliés-Theater).

Auer »Jakobi«-Dult / Sommerdult (Mariahilfplatz).

Juni/August/September

Münchner Große Kunstausstellung (Haus der Kunst).

September/Oktober

Oktoberfest (Theresienwiese): zur Eröffnung Einzug der Wirte und Brauereien. Ab dem vorletzten Samstag im September wird 2 Wochen lang gefeiert.

Oktober

Auer »Kirchweih«-Dult / Herbstdult (Mariahilfplatz).

November

Münchner Antiquitätenmarkt (Löwenbräukeller).

November/Dezember

Münchner Bücherschau (Gasteig-Zentrum): Neuheiten Bayerischer Verlage.

Dezember

Christkindlmärkte (u. a. Marienplatz): an vielen Plätzen der Stadt, auf dem Marienplatz mit großem Lichterbaum vor dem Rathaus.

Rundgänge

1. Tag: Plätze, Straßen, Kirchen
Marienplatz mit Mariensäule, Neues Rathaus,
Altes Rathaus, Frauenkirche, Neuhauser Straße,
Michaelskirche, Karlsplatz, Justizpalast,
Lenbachplatz, Künstlerhaus, Maximiliansplatz,
Promenadeplatz, Fünf Höfe, Adelspaläste
Prannerstraße und Umkreis, Salvatorkirche,
Literaturhaus, Theatinerkirche, Feldherrenhalle,
Hofgarten.

2. Tag: Residenz, Museum, Theater und Oper
Max-Joseph-Platz, Residenz (vor- und
nachmittags werden unterschiedliche
Führungswege angeboten), Nationaltheater,
Allerheiligen-Hofkirche, Marstallplatz, Alte
Münze, Alter Hof (ehemalige Kaiserburg),
Weinstadl (ehemalige Stadtschreiberei),
Hofbräuhaus, Maximilianstraße, Kammerspiele
im Schauspielhaus (tagsüber nur Foyer), Isartor
(Valentin-Musäum), Heiliggeist-Kirche,
Marienplatz.

**3. Tag: Viktualienmarkt, Stadtmuseum, Jüdisches
Museum, Sendlinger Tor**
Alter Peter, Viktualienmarkt, Schrannenhalle,
Stadtmuseum am Jakobsplatz, Synagoge und
Jüdisches Museum, Ignaz-Günther-Haus,
Asamkirche, Marionettentheater, Sendlinger Tor
und Matthäuskirche, über Sonnenstraße zum
Stachus.

4. Tag: Maxvorstadt
Odeonsplatz, Ludwigstraße, Ludwigskirche,
Universität, Siegestor, Akademie der Künste,
Alter nördlicher Friedhof, Museumsmeile mit

Pinakotheken, Hochschule für Musik und Theater,
Königsplatz, Karolinenplatz, St. Bonifaz, Alter
Botanischer Garten.

5. Tag: **Schwabing, Englischer Garten, Lehel**
Leopoldstraße, Ainmillerstraße und Jugendstil in
Schwabing, Erlöserkirche, Wedekind-Platz,
Englischer Garten, über Himmelreich- und
Reitmorstraße zur Schackgalerie, Bayerisches
Nationalmuseum, Prinz-Carl-Palais, Staatskanzlei.

6. Tag **Bogenhausen und Haidhausen, Isarvorstadt**
Über die Luitpoldbrücke zum Friedensengel,
Villa Stuck, Prinzregententheater, Jugendstil in
Lucile-Grahn-, Maria-Theresia- und
Holbeinstraße, durch die Maximilian-Anlagen des
Isar-Hochufers zum Maximilianeum,
Gasteig-Kulturzentrum und Deutsches Museum.

7. Tag **Schwanthaler Höhe, Nymphenburg,
Olympiapark, BMW-Welt**
Bavaria und Ruhmeshalle an der Theresienwiese,
Nymphenburger Schloss und Park, Botanischer
Garten, Olympiapark, BMW-Welt, Allianz-Arena.

Altstadt I

Marienplatz – Stachus – Hofgarten

Marienplatz (I D6/E6): Ludwig der Bayer, der 1314 zum König gewählt und 1328 in Rom zum Kaiser gekrönt wurde, gab 1315 den Münchnern die Marktfreiheit, unter der Bedingung, auf dem Marktplatz sollte niemand »furbas niht pauwen, weder mauren noch zimmern«. Diese Maßgabe hat bis heute Bestand, von temporären Bauten für Fronleichnamsprozessionen, FC-Bayern-Siegesfeiern, Großpolitiker-Auftritten oder dem Münchner Christkindlmarkt abgesehen.

Einzige dauerhafte Bauten sind noch immer – außer den U- und S-Bahn-Zugängen – die **Mariensäule** von 1638 und der **Fischbrunnen**. Dieser gilt als unentbehrlich für die Stadtfinanzen, die nur dann in den schwarzen Zahlen bleiben, wenn am Aschermittwoch der Bürgermeister sein Portemonnaie darin wäscht. Ein erster Brunnen ist bereits 1318 nachgewiesen, den gegenwärtigen Brunnen schufen 1954 Josef Henselmann – das achtseitige Brunnenbecken mit Relief – und Otto Kallenbach, dessen Werk der Kugelkarpfen auf der stämmigen Mittelsäule ist. Die Bronzefiguren der drei feschen Metzgerburschen waren noch von dem Vorgänger-Brunnen Konrad Knolls von 1865 erhalten geblieben.

Auf dem Marienplatz kreuzten sich die Handelsstraßen, die Ost-West-›Salzstraße‹ mit Nord-Süd-Routen. Erst nach der Entfestigung der Stadt und dem Ausbau der Altstadtumfahrung seit dem frühen 19. Jh. verlief der Fernverkehr nicht mehr durch die Stadtmitte. Doch als Teil der Münchner Fußgängerzone ist der Marienplatz heute Knotenpunkt wichtiger unterirdischer Verkehrslinien, die weit ins Umland führen. Die Entfernungstafeln auf den Autobahnen beziehen sich auf die Mariensäule. Das Herzstück der Stadt blieb der Marienplatz ohnehin.

Ausgrabungen belegen für den Marienplatz Siedlungs-
reste aus der ersten Hälfte des 11. Jh.s., mehr als ein Jahrhundert vor Heinrichs des Löwen Stadtgründung. Im
Mittelalter und noch in der Barockzeit wurde der Platz
schlicht ›Marktplatz‹ genannt, bis 1854 dann ›Schrannen-
platz‹, als der hier stattfindende Getreidemarkt in die Blumenstraße verlegt wurde. 1854 brach in München eine
Cholera-Epidemie aus, worauf die Stadtväter den Namen
›Marienplatz‹ wählten, nach der *Patrona Bavariae* und in
Erinnerung an das kurfürstliche Gelübde Maximilians I.,
der nach überstandener Kriegsgefahr 1637–38 die Mariensäule errichten ließ.

In der Randbebauung mit Altem und Neuem Rathaus,
mit Restaurants, Cafés und Kaufhäusern dominiert am
Marienplatz die neogotische Fassade des Neuen Rathauses. Mit der Ausbreitung moderner Glas- und Stahlfassa-
den fügt sich der flandrisch eingefärbte Historismus dieses
Baus zunehmend in die Reste der gewachsenen Altstadt
ein. Der Konsumtempel gegenüber wird dagegen noch
immer als unverzeihliche Stadtbildverletzung wahrgenom-
men. Er wurde 1972 nach Plänen von Josef Wiedemann
errichtet. Ihm musste das im Krieg unzerstört gebliebene
Jugendstil-Kaufhaus Roman Mayr weichen.

Mariensäule (I E6; Marienplatz): 1632, mitten im Dreißigjährigen Krieg, war München schwer bedroht. Weder
hinreichend durch Mauern und Bastionen noch durch Militär geschützt, hatte die Stadt dem anrückenden Schwedenkönig Gustav Adolf und seinem Heer nichts entgegen-
zusetzen. Kurfürst, Adel und wohlhabende Bürger flohen
mit ihren Wertsachen ins Salzburger Land und nach Tirol.
1631 hatten die kaiserlichen Truppen Johann Tserclaes Til-
lys – des Oberbefehlshabers der katholischen Liga – das
protestantische Magdeburg erobert und geplündert. Bis
auf den Dom war die Stadt an der Elbe verbrannt, 20000
Menschen waren umgebracht worden. Dafür drohte den
Münchnern nun die Rache. Bürgermeister und Stadtrat

boten in Freising dem Schwedenkönig die Kapitulation und Zahlung einer Kontribution an, damit er die Stadt verschone. Fast eine halbe Million Gulden sollte München zahlen, brachte aber kaum ein Drittel der Summe auf und musste 48 prominente Geiseln geben. In seinem Exil in Braunau am Inn gelobte Kurfürst Maximilian I. »ein gottgefälliges Werk«, wenn München und Landshut vor »Ruin und Zerstörung erhalten würden«.

Dies gelang, auch wenn München durch die Pest vom Sommer 1634 bis ins Frühjahr 1635 ein Drittel der rund 20000 Stadtbewohner verlor. Im Mai 1635 kehrte der Kurfürst in seine Residenz zurück und begann, sein Gelübde zu erfüllen. Er beriet mit den Spitzen der Geistlichkeit, beschlossen wurden eine jährliche Dankprozession, Almosenverteilung und ein »Monumentum«, ein Denkmal, auf dem Marienplatz. 1638 wurde die Mariensäule am Jahrestag des Sieges der katholischen Truppen am Weißen Berge bei Prag (8. November 1620) geweiht. Mit ihren fast 14 m Höhe reichte sie bis in die Traufhöhe der Giebelhäuser am Markt und dominierte so den Platz.

Über dem korinthischen Kapitell der Monolithsäule aus Tegernseer Marmor steht auf der Mondsichel die Figur der Maria, der *Patrona Bavariae*, Schutzherrin Bayerns, mit den Herrschaftssymbolen Krone und Szepter, in ihrem Arm das segnende Christkind mit Reichsapfel. Vorbilder der Votivsäule waren Mariensäulen in Udine und in Rom auf der Piazza Santa Maria Maggiore. Die Münchner Marienfigur aus vergoldeter Bronze ist ein Werk des Niederländers Hubert Gerhard, der in Italien die Bildhauerkunst lernte, 1581 von den Fuggern nach Augsburg, 1584 dann von Herzog Wilhelm V. nach München berufen wurde. Gerhard schuf großartige Werke frühbarocker italienisch-bayerischer Kunst: den Augsburger Augustusbrunnen und in München die Drachentötergruppe des Erzengels Michael an der Fassade der Michaelskirche sowie die Bavaria-Figur auf der Rotunde im Hofgarten. Sei-

ne Marienfigur war ursprünglich für das geplante Stifter-
grab Herzog Wilhelms und Renatas von Lothringen in der
Michaelskirche bestimmt gewesen. Bis 1620 fand sie aber
ihren Platz auf dem Hauptaltar der Frauenkirche, ehe sie
für das kurfürstliche Dank-Denkmal bestimmt wurde.

Die Heldenputti an den vier Ecken des Monuments
sind 1638/40 vermutlich von dem Augsburger Bildhauer
Franz Murmann geschaffen worden. Gutgenährte und ge-
harnischte Barockengelchen kämpfen gegen Löwe, Drachen, Schlange und Basilisk, wie der Psalmen-Text auf den
Schilden sagt: »Über die Schlange und den Basilisken
wirst Du schreiten, und den Löwen und den Drachen
wirst Du zertreten« (Ps. 91,13). Strittig ist, ob diese Hun-
ger, Pest, Krieg und Ketzerei oder Bayerns Kriegsgegner
verkörpern. Eine andere Deutung bezieht sich auf ein De-
ckenbild in der Residenz. Dort werden die Köpfe von
Löwe, Drachen, Schlange und Basilisk als Symbole für
Häretiker, Heiden, Juden und Schismatiker von der rö-
misch-katholischen Kirche der ›ecclesia militans‹ zertreten. Unverändert blieb die lateinische Sockelinschrift mit
Maximilians I. Dank für die »Erhaltung der Heimat, der
Städte, des Heeres, seiner selbst, seines Hauses und seiner
Hoffnungen«.

Die Putti sind Kopien, die Originale befinden sich im
Münchner Stadtmuseum. Dort wird auch die Vermutung
geäußert, dass Maximilian I. die Mariensäule auch zur De-
monstration seiner herrscherlichen Souveränität aufstellen
ließ – ein Affront gegen die Stadt München, der doch die
Verfügung über den Marktplatz zugesagt war.

Neues Rathaus (I E6; Marienplatz 8): Am 25. August
1867, dem 22. Geburtstag König Ludwigs II., wurde mit
dem Bau des Neuen Rathauses begonnen, das der aus
Graz stammende 26-jährige Georg Hauberrisser geplant
hatte. Sein neogotischer Entwurf überzeugte die Stadtväter, wollten diese sich doch von der klassizistischen Do-
minanz der königlichen Bauten abheben und zugleich

Rund um das ›Neue Rathaus‹ (1876/1908) gilt: Fußgängerzone

auch an die Blüte der gotischen Architektur Münchens im
15. Jh. erinnern.

1876 fertiggestellt, erwies sich der Bau Ecke Dienerstra-
ße/Marienplatz rasch als zu klein. Vor der Reichsgrün-
dung 1871 hatte München etwa 150000 Einwohner ge-
zählt, 1885 waren es bereits rund 250000. Zwei weitere
Bauphasen folgten deshalb 1888–93 (an der Ecke Dienerstraße) und 1899–1908. Hauberrisser erweiterte damals die
prachtvoll figurenreiche Fassade im Stil flandrischer Gotik
auf fast 100 m Länge und fügte den 80 m hohen Rathausturm hinzu. In Abgrenzung zum benachbarten Alten Rathaus heißt seitdem der Bau ›Neues Rathaus‹ oder einfach
›das Rathaus‹.

An der Rathausfassade zum Marienplatz posieren vor
allen anderen die Standbilder der wenigen Welfen- und
zahlreichen Wittelsbacher Herrscher. Die obersten Plätze
nehmen über der ersten Turmgalerie zwischen den Spitz-
bogenfenstern Heinrich der Löwe (in der Mitte), *links* neben ihm Otto I. und *rechts* Rudolf I., der Stammler, ein.
In gleicher Höhe an der West-, Ost- und Nordseite der
Turmgalerie und in großer Zahl zwischen den Fenstern
des zweiten und dritten Stocks reihen sich die bayerischen
Herzöge und Kurfürsten. Die bayerischen Könige nehmen die Plätze über dem Hauptportal des Rathausturms
ein: Max I. Joseph und Ludwig I. *links*, Maximilian II.
und Ludwig II. *rechts*. Darüber hinaus finden sich hier
auch Heilige der katholischen Kirche, Sagengestalten und
Allegorien.

An der Turmgalerie über dem Glockenspiel sind die
Wappen der im 19. Jh. eingemeindeten Vororte zu entdecken wie Schwabing und Bogenhausen. Wappen bayerischer Städte schmücken die Arkaden der Tür- und Fensteröffnungen im Parterre und im dritten Stock des ersten
Bauabschnitts, dem östlichen Drittel (zur Ecke Dienerstraße hin) der Fassade zum Marienplatz. Der hl. Georg
wacht am Eck Marienplatz/Dienerstraße, unter ihm grüßt

ein Münchner Kindl – als Hauptperson aus Kupfer besetzt es die Spitze des Rathausturms.

Hervorragende Schöpfung der Fassadenkunst des ausgehenden 19. Jh.s sind am Eck Marienplatz/Weinstraße der scheinbar herabstürzende Lindwurm, darüber Kriegsfurie und Pest in Allegorien sowie der Schäfflertanz. Der Name »Wurmeck« für den Eckturm geht auf einen wohl missverstandenen Familiennamen und einen Hausnamen des 15. Jh.s zurück, der 1463 mit der Pestnot verbunden wurde.

Seitlich zur Weinstraße hin versammeln sich zwischen erstem und drittem Stock Allegorien der bayerischen Regierungsbezirke von Ober- und Niederbayern über Oberpfalz und Franken bis Schwaben, noch einschließlich der 1945/46 von Bayern abgetrennten Rheinpfalz. Zwischen den Fensteröffnungen des zweiten Stocks sind fünf Berufsstände platziert: Kunst, Wissenschaft, Landwirtschaft, Kunsthandwerk und Handel. Über den Fenstern des dritten Stocks stellen Reliefs in den ovalen Feldern gute und schlechte Eigenschaften dar: Wohltätigkeit, Geiz, Schwatzhaftigkeit, Narrheit, die Treue der Frauen, Vaterlandsliebe, Musikpflege, Dünkel, Freiheit, Rückständigkeit, Häuslichkeit, einen Zecher, Nächstenliebe und Leibesertüchtigung.

Schwere Schäden des Zweiten Weltkriegs wurden schon seit 1946, mit Nachdruck gegen Ende der 1940er-Jahre behoben, erst 1953 am Trakt zur Weinstraße. In den ersten Nachkriegsjahren, vom Aprilende 1946 bis 1949 beanspruchte die US-Militärregierung das Rathaus. Von 1975 bis 1983 wurde dann der gesamte Rathauskomplex renoviert; im Prunkhof kamen dabei Tonscherben zutage, die die Besiedlung im Stadtkern schon in der ersten Hälfte des 11. Jh.s bezeugen. Im Prunkhof wurde auch die kunstvolle Wendeltreppe mit den Symbolen der Lebensalter erneuert.

Die rückwärtige Fassade zum Marienhof und zur Landschaftsstraße wurde vereinfacht wiederhergestellt. Authentisch wirken noch die Ratstrinkstube, das Treppenhaus im zweiten Stockwerk mit neogotischen Kreuzgewölben und Säulen aus rotem Marmor und der Große Sitzungssaal mit dem 6 × 17 m großen *Monachia*-Historiengemälde, einem figurenbunten Werk Karl Theodor von Pilotys (1875–79). Um die Allegorie der Monachia versammelte der Münchner Akademiedirektor und gefeierte Historienmaler Piloty 128 Persönlichkeiten der Stadtgeschichte.

Mit seinen 43 Glocken und den farbenfrohen Figuren, die in zwei Etagen täglich ihre Umgänge machen, ist das Glockenspiel am Rathausturm das größte Deutschlands. 1908, gerade rechtzeitig zur Einweihung des erweiterten Rathauses, wurden die Glocken von dem Privatmann Karl Rosipal gestiftet. 2008 restauriert, erklingt das Glockenspiel täglich um 11 Uhr zu den Turnierszenen der Fürstenhochzeit Herzog Wilhelms V. mit Renata von Lothringen (22. Februar – 10. März 1568) auf der oberen Bühne und auf der unteren Bühne zum berühmten Schäfflertanz.

Während die Fürstenhochzeit und der zur Festlichkeit ausgeübte Turniersport ›Kröndlstechen‹ (am 29. Februar 1568) historisch bezeugt sind, lassen sich für den Tanz der Schäffler (bayerische Bezeichnung für Böttcher, Fassmacher) die Anfänge nicht mehr fassen. Im Pestjahr 1517 seien die Schäffler tanzend durch die Stadt gezogen, um den vor der Pest verzweifelnden Münchnern Lebensmut zu geben. Ihrem artistisch figurenreichen Reigen kann man beim Glockenspiel zwischen den fein gearbeiteten Säulen des Rathauserkers oder auch alle sieben Jahre mit lebendigen Tänzern zusehen.

Von der Aussichtsplattform des 85 Meter hohen, zwölfstöckigen Turms über dem Spielwerkserker in etwa 50 Meter Höhe erblickt man bei Föhn gestochen scharf die Alpengrate. Über den obersten achteckigen Turmgeschossen steht die Figur des **Münchner Kindls**. Ihm sind im Laufe der Jahrhunderte viele Verwandlungen widerfahren. An die Mönche (»Munichen«) erinnert schon das älteste überlieferte Stadtsiegel von 1239 mit Mönch und Gugel (Kapuze). Ein Adler und eine Stadtbefestigung waren seine Wappenattribute. Seit 1304 stand nur noch der Mönch im Wappen, mit langer Kutte, segnend erhobener rechter Hand und einem Buch in der Linken. Wahrscheinlich handelte es sich dabei nicht um ein Gebetsbuch, sondern um ein Stadt- oder Ratsbuch. Auf Erasmus Grassers (ab 1474 in München) Stadtwappen im Münchner Stadtmuseum umstrahlt ein roter Heiligenschein die Mönchstonsur. Zur Zeit der Renaissance entwickelte sich aus dieser Gestalt das Münchner Kindl. Da im 16. Jh. Männer einen Bart trugen, die alten Darstellungen aber bartlos waren, mag der Mönch für ein Kind gehalten worden sein.

Um das Jahr 1800, als der Geist der Aufklärung und die Reformen des Grafen Montgelas den »Pfaffen« ihren Besitz und ihre Privilegien nahmen, wurden der bayerische Löwe und ein ›M‹ in das Wappen gesetzt, ohne Mönch oder Kindl. Dies blieb fast dreißig Jahre so, bis König Ludwig I. um 1830 die katholische Tradition erneuerte und der Mönch zurückkehrte. Auf Plakaten und Einladungskarten für Münchner und Schwabinger Künstlerfeste des 19. Jh.s verwandelte sich das mönchische Männlein in einen Putto, oder das Kindl trug statt des Heiligenscheins einen Lorbeerkranz. Es fand Aufstellung auf einem Bierfass, statt Buch und Segensgeste hielt es einen schäumenden Maßkrug und eine Salzbrezel. Gelegentlich wurde das Mönchlein zum Mädchen, bis das Kindl in den 1930er-Jahren ein Hakenkreuz im Stadtwappen zu erdulden hatte.

Seit 1957 steht im Münchner Wappenschild wieder unverwechselbar ein jugendlicher Mönch in goldgeränderter schwarzer Kutte. Möglicherweise ist er auch als Hinweis auf bayerisch-münchnerische Lebenslust und Frömmigkeit zu verstehen.

Altes Rathaus (I E6; Marienplatz 15): Seit dem ersten Jahrzehnt des 14. Jh.s bis zum Ende des 19. Jh.s waren im

Alten Rathaus die Geschicke der Stadt verhandelt worden.
Der älteste Gebäudeteil, das Talburgtor – das Untere Tor
der ersten Stadtummauerung – stammt aus der Zeit um
1180. Als es 1460 infolge eines Blitzeinschlags abbrannte,
entwarf Jörg von Halsbach einen Neubau. 1470–75 wurde der auch »Tanzhaus« genannte Saalbau fertiggestellt.
Schon zuvor, wohl 1460, wurde der schlanke Turm mit
hoher Haube errichtet, dessen zeitbedingte Wandlungen –
von etwa 1560 bis 1862 auch mit Turmzwiebel – in Kup-
ferstichen und Gemälden dokumentiert sind. Der heutige
Rathausturm, 1971–74 nach dem Stich in der *Schedelschen
Weltchronik* (1493) rekonstruiert, stellt mit seinen vier
Ecktürmchen das Bild der Gotik wieder her.

Das Alte Rathaus wurde im Spätmittelalter zu eng,
nahm um 1392 eine zusätzliche ›Äußere Ratsstube‹ im
südlich benachbarten, an den Rathausturm angrenzenden
Gollierhaus in Anspruch, seit 1412/13 dann auch Teile des
zur Heiliggeist-Kirche hin gelegenen **Stadtwaaggebäu-
des**. So bildete sich ein verschachtelter Komplex, der
›Kleines Rathaus‹ genannt wurde – und bis zum Bau des
›Neuen Rathauses‹ überdauerte. 1874 bezogen die Magis-
tratsbehörden ihre neuen Amtsräume, manche Stimmen
forderten den Abriss des Alten Rathauses. Das Alte Rathaus blieb erhalten, aber die Gebäude des ›Kleinen Rathauses‹ ließ die Stadtverwaltung abbrechen und umbauen.

1944–45 wurde das Alte Rathaus zerbombt. 1952–57
leitete Hans Döllgast den vereinfachten Wiederaufbau,
beinahe zeitgleich mit dem Wiederaufbau der Alten Pinakothek. Erst in den 1980er-Jahren wurde die hölzerne
Tonnendecke in den 31 × 17 Meter großen Saal eingebaut,
dazu Ziergurte und Wappen-Wandfriese.

In der spätgotischen Halle, die als eine der schönsten
gotischen Säle Europas gilt, sind Kopien der berühmten
Moriskentänzer-Figuren (Originale im Stadtmuseum) aufgestellt. 1480 von dem Oberpfälzer Erasmus Grasser geschaffen, zählen sie zu den Meisterwerken spätmittelalter-

licher Holzschnitzkunst. Zehn dieser farbig gefassten, bizarr gelenkig erscheinenden, etwa dreiviertel Meter hohen Tänzer mit langen schmalen Spitzenschuhen hatten ihren Platz im großen Saal des Alten Rathauses, in Rundbogennischen unter dem Wappenfries: Orientale, Mohr, Hochzeiter, Burgunder, Frauenhut, Prophet, Bauer, Schneiderlein, Zauberer, Gezadelter – Bezeichnungen, die auf Mummerei und Maskenspiel deuten. Der im 15. Jh. in mehreren deutschen Städten (Frankfurt, Nürnberg u. a.) bezeugte Morisken- oder Maruskatanz mag eine Art Fastnachtsspiel mit Musik gewesen sein. Grassers Figuren erwecken den Anschein von Leben, ihre Bewegungen sind wie in einer Momentaufnahme festgehalten.

Auch wenn das Alte Rathaus zum Großteil Wiederaufbau und Kopie ist, gibt der Bau in seiner heutigen Gestalt dem Marienplatz ein mittelalterliches Gepräge. Im Alten Rathausturm zeigt das ›Spielzeugmuseum‹ Spielzeug vom ausgehenden Mittelalter bis zum Ende des 18. Jh.s, gesammelt und gestiftet von dem Graphiker und Karikaturisten Ivan Steiger.

Domkirche zu Unserer lieben Frau / Frauenkirche (I D5; Frauenplatz 1): Läden, Gaststätten, Kaufhäuser stehen eng beieinander um das Dreieck zwischen Weinstraße, Kaufingerstraße und Löwengrube. Um so glücklicher ist man über die ›Domfreiheit‹, die nicht groß bemessen ist, aber doch Abstand genug lässt, um zur monumentalen Doppelturmfassade der Frauenkirche hinaufzuschauen.

Um 1230 wurde die im romanischen Stil erbaute, baufällige Frauenkirche abgerissen. »Mit vil gieriger Mühe und arbat« wurde der Schuttberg abgetragen und die Steine für die Fundamente des Neubaus genutzt. Den Grundstein legte Herzog Sigismund 1468. Baumeister Jörg von Halsbach, auch Ganghofer genannt, ließ den Rohbau binnen nur eines Jahrzehnts aufrichten, 1477/78 sorgte Heinrich von Straubing für den Dachstuhl. Als Jörg von Halsbach 1488 starb, hatten die Türme noch nicht die volle

Höhe erreicht. Halsbachs Nachfolger Lukas Rottaler setzte die Arbeit zügig fort, 1494 gilt als Jahr der Weihe.

Eine bedrohliche Finanzierungslücke wurde mit päpstlichem Segen durch einen ›vollkommenen Ablass‹ geschlossen. Nur mit den ›welschen‹ Turmhauben ließ man sich Zeit. Vermutlich erst seit 1525 geben sie dem Turmpaar seine unverwechselbare Gestalt und wurden neben dem ›Münchner Kindl‹ zum Wahrzeichen Münchens. Dieses Zwillingsturmpaar steigt nicht wie die Türme französischer Kathedralen oder des Freiburger Münsters in filigran anmutender Ziselierung zum Himmel auf, vielmehr wirkt es durch die Turmhauben, als ruhe es in sich.

München war um 1500 ein umsatzstarker Handelsplatz, hatte aber wohl nur etwa 13 500 Einwohner. Die Frauenkirche zählt zu den größten Hallenkirchen in Süddeutschland: 108 Meter lang, 38 Meter breit, die Halle bis zum Gewölbescheitel 31 Meter hoch.

Weder Herzog noch Bischof haben die Frauenkirche bauen lassen, es war der bürgerliche Wille, der den riesigen Bau mit seinen knapp 100 Meter hohen Türmen verantwortete. Der kraftvolle, aber schmucklose Bau aus rötlichem Backstein ruht auf einem Sockel aus Nagelfluh (Konglomeratgestein aus Kalk und Sandstein). Das Hauptportal hat seinen Platz zwischen den beiden Türmen im Westen. Die Türflügel aller fünf Portale sind jünger als das Bauwerk. Ignaz Günther, der Meister süddeutscher Rokokobildnerei, schuf sie 1772. Seine Türen passen sich in den gotischen Schmuck des Brautportals an der südöstlichen Fassade ein. Das **Brautportal** zeigt als einziges Portal reiche gotische Skulptur: Maria und den Engel Gabriel, dazu Heilige und Apostel, um 1480 entstanden. Das südlich vom Brautportal gelegene Arsatius-Portal ist dem hl. Arsatius gewidmet, einem Schüler und Nachfolger des hl. Ambrosius und Bischof von Mailand (5. oder 6. Jh.). Seine Gebeine kamen im 8. Jh. nach Ilmmünster, 1495 in die Münchner Frauenkirche (bis 1846).

Im hochgewölbten Hauptschiff – unter dem Satteldach mit Abtreppung – stehen die heute weißen, achteckigen Pfeilerpaare so nah beieinander, dass man die fast ebenso hohen Seitenschiffe erst beim Gang zum Altar wahrnimmt. Großartig wirkt die nur scheinbar schmale Halle vom Eingang her mit dem Blick zum Chor! Von den elf achteckigen Pfeilerpaaren steht nur das letzte etwas enger beieinander. Gegenüber den beiden Seitenschiffen mit ihren Kapellen ist das Mittelschiff nur leicht erhöht, Sterngewölbe decken die ganze dreischiffige Halle.

In der Frauenkirche lässt sich der Stilwechsel von der Gotik bis zur Neogotik ablesen. Etwa ein Jahrhundert nach der Weihe wurde unter der Herrschaft Herzog Maximilians um 1600 die Ausstattung verändert, ein neuer Hochaltar im Stil der späten Renaissance, resp. des frühen Barocks, geschaffen. In den Jahren der Gegenreformation hatten die Wittelsbacher Herzöge dafür gesorgt, dass der Leichnam Bennos, des heiliggesprochenen Bischofs von Meißen, aus dem »abtrünnigen Sachsenland« nach München und 1580 in die Frauenkirche überführt wurde. Der hl. Benno wurde zum Stadtpatron erhoben, die Frauenkirche zum Ziel vieler hundert Wallfahrten erkoren. Ins Mittelschiff der Frauenkirche wurde 1604 der ›Bennobogen‹ gesetzt (1858 im Zuge der Regotisierung entfernt).

Um 1770 verlor die Frauenkirche die farbigen Fenster. Ignaz Günther aus der Oberpfalz, der in den 1770er-Jahren mit der künstlerischen Leitung betraut worden war, schuf neue Portale und etliche Reliefs am Chorgestühl. 1821 wurde die Fürstengruft vergrößert und dafür der Altarraum erhöht. Die neogotische Restaurierung um 1858–68 stellte manches wieder her, was Ignaz Günther entfernen ließ, vor allem die farbigen Fenster, die man vorausschauend bewahrt hatte.

Die Neogotik des 19. Jh.s brachte der Ausstattung der Frauenkirche eine eher steife und nüchterne Phase ein. Fast hätten die ›Neogotiker‹ den Bogen überspannt, ihre

Absicht, die originalen Turmhauben durch neogotische
Spitzhelme zu ersetzen, wurde verhindert. 1930–32 wurde
die barocke Bemalung rekonstruiert.

Während des Dritten Reichs predigte Kardinal Michael
von Faulhaber von der Kanzel der Frauenkirche mutiger
als die meisten gegen die Verfolgung der Juden und gegen
die Euthanasie. 1943–45 wurde die Frauenkirche großenteils zerstört. Kardinal Faulhaber setzte sich für die not-
leidende Bevölkerung ein und trat gegenüber den US-
Militärbehörden auch gegen pauschale Bestrafung von
NSDAP-Mitgliedern ein. Bereits 1948 begann der Wiederaufbau. Alle Wölbungen und ein Teil der Chormauern
mussten wieder erstellt werden, unter anderem wurden
die Pfeiler des Mittelschiffs mit Stahlbetonkernen und
Ziegelschalen hochgemauert, die Rippen der Netzgewölbe
mit Stahlbetonteilen montiert, die Turmhauben als Stahl-
betonschalen erneuert (nach Architekt Theodor Branne-
kämper). Dies waren die wichtigsten Phasen des Wiederaufbaus und der Umgestaltung:

– Die dreischiffige Halle wird neu gestaltet, die Fürsten-
  und Bischofsgruft (bis 1957) werden ausgebaut.
– Wie in der Liturgie-Reform des II. Vatikanischen Kon-
  zils empfohlen, wird der Altarraum abgesenkt, um
  Nähe zwischen Priester und Gemeinde herzustellen.
  Die Halle wird neu ausgemalt, mit farbigen Rippen der
  Pfeiler. Rund 120 Epitaphien werden an der Außenseite
  der Frauenkirche angebracht (bis 1988).
– Zum 500-jährigen Jubiläum der Weihe werden gotische, barocke und neogotische Werke aus dem Freisinger Diözesanmuseum in die Frauenkirche zurückge-
  führt (bis 1994).

Erst 1996 wurde die 45 qm große Sonnenuhr über dem
Brautportal wiederhergestellt, im Inneren das schön gegliederte Sterngewölbe in lichtem Gelb-Ocker-Ton abge-
setzt. Seit der Neugestaltung der 1990er-Jahre sind hier
wieder in größerer Zahl historische Bildwerke zu sehen.

Erasmus Grassers Schnitzereien wurden ins erneuerte Chorgestühl eingefügt. Die Glasgemälde des Chors stammen fast vollständig noch aus dem 14.–16. Jh.

Der Umgang hinter dem Chor führt zu bedeutenden Seitenkapellen wie der Chorhauptkapelle mit der Schutzmantelmadonna von Jan Polack (1510). Gegenüber liegt der Einstieg zur Fürsten- und Bischofsgruft. Die Krypta wurde aus der älteren Marienkirche übernommen, das älteste Grabmal stammt von der Herzogin Beatrix, verstorben 1322. Die Krypta war Grablege der Wittelsbacher von Ludwig dem Bayern bis zu Herzog Albrecht V. (Fürstengruft) und zugleich eine Bischofsgruft.

Das herausragende Werk unter den vielen Grabtafeln und Grabmälern der Frauenkirche wurde für Ludwig den Bayern errichtet, der seit 1314 deutscher König und seit 1328 Kaiser war. Das prunkvolle Hochgrab aus schwarzem Marmor rechter Hand vom Haupteingang gestaltete im Auftrag Kurfürst Maximilians I. der Weilheimer Max Krumper mit einer spätgotischen Deckplatte (um 1468), die nach neuen Forschungen dem Münchner Bildhauer Hans Haldner zugeschrieben wird, damals mit der Kaiserkrone, vergoldeten allegorischen Bronzefiguren und fahnentragenden Grabwächtern (ursprünglich von Hubert Gerhard und Carlo Pallago für ein Grabmal Wilhelms V. in der Michaelskirche geschaffen).

Fußgängerzone Kaufinger/Neuhauser Straße (I C5–D6): Tradition und Moderne begegnen sich in Münchens Innenstadt, am intensivsten in der Fußgängerzone zwischen Marienplatz und Karlstor/Stachus. Immer noch behaupten sich die Kirchen der Augustiner (Grundstein 1291, seit 1803 profaniert) und der Jesuiten (St. Michael, Grundstein 1583), und die Domtürme mit ihren Hauben stehen im Blickfeld. Manche Kaufhausbauten sind schon bald hundertjährig, so der Hirmer-Bau Ecke Kaufinger-/Augustinerstraße, 1912/14 von Eugen Hönig und Karl Söldner errichtet, und Karstadt-Oberpollinger von 1904–

1905. Giebel und Fassadenschmuck wechseln, an den Ladenfronten scheinen die Schaufenster und gläsernen Entrees immer größer zu werden, seitlich öffnen sich Passagen in die Bausubstanz. Das Hirmer-Haus wird ausgebaut.

Seit Heinrich dem Löwen wird an dieser Verkehrs- und Marktachse kräftig verdient, von den Salzfuhren des Mittelalters bis zu den heutigen Mode- und Elektronik-Kaufhäusern. Dennoch irrt, wer den Namen ›**Kaufingerstraße**‹ direkt von *Shopping* ableiten möchte. Vielmehr soll der Namengeber ein Münchner Bürger Chunradus Choufringer gewesen sein, vermutlich aus dem Städtchen Kaufering am Lech, westlich von München. Sein Name ist seit 1239 überliefert, seit 1316 ist der Name ›Kaufinger Straße‹ bezeugt, den gleichen Namen trug das ›Kufringer Tor‹.

Von 1255 bis etwa 1290 hatte man die neue Stadtmauer erbaut und damit die städtische Ost-West-Achse bis zum **Neuhauser Tor** (seit 1803 ›Karlstor‹) verlängert. Die erste Stadterweiterung war mit dem neuen Mauerring vollzogen. Da ›äußere‹ und ›innere‹ Stadt im Schutz der neuen Mauer lagen, verlor das ›Kufringer Tor‹ seine Funktion. Wegen seines Bilderschmucks am hohen Torturm behauptete es jedoch seinen Platz mitten auf der Straße, seit 1535 hieß es auch ›**Schönes Tor**‹. 1807 wurde es abgerissen, aber den Grundriss des ›Schönen Tors‹ findet man beim Hirmer-Haus (Nr. 28) im Pflaster markiert. Friedrich von Gärtners Passagen-Laden für die Nymphenburger Porzellanmanufaktur (1823–24) wurde im Bombenkrieg zerstört.

Wichtige Bauten blieben an der Neuhauser Straße erhalten – oder sie sind in ihrer einstigen Bedeutung noch an den überdauernden Strukturen erkennbar. Keine 500 Meter weiter, von der rechts abzweigenden Augustinerstraße bis zum Karlstor, ist der Straßenverlauf noch immer derselbe wie im Mittelalter, jetzt überwiegend von Warenhäusern, Büroetagen, Ladengeschäften, Restaurants bestimmt. 1972, rechtzeitig zu den Olympischen Spielen, wurde die einstige Straße der Salzhändler als Fußgängerzone eingerichtet. Sie entwickelte sich zur meistbegangenen Fußgängerzone Münchens, in den 1990er-Jahren zur umsatzstärksten Einkaufsstraße Deutschlands. Damit bleibt sie (fast) autofrei. Dort, wo heute die Münchner Polizei an der Ettstraße ihr Präsidiumsgebäude hat (erbaut 1914 nach Entwurf Theodor Fischers), dominierte vom Ende des 13. bis zum Beginn des 19. Jh.s die Betteloordenskirche der Augustiner mit dem zugehörigen Kloster.

Augustinerkirche St. Johann Evangelist und St. Johann Baptist (I D5; Neuhauser Straße 2): Herzog Ludwig der Strenge (reg. 1253–94), Vater des späteren Kaisers Ludwig des Bayern, holte den erst 1256 gegründeten Orden der Augustiner-Eremiten nach München. Die im Geiste der franziskanischen Armutslehre tätigen Bettelmönche fanden auf dem Baugrund bereits eine Johanneskapelle vor. 1294 konnten das Kloster und die Augustinerkirche St. Johannes Evangelist und St. Johann Baptist geweiht werden (heute Neuhauser Straße 53). Erhalten ist das hochaufragende Mittelschiff samt dem erst 1341 vollendeten gotischen Chor, auch das Seitenschiff parallel zur Neuhauser Straße. 1618–21 wurde im Zuge der Barockisierung in die ursprünglich dreischiffige Basilika über Langhaus und Chor ein Tonnengewölbe eingezogen. An der Westfassade brachte Theodor Fischer 1911 einen barock geschweiften Giebel an.

Die Kirche wurde jedoch bereits 1803 säkularisiert, der Kirchenraum als Zollhalle genutzt. Später drohte Abriss, dem sich die Münchner Architekten Gabriel von Seidl, Friedrich von Thiersch und Carl Hocheder mit Erfolg entgegensetzten. Damit blieb eine Blickperspektive erhalten, die schon die Menschen um 1600 bewundern konnten: im Hintergrund die Türme der Frauenkirche mit ihren Kuppeln, davor die breiten und hohen Ziegeldächer von St. Michael und der Augustinerkirche, wiederum davor die reiche Fassade von St. Michael.

Zugunsten des Polizeipräsidiums (1910–13) wurde jedoch das Kloster abgerissen, das sich an der Ettstraße zur Löwengrube erstreckte. Das südliche Seitenschiff der Augustinerkirche wurde zugleich zu einer Ladenzeile umgebaut. Nach den Zerstörungen im Zweiten Weltkrieg zog in die einstige Kirche das Deutsche Jagd- und Fischereimuseum ein.

St. Michael (I D5; Neuhauser Straße 6): Dank seiner reich geschmückten und doch architektonisch klaren Giebelfassade, dank der Rhythmik von Portalen und Fensteröffnungen und dank der hochgewölbten Halle des Langhauses ist St. Michael einer der schönsten Renaissancebauten Münchens. Er gehört zu jenen Hauptwerken der Architektur, die sich trotz unglücklicher Baugeschichte noch nach Jahrhunderten wie aus einem Guss darbieten, im Fall der »Michaelerkirche« zum Ruhm des Christentums und der katholischen Kirche.

Luthers Reform hatte zu Beginn des 16. Jh.s in der benachbarten Bürgerstadt Augsburg Boden gewonnen. 1530 wurde dort die ›Augsburgische Konfession‹ der Protestanten an Kaiser Karl V. übergeben, ab 1534 war Augsburg lutherisch. Im ›deutschen Rom‹, im katholisch frommen München, sollte es so weit nicht kommen. Herzog Albrecht V. ließ den Thronerben Wilhelm von den Jesuiten-Patres ausbilden, die er 1559 ins Land gerufen hatte.

Wilhelm V., seit 1579 Regent, hatte offene Ohren für das Begehren der Jesuiten nach einer eigenen Kirche und einem Kollegbau. Das Jesuitengymnasium profilierte sich mit einer Bildungsoffensive, die für München um so wichtiger war, da Bayerns einzige Universität infolge dynastischer Verzweigungen der Wittelsbacher ihren Standort in Landshut hatte.

Bei den Münchnern löste der Plan »großes Gemurmel und Unwillen« aus. Die Kirche und das angrenzende Jesuitenkollegium benötigten viel Platz, Dutzende von Häusern wurden auf Befehl des Herzogs abgerissen. Zu

allem Unglück stürzte 1590, sieben Jahre nach der Grundsteinlegung, der Turm ein, mit schwerem Schaden für den
noch unvollendeten Bau. Friedrich de Sustris, niederländi-
scher Maler und Architekt, ausgebildet in Italien, seit 1573
im Dienst des Herzogs in München tätig, war 1583 leiten-
der Baumeister der Stadt geworden. De Sustris hat das
Bauprogramm wieder aufgenommen und den Bau 1597
vollendet. Am Ende war dieser so teuer, dass der bayerische Staat fast bankrott war, heißt es, und Herzog Wilhelm V. noch im selben Jahr abdankte. Wer aber das bereits 1587 vollendete freitragende Tonnengewölbe mit seiner für damalige Zeit ganz außerordentlichen Spannweite
von rund 20 Metern geschaffen hat, ist bis heute nicht ge-
sichert. Gewiss ist dagegen, dass dies der früheste große
Hallenraum der Renaissance nördlich der Alpen ist.

Die spätere Geschichte notiert mehrere Wechsel von
Funktion und Eigentum der Kirche: Als 1773 der überaus
einflussreich und mächtig gewordene Jesuitenorden vom
Papst aufgehoben wurde, übernahmen die Kurfürsten sie
als Hofkirche, wenige Jahre später folgte der Malteseror-
den. Anfang des 19. Jh.s wurde sie dann als Garnisonskir-
che genutzt, nach dem Ersten Weltkrieg an die Jesuiten
zurückgegeben (1921). Im Zweiten Weltkrieg stürzten die
Gewölbe von Langhaus und Chor ein. 1946 wurde mit
dem Wiederaufbau begonnen, 1953 die Kirche aufs neue
geweiht.

Unverkennbar demonstriert St. Michaels Fassade den
monarchischen Anspruch des Bauherrn, das im Gottes-
gnadentum gründende Selbstbewusstsein der Wittelsbacher: Zwischen dem Christus Salvator im obersten Giebelfeld unter dem Kreuzzeichen und dem Erzengel Michael (am ›Michaelistag‹, dem 29. September 1548, wurde
Herzog Wilhelm V. geboren) über den beiden Marmorportalen sind in den Fassadennischen die Figuren von
Wittelsbachern und ihren Ahnen platziert. Der Stifter
Wilhelm V. und sein Vater besetzen die prominente Posi-

tion zentral über der dramatisch bewegten St. Michael-
Skulptur von Hubert Gerhard und den Marmorportalen.
Die Vielzahl der Figuren stammt großenteils aus dem her-
zoglichen ›Antiquarium‹ der Residenz, drei wurden nach
Entwürfen von Hubert Gerhard neu geschaffen.

Im Innern imponiert der große Raum unter dem mächtigen, 20 Meter weiten Tonnengewölbe, der Blick erfasst
die ganze pfeilerlose Halle und öffnet sich frei zum Chor
und zum Hochaltar. Die Gliederung der Architektur be-
schränkt sich auf die kurzen Querarme und die je drei
Kapellen an den Seiten. Vor der Zerstörung im Zweiten
Weltkrieg war die Deckenwölbung vielfältig mit Kasset-
tenstuck überzogen, mit einem überreichen Muster aus
Rosetten und Ornamenten. Das wurde beim Wiederaufbau verändert und vereinfacht. Bei Sonnenlicht erstrahlt
der Raum in weißgrauer Helle, aus der sich die Kapellen-
altäre, die Altargemälde und die kunstreiche, weißgoldene
Kanzel hervorheben.

Der *Engelssturz* (1587), das schwerbeschädigte Hauptal-
tar-Gemälde von Christoph Schwarz, konnte nach 1945 rekonstruiert werden. Über dem Chorgestühl sind in den
Nischen zwischen den Fenstern Apostelstatuen und über
ihnen Propheten und Patriarchen aufgestellt, von Hubert
Gerhard nach Entwurf von Sustris um 1590 geschaffen.
Rechts vom Altar ist die Kreuzkapelle in die Wandung eingelassen, zugänglich von der Ettstraße, mit Heiligenfiguren
und einem Altargemälde der *Kreuzigung* (um 1588) von
Hans von Aachen. Über der Kreuzkapelle war ein Orato-
rium für den Herrscher und eine ›Pestkapelle‹ eingerichtet.
In der reichen Ausstattung der Kirche mit Altären und Kapellen, mit Bildern und Skulpturen von Heiligen und Mär-
tyrern finden sich Kostbarkeiten wie die *Golgatha*-Gruppe
von Giovanni da Bologna (1594, im rechten Querschiffarm) und der Bremer Schrein der heiligen Ärzte Cosmas
und Damian (um 1400, dritte Kapelle rechts). Im linken
Querschiffarm hat Eugène Beauharnais, Herzog von

Leuchtenberg, ein Marmorgrabdenkmal – von Klenze skizziert, von Bertel Thorvaldsen geschaffen (1830).

Der Tageshelle des Kirchenraums antwortet in der düsteren Krypta unter dem Chor (Zugang rechts vom Volksaltar) die Grablege der Wittelsbacher, wo u. a. Wilhelm V. und seine Gattin Renata von Lothringen, Kurfürst Maximilian I., Eugène Beauharnais mit seiner Wittelsbacher Gattin Auguste Amalia und Ludwig II. bestattet sind. Die ungebrochene Popularität König Ludwigs II. zeigt sich an dem Porträtfoto und den Blumen auf seinem Sarkophag.

Mit der Kirche St. Michael hat München die größte Renaissancekirche des Nordens, erstmals auch mit dem durchgehend weißen Stuckdekor von Wänden und Decke. Weite und Helle wie auch die wohlproportionierten Bauteile tragen zur Festlichkeit des Raums bei.

Alte Akademie / Wilhelminum (I D5; Neuhauser Straße 8): Eng verknüpft mit der Gründungsgeschichte der Kirche St. Michael ist die unmittelbar benachbarte ›Alte Akademie‹, das ehemalige Jesuitenkolleg. Vor seiner Spätrenaissancefassade, dort, wo sich die Neuhauser Straße platzähnlich verbreitert, sprudelt und strömt der **Richard-Strauss-Brunnen** (von Hans Wimmer, 1962) mit den Reliefs zur *Salome*-Oper.

Wie die Michaelskirche wurde auch die Alte Akademie für die Jesuiten erbaut (seit 1585/86) und mehrmals erweitert, bekannt als Jesuitenkolleg. Herzog Wilhelm V. ließ Grundstücke von der Michaelskirche bis zur Kapellenstraße aufkaufen. Vorbild für den Schul-Südtrakt an der Neuhauser Straße, 1586 von Wendel Dietrich entworfen, war wohl das gerade zuvor in Rom erbaute Collegio Romano der Jesuiten. Im frühen 17. Jh. reichte der Gebäudekomplex mit fünf Gartenhöfen bis zur Maxburg- und zur Ettstraße und war der größte der Stadt. Nicht nur Schule und Kolleg, auch Wohnkomplexe, Versammlungssaal, Bibliothek, Odeon und Versammlungssaal, sogar ein achteckiges Observatorium gehörten den Jesuiten. Vielerorts gewann in der Folge der Jesuitenorden, die ›Societas Jesu‹, soviel Einfluss auf Kirche und Staat, vor allem in Südeuropa, dass die Gegenkräfte sich sammelten und bei Papst Klemens XIV. 1773 die Auflösung des Ordens durchsetzten. Die wurde von Papst Pius VII. erst nach den napoleonischen Kriegen, 1814, rückgängig gemacht. Das jesuitische Areal um die Alte Akademie, nach dem Förderer Herzog Wilhelm V. auch ›**Wilhelminum**‹ genannt, fiel einer Vielzahl anderer Nutzungen anheim, war Polizeirevier und Hofbibliothek, Malerschule und Archiv, enthielt staatliche Sammlungen und die Bayerische Akademie der Wissenschaften.

Nach dem Zweiten Weltkrieg lagen alle Gebäude in Trümmern, bis auf einen Rest der Hauptfassade neben St. Michael, der mitsamt seinen charakteristischen Ovalfens-

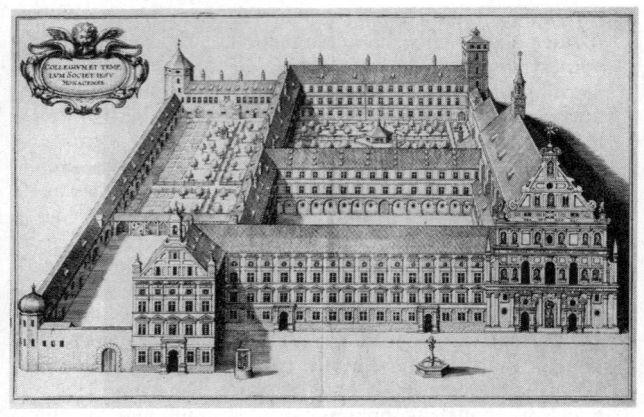

So groß war um 1600 das Jesuitenkolleg
Stich von Matthäus Merian

tern zumindest vereinfacht, aber doch stattlich wiederhergestellt werden konnte. Hinter den Fassaden arbeitet das
Bayerische Statistische Landesamt, dessen Aus- und Umzug für Ende 2009 geplant ist.

Bürgersaal (I D5; Neuhauser Straße 14): Nur hundert
Meter weiter an einem Kaufhaus aus den 1950er-Jahren
vorbei erreicht man den Bürgersaal. Wie Marmorportal
und Maria-mit-Kind-Figur erwarten lassen, ist der barocke Bau eine Kirche der Marienverehrung. Zunächst war
die Kirche vor allem ein Versammlungssaal, 1710 zum
hundertjährigen Bestehen der ›Marianischen deutschen
Kongregation der Herren und Bürger‹ errichtet. Giovanni
Antonio Viscardi entwarf die Pläne, Johann Georg Ettenhofer sorgte für die Ausführung. Erhebliche Bauschäden
machten 1772 Änderungen notwendig. Der Bau ist geteilt
in eine Unterkirche für Pilger im Erdgeschoss und darüber den – als Kirche geweihten – Versammlungssaal mit
Hochaltar; beide sind reich mit Fresko- und Ölgemäl-
den, Skulpturen und anderem Kirchenschmuck ausgestattet. Ein Hauptwerk ist Ignaz Günthers hochgemute Schutz-
engelfigur, die ein Kind an der Hand führt (wohl als Pro-
zessionsfigur für die Schutzengelbrüderschaft entworfen).

Auch dieses Gotteshaus wurde 1944 zerstört. Nur der
Kirchenraum im Untergeschoss blieb erhalten. Schon
Ende 1945 wurde wiederaufgebaut. Bis 1947 wurde der
›Bürgersaal‹ als Bischofskirche genutzt, überdies auch für
die Gemeinde von St. Michael (bis 1953).

Das Äußere der Kirche wird von dem großen Bogen-
fenster im Obergeschoss und vom Marmorportal mit der
darüber hinter Glas postierten Madonna mit Kind geprägt. Ein sogenanntes ›Papstkreuz‹ erinnert an die Papst-
besuche Pius' VI. (1782) und Johannes Pauls II. (1987).
Besondere Bedeutung kommt dem Grab des Priesters Rupert Mayer zu, den Papst Johannes Paul II. 1987 im
Münchner Olympiastadion seligsprach. Der Jesuitenpater
Rupert Mayer (1876–1945) wagte es, sich gegen das Hit-

ler-Regime zu stellen, wurde immer wieder verhaftet, litt in Konzentrationslagern und starb am 1. November 1945, bei der Predigt an einem Gehirnschlag. Bei seiner Grabstelle in der Unterkirche befindet sich eine Bronzebüste (1949) von Barbara von Kalckreuth.

Die 14 Kreuzwegstationen in der Unterkirche wurden 1898 nach Modellen von Hans Sprenger geschaffen, am Altar ist die Statue *Maria als Himmelskönigin mit Jesuskind* von Julius Drechsler zu sehen. Ein Marienmonogramm in Strahlengloriole füllt das Zentrum im Deckengewölbe der neu erbauten Oberkirche aus. Ihm zur Seite malte Hermann Kaspar in den 1970er-Jahren die Geburt Christi, eine Marien-Himmelfahrt, Evangelisten und Apostel, zu ihrer Gruppe auch Rupert Mayer. Den Stuck von Peter Franz Appiani und Johann Georg Baader konnte man rekonstruieren, am Altar hat das versilberte Relief *Maria Verkündigung* von Andreas Faister, 1710 für die Marianische Kongregation geschaffen.

Augustinerbräu (I D5/6; Neuhauser Straße 27): Gegenüber dem Wilhelminum zieht das Augustiner-Bräu seit bald zwei Jahrhunderten durstige und hungrige Gäste an. Die Augustiner-Mönche brauten hier seit dem 14. Jh. Bier, vermutlich von 1382 an und bis etwa zur Säkularisierung des Klosters (1803), die längste Zeit an der heutigen Ecke Löwengrube/Ettstraße. Erst 1817 zog die Brauerei in die Neuhauser Straße um, in das Gebäude des späteren Gasthofes, wo ebenfalls schon seit dem 15 Jh. gebraut wurde. Zwölf Jahre später, 1829, erwarb der Kaufmann Anton Wagner die Augustiner-Brauerei, mit ihm begann die ›Augustiner-Dynastie‹. 1884 entstand die neue Brauerei an der Landsberger Straße, wieder ein Jahrzehnt später (1896–97) die neue Gaststätte in der Neuhauser Straße. Zwei Häuser wurden daher zusammengelegt, das rechte mit Mittelerker bis zum Dach und einem sehr kleinen Biergarten im malerischen Arkaden-Innenhof. Als Architekt wird meist Emanuel von Seidl genannt, er konnte sich wohl auf Ent-

Seit über hundert Jahren ein Münchner Bierpalast:
der ›Augustiner‹

würfe von Fincke & Vent stützen. Heute ist in München
der »Augustiner« der letzte authentische ›Bierpalast‹ des
19. Jh.s, man sitzt auf Wirtshausbänken oder tafelt an
weißgedeckten Rundtischen.

Die Attraktion sind die 1945 restaurierten und damit in
ihrem historischen Neorenaissance-Stil der Prinzregenten-
Zeit erhaltenen Innenräume: voran der **Muschelsaal**, mit
einer damals modernen Eisenkonstruktion in der gläsernen Kuppel, mit imposanten Säulen und Bronzebüsten,
mit Jagdtrophäen und dem grottenähnlichen Muschel-
werk, das die Wände überzieht. Dergleichen findet sich
nur noch sehr selten. Wenige Schritte nebenan, an einem

der schmalsten Häuser Münchens, überdauert in vereinfachter Restaurierung wieder eine Neorenaissance-Fassa-
de: das ›Spielwarenhaus Wilh. Schmidt‹, mit drollig rund-
lichen Steinfiguren von Mutter und Kind.

Kaufhaus Oberpollinger (I C5; Neuhauser Straße 18):
Das große Kaufhaus Oberpollinger, heute Karstadt, ist ein
Bau von Max Littmann von 1904/05, den Heinrich Düll
und Georg Pezold mit Jugendstilskulpturen an der Fassade dekorierten. Um sich dem um 1900 noch kleinteiligen
Stadtbild einzufügen, gliederte Littmann die Fassade mit
drei Giebeln und schmalen Rücksprüngen. Die Hanse-
kogge auf dem Dach geht auf einen Hamburger Kaufmann zurück, der den Bau in Auftrag gab. Um die Kauf-
fläche zu vergrößern, erwarben die Eigentümer 2005 das
rückwärtige Grundstück der 1938 zerstörten Synagoge.
Mit dem Kaufpreis konnte die jüdische Gemeinde einen
beachtlichen Beitrag zu den Kosten der neuen Synagoge
und des jüdischen Gemeindezentrums am Jakobplatz leis-
ten. 2007/08 fand eine Neustrukturierung der Verkaufs-
räume statt, um das Haus auf internationales Niveau zu
heben, ähnlich dem ›KaDeWe‹ am Tauentzien in Berlin.

Aus der Zeit des Jugendstils stammt auch die scherzhaf-
te **Brunnenskulptur** (1895) an der Ecke Herzog-Max-
Straße mit weinlaubbekränztem Satyrkopf, der einen
nackten Buben nassspritzt. Von dieser Plastik konnte der
Bildhauer Matthias Gasteiger Abgüsse bis nach Berlin und
Triest liefern.

Karlsplatz oder Stachus (I C5): Die U- und S-Bahn-
Station heißt Karlsplatz, doch auf den Schildern wie auf
Stadtplänen findet sich die Bezeichnung ›Stachus‹. So be-
hauptet sich nun schon seit 200 Jahren der Volksmund
neben dem offiziellen Karl-Namen, den Kurfürst Karl
Theodor 1797 dem 1302 erbauten Neuhauser Tor und
dem Platz davor gab. Über die Herkunft des Namens
›Stachus‹ herrscht keine Einigkeit. 1728 übernahm ein
Eustachius Föderl einen Bierausschank vor dem Neuhau-

ser Tor, der dann bald als ›Stacherl‹- oder Stachusgarten bekannt war. Möglich ist aber auch eine noch Jahrhunderte ältere Herkunftslegende von den ›Stachelschützen‹, die vor dem Tor seit 1401 ihre Schießstätte hatten. Ihr Schutzpatron war der hl. Eustachius, einer der 14 Nothelfer.

Zweifellos ist der historische Stellenwert des Stachus in der Stadtgeschichte groß. Karl Theodor, ein Fürst im Geiste der Aufklärung, und sein Berater Graf Rumford verfügten die Öffnung des mittelalterlichen Mauer- und Grabenrings. Das verwinkelte Bollwerk des Neuhauser Tors sollte durchgängig gemacht, der »in- und ausländische Kommerz« erleichtert werden. Seit 1791 sprengte die barocke Residenzstadt ihren Mauergürtel, Stadtforscher haben dafür das Wort »Entfestigung« geprägt und sprechen von Münchens »zweiter Stadtgründung«. Schon um 1800 entstand der charakteristische Halbkreis der **Rondellbauten**, finanziert von privaten Bauherrn, schon damals wurde auch der erste Abschnitt der Ringstraße konzipiert, die heute als Altstadtring von der Sonnenstraße über den Stachus zum Lenbachplatz führt. Als erstes neues Stadtviertel-Projekt außerhalb der Mauern planten Friedrich Ludwig Sckell und Carl Fischer die Maxvorstadt.

Zum Abriss des Hauptturms der burgartigen Toranlage am Karlsplatz kam es jedoch erst 1857 nach einer Explosion von vier Zentnern Schießpulver im Nachbargebäude. Der immer wieder geforderte, aber schon von König Ludwig I. rigoros verweigerte Totalabbruch der Toranlage unterblieb – das Mittelalter wurde im 19. Jh. wieder geschätzt. Arnold von Zenetti, Bauingenieur im Dienst der Stadt, konnte die beiden Flankentürme restaurieren und mit einem neogotischen Bogen verbinden. Die Hauptdurchfahrt wurde erweitert, Fußgängerpassagen eingerichtet. Auf die Passanten blicken heute noch von den Kragsteinen der Torbogen die vier munteren Münchner Originale hinab, deren Büsten Zenetti um 1860 anbringen ließ.

Es sind der letzte Hofnarr Georg Prangerl, der als Liebes-
briefbote bekannte Finessen-Sepperl, der im Hofbräuhaus
tätige Bassgeiger ›Baron‹ Sulzbeck und der Fuhrunterneh-
mer und Droschkenkutscher Franz Xaver Krenkl. Für
flotte Sprüche waren alle bekannt. Krenkl überholte ver-
botenerweise einmal König Ludwigs I. Kutsche im Englischen Garten und rief ihm auf gut bayerisch zu: »Wer ko,
der ko« (›Wer's kann, der kann‹), noch heute oft zitiert.

In großbürgerlichem Neobarock ›modernisierte‹ Gabriel von Seidl das Stachus-Rondell im letzten Jahrzehnt
des 19. Jh.s, ersetzte die klassizistischen Fassaden, erhöhte
das Ensemble um ein weiteres Stockwerk und platzierte
schmückende Figuren und Vasen, Balkons und Kuppeln.
Nach den Feuerstürmen des Zweiten Weltkriegs wurden
die Ruinen vereinfacht wiederaufgebaut.

Im bundesdeutschen ›Wirtschaftswunder‹ mutierte der
Stachus zum verkehrsreichsten Platz Europas, zum über-
forderten Schnittpunkt von 38 Adern des Straßenver-
kehrs, mit täglich 3000 Straßenbahnen, 40000 Pkws,
100000 motorisierten und nicht motorisierten Zweirä-
dern, einer halben Million Menschen und zahllosen Dau-
erstaus. Seit 1964 folgten die Umbauten. Straßen, Fahr-
bahnen und Schienen wurden neu verlegt, unter dem
Stachus in sechs Tiefgeschossen eine Ladenstadt und Ver-
kehrsebenen für künftige S- und U-Bahn-Linien geschaffen. Oberirdisch begab sich nicht minder Neues. Die
Strecke vom Alten Rathaus zum Karlstor wurde zur Fußgängerzone und damit dem mittelalterlichen Handelsweg,
der für Münchens Gründung so wichtigen einstigen Salzstraße, ein Ende gesetzt. Unter dem Karlstor verweist eine
Gedenktafel auf den Architekten Prof. Herbert Jensen:
Sein Stadtentwicklungsplan motivierte 1966 den Stadtrat,
den ›Fußgängerbereich‹ zu beschließen. Mit unterirdi-
schen Schienenwegen wie mit der oberirdischen Fußgängerzone bereitete sich die Stadt auf die Olympischen Spiele des Jahres 1972 vor.

Ein Haupteingang in Münchens Innenstadt ist der Stachus auch heute noch, allerdings völlig anders als in der Vorstellung des Kurfürsten Karl Theodor. Die große Verkehrsader gehört den Fußgängern, das Empfangsrondell ist von Warenhäusern, dem Fünf-Sterne-Traditionshotel Königshof und dem Justizpalast umgeben. Den besten Panoramablick auf den Stachus bietet der Königshof, der nach den Kriegsschäden und rechtzeitig zu den Olympischen Spielen im Stil klassischer Eleganz von dem Innenarchitekten Siegward Graf Pilati neu eingerichtet wurde. Die Springbrunnenanlage vor dem Karlstor, die der Architekt Bernhard Winkler 1972 schuf, erfreut sommers mit ihren aufsteigenden Wasservorhängen, winters mit einer Schlittschuhbahn. Ein Generalumbau des Stachus-Untergeschosses hat 2008 begonnen.

Justizpalast (I C5; Elisenstraße 1a): Über den Portalen des Justizpalasts sind die Grundwerte und die Rechtsmittel der Justiz in Symbolfiguren dargestellt, von Gerechtigkeit bis Frömmigkeit, von der Anklage bis zu Strafe oder Freispruch, vom freien Willen bis zur Selbsterkenntnis. Lateinische Schriftbänder rufen zu »ehrbarem Leben« (*honeste vivere*), zum Respekt vor den Mitmenschen (*neminen laede*, »schade niemandem«) und zu »gerechtem Teilen« auf (*suum cuique tribuere*).

Der wuchtige Bau ist mit seinem Grundriss von 138 × 80 m größer als ein Fußballfeld und in seinem Stil ein Hauptbeispiel der großbürgerlichen Bildungsarchitektur um 1900, die sich die Formen von Renaissance und Barock aneignete. Unstreitig von hoher kunsthandwerklicher Qualität im Detail, trumpft diese historisierende Repräsentations- und Palastarchitektur überaus machtbewusst auf.

Als der 35-jährige Friedrich von Thiersch 1887 den Bauauftrag bekam und zum ›Spezialkommissär‹ des Justizministeriums ernannt wurde, hatte er bereits an wichtigen Wettbewerben teilgenommen. Nachdem die Volks-

vertreter den ersten Kostenvoranschlag als zu teuer zu-
rückgewiesen hatten, verteidigte Thiersch vor dem Bayerischen Landtag beredt einen zweiten, um mehr als ein
Drittel gekürzt. Schließlich wurden knapp zwei Drittel
des ersten Kostenvoranschlags bewilligt. Dafür konnten
feuersichere Decken eingezogen, die Fassaden vollständig
mit Haustein verkleidet und für die Kuppel eine moderne
Konstruktion aus Eisen und Glas ähnlich der des Berliner Reichstags gewählt werden. Dagegen machte der
Landtag den Einbau elektrischer Beleuchtung »von der
Entwicklung dieser Beleuchtungsart in München« abhän-
gig. Eine Extrazahlung für die künstlerische Ausstattung,
an der Thiersch viel gelegen war, wurde versagt. »Es ist
nur der allerdürftigste Schmuck, den das Gebäude erhalten wird, ein Schmuck, der in seiner Armut noch
nach Jahrhunderten Zeugnis von der kunstfeindlichen
Stellung der bayerischen Kammer des Jahres 1894 ab-
legen wird«, klagte Albert Hofmann in der *Deutschen
Bauzeitung* (1894).

Thiersch fand einen Ausweg, die Summe am Rohbau
einzusparen. Er besichtigte die deutschen und europäischen Justizbauten der Gründerzeit. So brachte er München architektonisch auf Augenhöhe mit Europa und
konnte auch die damals noch neuen Ausstattungen wie
Aufzüge und Lüftungsanlagen einbeziehen (Bauzeit 1891
bis 1897).

Stuttgart, Frankfurt a. M. und Köln hatten bereits ihre
Justizpaläste, in Leipzig wurde das ›Reichsgericht‹ zwei
Jahre früher als in München fertig. Berühmt war der Pari-
ser Justizpalast, und die monumentalste Justizburg hatte
Joseph Poelart 1866–83 für den noch jungen belgischen
Staat in Brüssel geschaffen. Wie dort sorgte Thiersch in
München für Repräsentation, schuf mit Stuck, Farben und
Schmiedeeisen einen festlichen Stil, wie er in einem großen
französischen Theater oder einem Schloss passend gewe-
sen wäre, mit Blütenfülle und neckischen Putten.

Opulent steht das vierstöckige Gebäude mit den beiden großen Innenhöfen in der Stadtlandschaft, der großzügige Freiraum nach Osten (Stachus) und nach Norden zum Alten Botanischen Garten lässt die Fassadenpracht voll zur Geltung kommen. Auch die Fassade nach Süden an der Prielmayerstraße wirkt nicht eingeengt, lediglich im Westen drängt sich das noch zur Zeit der Einweihung des Justizpalastes nicht vorgesehene, doch dann schon bald benötigte ›Neue Justizgebäude‹ recht nah heran.

Thiersch hat es beispielhaft verstanden, die monumentale Baumasse und ihre vier hohen Geschosse zu gliedern: mit den fünfachsigen Mittelrisaliten der Nord- und Südfassaden, kolossalen Säulen und breiten, für große Skulpturen geeigneten Giebelfeldern. Dank ihrer hervortretenden Mitte wirkt die Ostfassade als dominante Schaufront, ohne doch die Balance zur Nord- und Südfassade zu gefährden – da diese ihrerseits jeweils zwei Achsen mehr aufweisen. Seinen Trumpf spielt der Justizpalast mit seiner Kuppel aus.

Über der zentralen Halle im Mitteltrakt zwischen den beiden Innenhöfen hebt sich die vierseitige (also nicht runde!) Kuppel aus Glas und Stahl 66 Meter hoch aus der Stadtlandschaft heraus. Über den so detailreich gegliederten, mit Dutzenden von symbolischen Skulpturen in den Attiken geschmückten Fassaden erscheint die Kuppel als oberstes, alle Teile in eine Gestalt zusammenführendes Symbol. Thiersch hatte seinem Büro ein spezielles Atelier angegliedert, um Modelle auswählen zu lassen, die dann vergrößert in Sandstein geschaffen wurden.

Im Innern prunkte der Justizpalast vor allem mit seiner Neorenaissance-Treppenanlage, mit dem großen Schwurgerichtssaal und der Bibliothek. Der eichenholzgetäfelte Schwurgerichtssaal zeigt auf alten Schwarzweißfotos ein reiches Ambiente mit Wandgemälden oberhalb der Vertäfelung, dazu barocke Türrahmungen und üppiges Schnitzwerk der etwa zehn Meter hohen Decke. Justitia thronte zwischen dem Triumphzug der Tugend und dem grauen Elend des Lasters. Auch Porträts – etwa des Prinzregenten, gemalt von Franz von Lenbach – schmückten den Schwurgerichtssaal und das Repräsentationszimmer des Justizministers. Das Justizministerium nahm einen beträchtlichen Teil des Thiersch-Baues in Anspruch, allein für die Dienstwohnung des Justizministers waren 27 Zimmer geplant. Vier Gerichte zogen ein: ein Amtsgericht, zwei Landgerichte und ein Oberlandesgericht.

Schon sechs Jahre nach der Vollendung des Justizpalastes begann Thiersch mit der Arbeit an dem direkt benachbarten kleineren Erweiterungsbau an der Prielmayerstraße (Nr. 5). Sein Grundriss ist ähnlich, der Stil jedoch gotisierend, mit Ziegelfassade statt heller Hausteinverkleidung, mit einem Uhrenturm und getreppten Giebeln.

Während des Zweiten Weltkriegs tagte im Justizpalast der ›Volksgerichtshof‹, als dessen Präsident Roland Freisler 1943 die Studenten Sophie und Hans Scholl sowie ihren Professor Christoph Probst wegen ihres Flugblattaufrufs zum Widerstand gegen das NS-Regime zum Tode verurteilte.

Nach der Zerstörung großer Gebäudeteile – von 20 Gerichtssälen blieben nur zwei im Ostflügel mit dem Stuckschmuck der Decken und Eichenholzvertäfelungen erhalten – wurde der wiederaufgebaute Innenbereich nur vereinfacht ausgestattet. Von den 330 Amtsräumen sind über dreihundert eher nüchtern ausgestattet. So bleibt der Justizpalast vor allem in seiner Außenansicht ein großartiges Monument der Gründerzeit, ein geglücktes Beispiel jener Historismus-Architektur, die das Zeitalter der Technik mit den Stilfiguren von Renaissance, Barock und Empire schmücken und repräsentieren wollte. Die verloren geglaubte Bronzestatue des Prinzregenten Luitpold konnte 1955 an ihren Platz im ersten Obergeschoss der Zentralhalle zurückkehren. Im Zweiten Weltkrieg hatte die ›Reichsstelle Eisen und Metall‹ die Statue als kriegswichtiges Metall zum Einschmelzen abholen lassen. Doch 1954 wurde sie nur wenig beschädigt in Hamburg aufgefunden und nach München zurücktransportiert.

Künstlerhaus (I D5; Lenbachplatz 8): Die Kunststadt brauchte ein Künstlerhaus, ein Vereinshaus, das dem Ansehen der Münchner Künstler entsprach. Entsprechende Bemühungen begannen schon zur Regierungszeit König Ludwigs I., dauerten aber auch nach der Gründung eines Baukomitees (1852) über Jahrzehnte an. Einzelne Künstlergruppen hatten längst ihre Vereinslokale, wie die Künstlergesellschaft ›Allotria‹, deren Vorsitz Franz von Lenbach, der Münchner ›Malerfürst‹ und höchst angesehener Porträtmaler, seit 1879 innehatte.

Als Franz von Lenbach sich gemeinsam mit dem Erzgießer Ferdinand von Miller für das Künstlerhaus einsetzte, unterstützt von dem Kunsthändler Lehmann Bernheimer und von Georg Proebst, einem Vorstandsmitglied der Löwenbrauerei Prinzregent Luitpold, wurde aus dem Wunsch Wirklichkeit.

1893 legte Prinzregent Luitpold den Grundstein mit der Widmung: »Dies Haus soll allen Künstlern Münchens … ein Sammelplatz sein … München eine Ehre, den Künstlern ein Stolz, der Kunst ein Kleinod für und für.« Den Bau entwarf der Münchner Gabriel von Seidl, mit dem »Bestreben, das über die Baustelle hinweg zu der Synagoge sich erhebende reizvolle Stadtbild nicht nur zu erhalten, sondern so weit als möglich durch entsprechende architektonische Umrahmung zu steigern«. Seidl war schon damals einer der begehrtesten Architekten, der später mit so repräsentativen Aufgaben wie dem Bayerischen Nationalmuseum betraut wurde.

Das Künstlerhaus sollte historisierend im Stil der norddeutschen Renaissance entstehen, mit Volutengiebeln, Rundbogenportal und dem ›Venezianischen Zimmer‹ im Restaurant, das sich als langgestreckter, damals nur ebenerdiger Anbau an den Hauptbau anschloss. Der Zutritt zum Zweiflügelbau mit dem Festsaal führt bis heute über den anheimelnden ummauerten Innenhof. Zur Einweihung im Frühjahr 1900 gab es ein Festspiel von Wilhelm Busch und eine Hymne von Richard Strauss. 1911 übernahm der Künstlerhausverein das Haus, 1938 dann die ›NS-Kameradschaft der Künstler‹.

Obwohl das Hauptgebäude 1944 durch Bomben großenteils zerstört wurde, richtete sich die US-Besatzung ein Offizierskasino ein, nannte es ›The American Way‹ und überließ das Haus erst 1955 wieder den Künstlern. 1960 konnte das Haupthaus rekonstruiert werden (Architekt Erwin Schleich), Herzog Albrecht weihte es 1961 ein. Das ›Venezianische Zimmer‹ wurde vom Brand verschont, doch der Festsaal im Obergeschoss und andere Räume mussten erneuert werden. Noch klassizistisch mit seiner weißen Stuckdecke und großer Fensterarkade wirkt der Lenbachsaal, der Millersaal präsentiert sich mit dunkel vertäfelten Wänden und Balkendecke, der Festsaal für 270 Personen glänzt mit Lüstern und mit einem abgestuften goldglitzernden Deckengewölbe. Feste feiern oder in der Lithographenwerkstatt arbeiten, Vorträge halten, die Räume für Firmenveranstaltungen oder Familientreffen mieten, Theaterspielen oder in den Büros arbeiten – so steht das Künstlerhaus heute vielen offen.

Bis 1938 war das Haus der **Synagoge** unmittelbar benachbart, beide ergaben ein reizvolles städtisches Ensemble. Die Synagoge ließ Adolf Hitler bereits im Frühjahr 1938, ein halbes Jahr vor der ›Reichskristallnacht‹ abreißen. Anstelle der zerstörten Synagoge wurde 2005 der rückwärtige Anbau an das Kaufhaus Oberpollinger fertiggestellt, der zu voluminös geriet (Architekturbüro Vergile and Stone, London) und das Ambiente um Künstlerhaus und BMW-Pavillon empfindlich stört.

Lenbachplatz (I D5): Der Ruf des Malerfürsten Franz von Lenbach ist immer noch lebendig, für ihr schick exklusives München-Projekt nah dem Lenbachplatz fanden die

Investoren 2006 den Namen ›Lenbach Gärten‹. Die neuen
Wohnungen, Büros und das Fünfsternehotel ›Charles‹ nutzen das lange vernachlässigte Areal von TU-Fakultäten, die
schon seit Ende der 1960er-Jahre an den Stadtrand umzo-
gen. Wohnluxus etabliert sich am Alten Botanischen Garten, zwischen Lenbachhaus und Lenbachplatz.

Die aktuelle Konstellation im Sinne von »Lenbachs
Name lockt potente Bauherren« erinnert an den Bau des
Bernheimer-Hauses (Lenbachplatz 3) von Friedrich von
Thiersch, das den Lenbachplatz mit seiner üppigen Neo-
barockfront, der hohen Laterne und der französisch in-
spirierten Dachschwellung seit 1889 bis heute dominiert.
Ungewöhnlich hoch ist auch das Sockelgeschoss angelegt,
Aufsehen erregte die erstmals so unverkleidet belassene
Eisenkonstruktion im ersten Stockwerk. Nicht dem damals hochberühmten Friedrich von Thiersch ist der imposante Fassadenentwurf zu verdanken, sondern seinem
Schüler Martin Dülfer, der kurz darauf Münchens erste
Jugendstilvilla erbaute. Stark zieht der pompöse Mittelrisalit den Blick auf sich. So nimmt man erst auf den
zweiten Blick wahr, dass Dülfers Fassade nicht exakt
symmetrisch ist: Sie hat auf der einen Seite des Portals
vier, auf der anderen nur drei Achsen, der südliche Seiten-
risalit ist abgerundet. Der Mittelrisalit nimmt Motive des
Palais im Großen Garten in Dresden auf, das Halbrund
des Giebelreliefs zeigt allegorisch den Welthandel. Den
Fürsten des Barock fühlten sich die arrivierten Kunsthändler wohl bereits ebenbürtig, als sie sich im Neobarock einrichteten. Das Haus des ›königlich bayerischen
Hoflieferanten‹ Lehmann Bernheimer ist eines der ein-
drucksstärksten Beispiele dafür. Zugleich ist es auch eines
der ersten kombinierten Geschäfts- und Wohnhäuser dieses Stils.

Das Bernheimer-Palais wirkte um so mächtiger, als damals, 1887–89, weder der Justizpalast noch das markante
Eckgebäude der Deutschen Bank mit seinen Säulen in

Kolossalordnung, noch Emanuel von Seidls Gebäude der
Galerie Heinemann (zum Maximiliansplatz hin) errichtet
waren. Bernheimer und David Heinemann sind zwei prominente Beispiele von vielen Kunsthändlern dieser Jahre,
die mit ihrem Geschmack und Sachverstand zu Münchens
damals unbestrittener Position als *der* deutschen Kunststadt beitrugen. Bernheimer (1841–1918), dessen Vater
Meyer Bernheimer noch zweimal jährlich aus dem fränki-
schen Buttenhausen zum Handel mit Textilien auf der
Münchner Dult gereist war, wurde von Ludwig II. zum
Kommerzienrat ernannt. Dessen Sohn Otto von Bernheimer baute die Firma nach 1945 in München wieder auf.
Kriegsschäden am Gebäude wurden frühzeitig behoben,
die Prachtfassade samt hoher Laterne seit 1984 wiederhergestellt. Ende der 1980er-Jahre wurde das Bernheimer-
Haus verkauft, zu einem Bürohaus umgebaut und war
zeitweise Bauruine – betroffen von den Finanzspekulatio-
nen des Milliarden-Bankrotteurs Jürgen Schneider.

Vis-à-vis des Bernheimer-Hauses hatte die alte **Herzog-
Max-Burg** (I D5) aus dem späten 16. Jh. (erbaut im Auftrag Herzog Wilhelms V., umbenannt in der Zeit Maximilians I.) ihren Platz. Sie wurde im Zweiten Weltkrieg zur
Ruine und bald danach abgerissen – bis auf den vereinfacht
restaurierten freistehenden schlanken Turm, der ähnlich
dem Löwenturm am Rindermarkt vor der glatten Bürofas-
sade des Max-Burg-Blocks ein Stück altes München in Erinnerung zu halten hat. Die Bögen über den rechteckigen
Fenstern sind allerdings nur reliefiert und gemalt. Das
Rechteckmuster der Turmfassade findet sich am sieben-
stöckigen Justizgebäude (Lenbachblock) wieder. In der
Nachbarschaft steht der neunstöckige **Pacelliblock**. Seine
Neubauten mit durchgehender Glasfassade nach den Entwürfen der Wettbewerbssieger Theo Pabst und Sep Ruf
entstanden 1954–57 und waren damals mit ihren verglasten
Übergängen in München eine architektonische Novität.
Unter den modernen Skulpturen und Mosaiken um das

›Justizgebäude Herzog-Max-Burg‹ und den angrenzenden **Lenbachblock** an der Pacellistraße sind zwei hervorzuheben: im Innenhof der **Moses-Brunnen** mit der Bronzestatue des Moses von Josef Henselmann (1955) und am Lenbachblock das *Urtier* von Anton Hiller (1893–1985).

Zu den geglückten Architekturen der Nachkriegsjahre gehört der vergleichsweise kleine, fünfseitig rundum verglaste, zum Einblick animierende **BMW-Pavillon** von 1956: ein Glashaus, das die Qualitäten stimmiger, schnörkelloser Proportionen erleben lässt – geeignet, die jeweiligen Automodelle oder gelegentlich eine kleine Kunstschau ins rechte Licht zu stellen. 1986 stattete Christian Bartenbach den Pavillon mit einer Lichtinstallation aus.

Das wichtigste Kunstwerk des Lenbachplatzes ist der von Adolf Hildebrand geschaffene **Wittelsbacher Brun-**

Wegen des Wittelsbacher Brunnens zog Adolf von Hildebrand
an die Isar

nen an der Nordseite zum Maximiliansplatz hin – wie Heinrich Wölfflin schon 1917 zu Hildebrands 70. Geburtstag rühmte: »Der Festeingang Münchens ist da, wo Hildebrands Brunnen steht. Der Bahnhofsplatz sagt niemandem etwas; das Rondell des Karlstors öffnet zwar die Hauptader der Stadt, ist aber zum bloßen Durchgangspunkt geworden. Wenn man indessen links einschwenkt, der Lenbachplatz sich auftut, die Maximiliansanlagen sichtbar werden und davor die hellen Marmorfiguren mit den rauschenden Wasserbecken, dann weiß man, dass man in München ist, dem heiter-festlichen Vorort Süddeutschlands.«

Adolf von Hildebrand, einer der führenden deutschen Bildhauer des ausgehenden 19. Jh.s, siedelte 1889 anlässlich seiner Arbeit am Wittelsbacher Brunnen nach München über, nachdem er zwei Jahrzehnte lang seinen Wohnsitz im ehemaligen Kloster San Francesco di Paolo bei Florenz gehabt hatte. Der Wohnortwechsel war erforderlich geworden, da zu jener Zeit nur Künstler mit festem Wohnsitz in München für solche umfangreichen Aufträge den Zuschlag erhielten. Hildebrand schuf mehr als nur einen Brunnen – vielmehr eine ganze Wasseranlage, von den beiden obersten Brunnenschalen über das erste Becken, aus dem vier Wasserströme über das zweite in das untere Becken laufen. Die Hauptfiguren links und rechts von den oberen Brunnenschalen sind ein steinschleudernder Reiter und gegenüber eine Frau mit Wasserschale auf einem Rind, er die zerstörerische Kraft des Wassers symbolisierend, sie den Segen des Wassers.

Aus barocken und antiken Elementen hat Hildebrand dieses Brunnenwerk geschaffen. Der ›Wittelsbacher Brunnen‹ wurde anlässlich der neuen Quellwasserleitung aus dem Mangfalltal in Auftrag gegeben. Nach heftigen Choleraepidemien hatte der Hygiene-Forscher Max von Pettenkofer die Stadtväter zu einer Reform der Wasserversorgung gedrängt, mit dem Ergebnis, dass auch die Wittelsba-

cher eine große Summe stifteten, weshalb der Brunnen
nach ihnen benannt wurde.

Maximiliansplatz (I D5): Seit 1796/97 ist der rund
270 m langgestreckte Maximiliansplatz ein Teilstück der
Altstadtumfahrung, die 1968/70 zum durchgängigen ›Altstadtring‹ ausgebaut wurde. Die Festungswälle fielen erst
1804, in den folgenden Jahren entstanden an ihrer Stelle
Wohngebäude und – entworfen von Schedel von Greifenstein – das Maxtor, zwischen Pranner- und Max-Joseph-
Straße. Es erinnert an den Versuch, in Richtung Karolinenplatz eine neue Anbindung der jungen Maxvorstadt an
die Altstadt zu schaffen. Die traditionellen Verkehrswege
nach Westen durch das Karlstor und nach Norden über
die Schwabinger Landstraße waren wohl bequemer zu be-
nutzen als die schmalen Gassen der Altstadt zwischen
Promenadeplatz und Salvatorkirche.

Erstaunlich unterschiedliche Nutzungsvorschläge wurden für das heutige Parkgelände in den Folgejahren vorgetragen und abgelehnt: für ein Nationaldenkmal, für eine
Korn-, Markt- oder Mauthalle, für ein Volkstheater (das
schmückte dann den Gärtnerplatz) oder für ein Ausstellungsgebäude. Fast ein halbes Jahrhundert, bis 1872,
scheint die Hauptnutzung ein Dultplatz, also ein Markt
gewesen zu sein. Erst 1876–78 gestaltete Carl Effner den
Park, der in wechselnder Gestalt bis heute eine Ruhezone
zwischen Lenbachplatz und dem Platz der Opfer des Nationalsozialismus bietet. Zu danken ist es den Gärtnern in
der zweiten Hälfte des 20. Jh.s: Ihre Bepflanzung schirmt
das nur schmale Parkgelände gegen den permanenten Verkehr auf dem Altstadtring ab. Der kurze Abschnitt der
Max-Joseph-Straße, der den Park in seiner Mitte teilt (als
direkteste Verbindung zwischen Maxvorstadt und Altstadt) ist nur zweispurig und für Fußgänger begehbar.

Zwischen den Parkwegen und künstlich angelegten Hügeln finden sich Denkmäler zahlreicher Wissenschaftler
und Forscher, mit denen König Maximilian II. während

seiner Regierungszeit (1848–1864) die Kunststadt München zu einem Zentrum der Forschung entwickeln wollte, u. a. für die Chemiker Justus von Liebig aus Hessen (1883, von Michael Wagmüller) und Max von Pettenkofer aus Bayern (1909, von Wilhelm Rümann). Der Gedächtnisbrunnen für den Komponisten Karl Amadeus Hartmann kam später hinzu (1971, von Toni Stadler). In dem kleinen Parkareal zwischen Maximiliansplatz und Ottostraße steht das Goethe-Denkmal (1962, von Elmar Dietz), vor der Schmalseite des Parks im Nordosten das Schiller-Denkmal (1863, von Max von Widnmann) und an der nordöstlichen Seite das Denkmal des Gartenarchitekten Carl Effner (1868, von Wilhelm Rümann und Friedrich von Thiersch).

Den ›Nornenbrunnen‹ mit den drei nordischen Schicksalsgöttinnen, Urd, Werdandi und Skuld (Vergangenheit, Gegenwart und Zukunft) um eine massive Steinschale schuf Hubert Netzer 1907 in Anlehnung an die Formensprache des Jugendstils – seit 1968 hat das strenge Werk seinen Platz hier in der Eschenanlage nördlich der Straße am Maximiliansplatz (früher am Karlsplatz).

Zwischen Maximiliansplatz und Amiraplatz erinnert an der Briennerstraße das von Karl Oppenrieder 1962 geschaffene Mahnmal mit ewiger Flamme in einer Metallstele an die Opfer der Hitler-Diktatur (schon seit 1946 **Platz der Opfer des Nationalsozialismus**).

Promenadeplatz (I D5): Der Promenadeplatz zeigt trotz vieler Umbauten und schwerer Kriegszerstörungen noch immer ein Stück vom großbürgerlichen München der Prinzregentenzeit. Vom Mittelalter bis weit ins 18. Jh. standen hier die anfangs städtisch, dann herzoglich respektive kurfürstlich verwalteten Salzstadel. Um 1780 wurden sie abgeräumt, das bayerische Militär erhielt einen Paradeplatz. Erst 1804 verwandelte der Gartenkünstler Friedrich Ludwig Sckell den Paradeplatz mit Neubepflanzung in den Promenadeplatz.

Vier Denkmäler datieren aus der Mitte des 19. Jh.s: für den Komponisten *Christoph Willibald Gluck* (1848, von Friedrich Brugger), für Kurfürst *Maximilian Emanuel* (1861, ebenfalls von Friedrich Brugger), für *Roland de Lattre*, den Komponisten Orlando di Lasso (1849, von Max von Widnmann, nach Zerstörung im Krieg wurde 1958 ein Nachguss aufgestellt) und für den bayerischen Geschichtsschreiber *Lorenz von Westenrieder* (1854, ebenfalls von Max von Widnmann). Ein weiteres Denkmal ehrte den bayerischen Juristen Wiguläus Xaverius Aloysius von Kreittmayr, der für das bayerische Rechtswesen u. a. das Zivilgesetz und den Kriminalkodex verfasst hatte (1751–1758, Kreittmayrs Werk gilt als die erste deutsche umfassend kodifizierte Rechtssammlung). Dieses von Ludwig Schwanthaler 1837–45 geschaffene Denkmal wurde im Zweiten Weltkrieg zerstört. 1960 erneuert, fand es Aufstellung beim Kreittmayr-Schloss in Offenstetten bei Abensberg in Niederbayern. Eine Kreittmayr-Büste mit den gefurchten Zügen des Rechtsgelehrten findet man in der Ruhmeshalle über der Theresienwiese.

Das überlebensgroß aus silbrig glänzendem, von Kopf bis Fuß wellenartig gerifferten Aluminium geformte Denkmal von Karin Sander (2006) zeigt Maximilian Joseph Graf Montgelas, der von vielen als Vater des modernen Bayern-Staates bewundert, von anderen als Vernichter altbayerischer Werte und Freiheiten beschuldigt wird. Eine in den Bürgersteig eingelassene Eisner-Gedenkplatte erinnert beim ehemaligen **Palais Montgelas** seitlich in der Kardinal-Faulhaber-Straße an den Pazifisten und kurzzeitigen bayerischen Ministerpräsidenten Kurt Eisner, der auf dem Weg in den Bayerischen Landtag am 21. Februar 1919 von Graf Arco auf Valley in der Prannerstraße erschossen wurde. Das Palais Montgelas war 1811–13 von Manuel Joseph von Herigoyen – gebürtiger Portugiese und Oberbaukommissar in München – anstelle des von Montgelas 1803 erworbenen Perusa-Palais und eines mit-

telalterlichen Salzstadels im frühklassizistischen Stil erbaut
worden. Hinter der erhaltenen Fassade gehören die umgebauten Räume heute zum ›Bayerischen Hof‹. Dieses
Luxushotel an der Nordseite des Platzes wurde wohl nach
einem Plan von Friedrich von Gärtner und auf Anregung
König Ludwigs I. seit 1839 im Auftrag von Joseph Anton
von Maffei, Wegbereiter der bayerischen Eisenbahn, aus
mehreren Bürgerhäusern erbaut. Am Ende des 19. Jh.s
verändert und im Zweiten Weltkrieg schwer beschädigt,
wurde es 1960/63 erneuert und Anfang der 1970er-Jahre
um das Palais Montgelas erweitert.

An der südlichen Seite des Promenadeplatzes (Nr. 15)
befand sich das **Gunetzrhainerhaus** des Hofarchitekten
Johann Baptist Gunetzrhainer, der das Haus um 1730 im
Stil der Régence, zwischen der pathetisch feierlichen
Louis-quatorze-Barockkunst und dem zierlich eleganten
Louis-quinze-Stil, umgebaut hat. Feine Putzgliederung
und Blumengirlanden aus Stuck zierten die Fassade, die in
das von den Architekten Hans von Peschke und Herbert
Dionisius 1960–61 nach Kriegszerstörung sorgfältig re-
konstruierte Gebäude integriert wurde – heute Teil des
Neubaus für die Deutsche Bank.

HypoVereinsbank AG (I D5; Kardinal-Faulhaber-Straße 1, 3 und 10): Bereits 1893–94 war an der damaligen
Promenadestraße (seit 1952 Kardinal-Faulhaber-Str. Nr. 1
und 3) und an der abzweigenden Prannerstraße (neben
dem Palais Neuhaus-Preysing) ein dominantes Bankge-
bäude entstanden, das vom Architekten Albert Schmidt
für die ›Königliche Filialbank‹ und ›Königliche Zentral-
staatskasse‹ entworfen worden war. Pilaster gliedern die
Fassade, die kolossalen hohen Säulen vorm ersten und
zweiten Stockwerk symbolisieren Stärke, insgesamt strahlt
der Bau Solidität aus. Als eigenwillige Zugabe erscheint an
der Dachbalustrade zwischen allegorischen Frauengestal-
ten auf geräumiger Steintafel das bayerische Staatswappen
mit großer Krone.

Wenig später, 1895–98, wurde für die 1835 gegründete Bayerische Hypotheken- und Wechselbank zur Erweiterung des Gebäudes an der Theatinerstraße auch an der Promenadestraße (heute Kardinal-Faulhaber-Straße 10) gegenüber der ›Königlichen Filialbank‹ ein vierstöckiger Neubau errichtet. Zu Seiten des opulenten Mittelteils mit seinen drei Achsen weist er je fünf Achsen auf, sämtlich mit Pilastern und aufwändigen Fensterrahmungen, ein Musterbau der Gründerzeit (Architekt Emil Schmidt). Das Portal rahmen überlebensgroße Atlanten, zwischen Portal und dem darüberliegenden Balkon mit vergoldetem Gitterwerk prangt wie am Bau gegenüber groß das bayerische Staatswappen mitsamt der Königskrone.

Nach mehreren Wechseln der Eigentümer und Bankennamen, nach Kriegszerstörungen und deren Behebung gehören seit 1998 beide Bauten der HypoVereinsbank (diese seit 2006/07 in italienischem Besitz). Damals wurde der gesamte Komplex der Hypovereinsbank bis hin zur Theatinerstraße hin entkernt, nur die Fassaden blieben denkmalgeschützt erhalten (›Fünf Höfe‹). Modern gestaltet wurden allerdings die Eckportale der einstigen ›Königlichen Filialbank‹ zur Pranner- und Salvatorstraße mit hohen, schlicht gerundeten Glas- und Metallformen, die sich wie Schiffsbuge zwischen die Fassaden schieben. Beim Umbau 2000–05 wurden Teile zweier angrenzenden Gebäude, das **Palais Neuhaus-Preysing** an der Prannerstraße 2 und das **Haus Salvatorstraße 11**, teilweise miteinbezogen, ein Dachgeschoss aufgesetzt und anstelle der früheren Kassenhalle ein bis zum gläsernen Dach reichendes Atrium eingebaut. Erhalten blieb jedoch das ursprüngliche Treppenhaus zu den Konferenz- und Direktorenräumen und zu den umlaufenden Galerien, die sich heute durch drehbare Glaslamellen öffnen und schließen lassen.

Fünf Höfe (I D5/E5; Theatiner-/Kardinal-Faulhaber-Straße): Glasüberwölbte Passagen und Galerien waren im 19. Jh. Wunschorte der Flanier- und Einkaufslust. Be-

rühmt wurden die Galerie d'Orléans in Paris (1828) und
die Galeries St. Hubert in Brüssel (1847), es folgten die
Galerien in Mailand, Berlin und Moskau – und viele mehr.
In der zweiten Hälfte des 20. Jh.s machte sich in Hamburg
ein Netzwerk von Passagen westlich der Binnenalster um
den Jungfernstieg einen Namen. Für die Neugestaltung
des verschachtelten Münchner Bankenviertels zwischen
Theatinerstraße- und Kardinal-Faulhaber-Straße schrieb
Ende der 1990er-Jahre die HypoVereinsbank einen Wettbewerb aus. Nach dem Zweiten Weltkrieg war hier ohne
wesentliche strukturelle Änderungen wiederaufgebaut worden. Lediglich anstelle des zerstörten Hauptgebäudes der
Bayerischen Hypotheken- und Wechselbank war 1949/53
ein Neubau errichtet worden, den der Architekt und
Stadtplaner Adolf Abel mit einer neoklassizistisch be-
einflussten Fassade versah. Abels weiterreichende Pläne,
die auf eine Vielzahl von Höfen und Passagen zielten, kamen nicht zur Ausführung. Das Basler Architektenbüro
Herzog & de Meuron gewann den Wettbewerb der Hy-
po-Bank. Das Konzept von 1998 nahm Bezug sowohl auf
den nahen Großkomplex der Münchner Residenz wie
auch auf die überlieferte Kleinteiligkeit der Altstadt. Die
Fassaden zur Theatinerstraße sollten zumeist erhalten
bleiben, zugleich aber ein großzügiges Passagenkonzept
umgesetzt werden. Genug Raum für Läden und Büro-
mietflächen entstand, als der Eigenbedarf des Bauherrn
sich durch die Fusion zur HypoVereinsbank 1998 verrin-
gert hatte.

Jeder der ›Fünf Höfe‹ erhielt seinen eigenen Charakter,
auch die Passagen unterscheiden sich deutlich. Zur Gesamtwirkung trägt das Spiel mit dem Licht bei. In der
Prannerpassage lässt z. B. das Halbdunkel die putzbündig
eingelassenen Glaspailletten märchenhaft leuchten. Tages-
und Kunstlicht mischt sich und bricht sich an den wandhohen Glasflächen. Dort wo die Frontfassaden der Läden
nichts anderes als große Glaswände sind, verwandelt sich

jeder Laden zur Schaufenster-Totale. Perusahof, Portia-
hof, der Viscardihof mit der Spiralkugel des Isländers Ola-
fur Eliasson (geb. 1967), die Pranner- und die Salvatorpas-
sage und der nicht öffentlich zugängliche Promenadehof
wurden von Herzog & de Meuron entworfen. Dagegen
sind der Maffeihof sowie der nicht zu den Fünf Höfen ge-
hörige Schäfflerhof südlich der Maffeistraße von dem Tes-
siner Architekten Ivano Gianola gestaltet worden. Die
Münchner Architekten Hilmer und Sattler planten den
nördlichen Bauteil mit der Amirapassage an der Salvatorstraße. Die Höfe sind nach Münchner Familien benannt,
die ähnlich erfolgreich waren wie Joseph Anton von Maffei, der 1841 die erste Lokomotive in München baute.
Zentraler Bestandteil der Fünf Höfe ist die **Kunsthalle
der Hypo-Kulturstiftung**. Seit 1985 präsentiert sie in Ko-
operation mit den Museen der Welt alljährlich drei bis
fünf hochkarätige Ausstellungen und bereichert die Stadt
temporär mit Hauptwerken der Kunst- und Kulturgeschichte. Der Fassadendekor an der Theatinerstraße signa-
lisiert den besonderen, über die kommerziellen Läden und
Büros herausgehobenen Kunst-Charakter: wie ein Vor-
hang breitet sich dort flexibles, vorhangähnliches Glitzer-
gewebe aus bronziertem Aluminiumblech vor die Fenster.

Adelspaläste (I D5; Kardinal-Faulhaber-, Residenz-
und Prannerstraße): 1733–37 ließ Kurfürst Karl Albrecht
für seinen aus der Beziehung mit einem Hoffräulein von
Ingenheim hervorgegangenen Sohn, Franz Ludwig von
Holnstein, das **Palais Holnstein** von François Cuvilliés
errichten (Kardinal-Faulhaber-Straße Nr. 7), das in seiner
Grundsubstanz zu den wenigen unversehrt erhaltenen
Münchner Stadtpalais zählt. Unter den Rokokopalais ist
es das einzige. Seit 1818 Staatseigentum, seit 1821 vom
Erzbischof von Freising (heute München und Freising)
genutzt, ist das Palais nicht öffentlich zugänglich. Für den
Unterhalt und damit auch für die derzeitige aufwändige
Sanierung ist nach dem bayerischen Konkordat von 1817

der Staat verpflichtet. Der Vierflügelbau wirkt mit seiner dreigeteilten Fassade, den Kolossalpilastern am Portal und dem erhaltenen Holnstein-Wappen im kräftigen Giebel über dem Mittelteil überaus repräsentativ. Die Stuckdekorationen der Fassade wurden Johann Baptist Zimmermann zugeschrieben. Nach Vorgaben von Cuvilliés hat Zimmermann wohl auch die Innenräume dekoriert. Gemälde zeigen auch kosmische Motive, *Apoll auf dem Sonnenwagen* im Empfangszimmer und Darstellungen von Planeten. Architekturgeschichtlich ist der funktionale Bezug von Fassadengliederung und Raumgliederung interessant, so entsprechen nach der damaligen französischen Architekturtheorie die beiden seitlichen Fassaden im Grundriss den Seitentrakten.

An den Innenräumen des Erzbischöflichen Palais wurden 1970/71 Änderungen vorgenommen, Räume neu aufgeteilt. Dabei konnte im Erdgeschoss auch das Deckenfresko *Gerechtigkeit und Friede* von Johann Baptist Zimmermann freigelegt werden – vielleicht schon im Bildprogramm des 18. Jh.s als Kontrast zu der im Erdgeschoss aufgestellten *Bellona*, der römischen Kriegsgöttin, angelegt (Kopie, das Original heute im Palais Portia). Die Hauskapelle gestaltete Ludwig Foltz 1865 neu. Eine Rarität sind im zweiten Obergeschoss die Rokokogästezimmer, die mit Wandbespannungen, Gemälden, Spiegeln herrschaftlich prunken. Von der Brunnengruppe mit *Venus und drei Genien* von Johann Baptist Straub ist im langgestreckten Hof nur noch die Brunnennische zu sehen.

Auch am Bau des **Palais Portia** (Kardinal-Faulhaber-Straße Nr. 12) war Cuvilliés beteiligt. Das ursprünglich gotische Haus ist mehrfach umgebaut worden, zunächst 1693/94 hochbarock durch Enrico Zuccalli, dann von Cuvilliés 1731–33 im Stil des Rokokos, bis es schließlich im ersten Drittel des 19. Jh.s von Jean-Baptiste Métivier unter Leitung von Leo von Klenze um einen Konzert- und Tanzsaal im Hintergebäude erweitert wurde. 1731 schenkte Kurfürst Karl Albrecht das Palais dem Kammerfräulein der Kurfürstin, der Gräfin Maria-Josepha Topor-Morawitzky, die sechs Jahre später den Hofkämmerer Anton Fürst von Portia ehelichte.

Von 1819 bis 1937 war das Palais Vereinshaus der Literarischen Gesellschaft ›Museum‹ mit dem lange für das Münchner Musikleben wichtigen Konzertsaal. 1934 erwarb die Bayerische Vereinsbank das Palais. Nach Kriegszerstörung stand nur noch die Fassade, der Wiederaufbau erfolgte 1950–52. Der Stuckdekor der Fassade wie auch das Balkongitter, in dem die gräflichen Initialen JTM für Josepha Topor-Morawitzky zu entdecken sind, gehen auf Cuvilliés zurück.

1728 zog Oberstjägermeister Graf Max von Preysing in das von Joseph Effner 1720–27 erbaute Adels-, später **Preysing-Palais** (Residenzstraße 27) ein. Seit 1835 nutzte es die Bayerische Hypotheken- und Wechselbank. Den Zweiten Weltkrieg überstanden schwerbeschädigt nur die Fassaden zur Residenzstraße und zur Viscardigasse. Die marode Fassade zur Theatinerstraße wurde 1946 gesprengt. Erst 1958 übernahm ein Bauunternehmer die Ruine. Erwin Schleich rekonstruierte 1960 den zerstörten Bau, im Innern entstand ein modernes Geschäfts- und Wohnhaus. 1985 wurde die Fassade wieder dreiseitig renoviert, die vierte Seite schließt an die Rückseite der Feldherrnhalle (vor deren Bau 1841 an ein Privathaus). In der Außenansicht ist das Preysing-Palais im Umfeld von Theatinerkirche und Residenz ein Kleinod des festlichen, doch nicht überladenen Barocks.

Von den Adelspalästen in der Prannerstraße sind nur drei erhalten: Das 1740 errichtete **Palais Neuhaus-Preysing** (Prannerstraße 2) entstand anstelle des 1703 erbauten Stadthauses der Adelsfamilie von Neuhaus. Vermutlich ist es von Karl Albrecht Lespilliez entworfen worden. Nach dem Zweiten Weltkrieg, als der Abriss der Ruine bevorstand, wurde 1956–58 das Palais mit der noch stehenden

Fassade nach einer Lithographie von 1828 wieder aufgebaut. Seit 1898 ist das Palais in Besitz der Bayerischen Staatsbank.

Von dem um 1760, ebenfalls von Karl Albrecht Lespilliez erbauten **Palais Gise** (Prannerstraße 9) ist beim Wiederaufbau nur die Fassade von Erwin Schleich rekonstruiert worden. Hier entfalten sich um die Beletage raumgreifende Schmuckformen des späten Rokokos. Friedrich August von Gise machte Karriere als Diplomat in St. Petersburg und Wien, avancierte zum Minister des Königlichen Hauses. Im Auftrag Ludwigs I. ließ er 1834/35 das Staatswappen des Königreichs Bayern entwerfen – dem das heutige Staatswappen ähnelt.

Das 1760/65 errichtete **Palais Seinsheim** (Prannerstraße 7) ist ein Musterbeispiel für einen Bau des späten Rokokos mit Stilanklängen zum aufkommenden Klassizismus. Die fränkische Ministerialen-Familie von Seinsheim ist weitverzweigt, u. a. in der Linie Seinsheim-Schwarzenberg. Im 18. Jh. war Adam Friedrich von Seinsheim Fürstbischof von Würzburg und Bamberg (1757–79). 1900 wurde das Palais neubarock abgewandelt. Seit dem frühen 20. Jh. wird es von diversen Institutionen genutzt, heute hat hier der Bayerische Städtetag seinen Sitz.

Salvatorkirche (I D5; Salvatorplatz 17): Diese schlichte spätgotische Kirche in unmittelbarer Nachbarschaft zum Literaturhaus hat manchen Wandel ihrer Nutzung überstanden. Ursprünglich wurde die wohl binnen eines Jahres 1493–94 errichtete Salvatorkirche drei Jahrhunderte lang als Friedhofskirche genutzt, für den damals erst seit wenigen Jahren bestehenden neuen Friedhof an der Prannergasse, der zur Pfarrei Unserer lieben Frau gehörte. Architekt war nach neueren Forschungen nicht Stephan Rottaler oder Jörg von Halsbach, die beide an der Frauenkirche tätig waren, sondern Hans Trager. Urkundlich nur als Maurermeister des Hofes bekannt, schuf Trager mit der einschiffigen Halle einen gut proportionierten, unverputzten Backsteinbau mit einem vergleichsweise mächtigen 70-Meter-Turm. Trotz der weltlich-praktischen Nutzungen in der Ära der Säkularisation ist zumindest die Baugestalt samt dem feinen Netzwerk im gotischen Gewölbe erhalten geblieben.

Die künstlerische Ausstattung samt den farbigen Glasfenstern von Ägidius Trautenwolf ging dagegen infolge der Säkularisierung fast ganz verloren. Am ehemaligen nördlichen Seitenportal konnte 1988/89 ein spätgotisches Fresko der Verkündigung mit der Stifterfamilie Ridler restauriert werden, gleich neben der Gedenktafel für prominente Persönlichkeiten, die auf dem **Salvatorfriedhof** bestattet wurden: der Maler Hans Mielich, der Komponist Orlando di Lasso, der Architekt François Cuvilliés und auch Maximilian Robespierre, der Vater des Revolutionärs, der als armer Sprachlehrer in München lebte. 1789 wurde der Friedhof aufgelassen.

Die Salvatorkirche sollte nach der Säkularisierung 1803 abgerissen werden, doch überdauerte sie als Kunstdepot für die Schätze der aufgelassenen Klöster, bis 1813 sogar als Garage für den königlichen Wagenpark, bis 1827 auch als Lagerhalle für Schwefel und Salpeter. Einige Jahre hatte die evangelische Gemeinde Hausrecht, verzichtete aber zugunsten der gleichfalls 1827 errichteten St. Matthäus-Kirche auf die Nutzung.

Seine besondere Bedeutung erlangte der gotische Bau in der Zeit der deutschen Romantik als Kirche der ersten griechisch-orthodoxen Gemeinde in Deutschland, der König Ludwig I. 1828 das Gotteshaus übereignete, zwei Jahre bevor die europäischen Großmächte und die Türkei die Unabhängigkeit Griechenlands anerkannten, vier Jahre, bevor die griechische Nationalversammlung den Sohn Ludwigs I., Otto, zum König Griechenlands wählte (1832). Bereits 1829 wurde die Salvatorkirche als ›Griechische Kirche zum Erlöser‹ geweiht, seither ist sie geprägt von den feierlichen Riten und Ikonen byzantinischer Tradition.

Leo von Klenze entwarf 1829 die neoromanische Iko-
nostase, für die weitere Ausstattung sorgten im 19. und
auch im 20. Jh. griechische Künstler, unter anderem mit
Ikonen der Evangelisten. Sie stellen Szenen aus dem Leben Christi dar, nach Bildern von Raffael, Rembrandt,
Friedrich August Kaulbach und anderen. Ein Grabstein
für den Maler Gysis und seine Familie nach Entwurf von
Lenbach findet sich beim Hauptportal.

Den Zweiten Weltkrieg hat die Salvatorkirche trotz
Bomben und Artilleriebeschuss 1945 überstanden. Der
heutige Bischofsthron und die Kanzel stammen aus dem
Jahr 1965.

Literaturhaus München (I D5; Salvatorplatz 1): 1997
bekam München sein Literaturhaus, lange nach Hamburg
und Berlin, doch der Erfolg ist um so größer. Wenig bekannt ist die kuriose Vorgeschichte des ehemaligen, 1887
von Friedrich Löwel erbauten Schulhauses. Hier fand
nicht nur Unterricht, sondern in einer offenen Halle im
Erdgeschoss auch Markt statt. Dieser Markt war älter als
die Schule, seit 1828 konnten hier Händler ihre Stände
aufschlagen, die mehr als sechs Stunden Wegs von München entfernt wohnten. Mit Rücksicht auf die Händler
wurde im Erdgeschoss die Markthalle eingebaut, erst 1906
wurde der Markt geschlossen. 1995–97 folgte der Umbau
zum Literaturhaus. Großflächig konkurriert Glas mit den
wuchtigen Halbsäulen der Neorenaissancefassade. Völlig
neu ist der zusätzliche hallenhohe Oberstock mit drei unterschiedlich dimensionierten Sälen für Veranstaltungen.
Großzügig gestaltete Glasfronten lassen den modernen
Aufbau wie einen glasumschlossenen Kubus wirken (Architekturbüro Kiessler und Partner).

Außer den Vortragssälen haben im Literaturhaus auch
die Akademie des Deutschen Buchhandels, das Institut für
Urheber- und Medienrecht und der Landesverband Bayern vom Börsenverein des Deutschen Buchhandels ihren
Platz gefunden. Im Erdgeschoss, wo in der fünfschiffigen

Pfeilerhalle einst Gemüse und Blumen gehandelt wurden, geht es auf der einen Seite mit einem Restaurant-Areal kulinarisch zu. Dort auf den Tellern, auf Steintischen und an den Wänden hat die amerikanische Konzeptkünstlerin Jenny Holzer (geb. 1950 in Gallipolis, Ohio) eine Oskar-Maria-Graf-Installation mit farbigen Schriftbändern geschaffen. Auf der anderen, westlichen Seite blieb Raum für Ausstellungen zur Literatur, von der Familie Mann bis zu Kafka und zur Literatur der Gegenwart.

Theatinerkirche St. Kajetan (I E5; Theatinerstraße 22): Münchens schönste Barocktürme gehen auf ein Ereignis im Jahr 1662 zurück, als am 11. Juli Henriette Adelaide von Savoyen ihren ersten Sohn, den Prinzen Max Emanuel, zur Welt brachte. Drei Jahre waren vergangen, seit die Gattin des Kurfürsten Ferdinand Maria die Stiftung einer Kirche gelobt hatte, sollte sie den Erbprinzen gebären.

Bereits im Oktober desselben Jahres legte Agostino Barelli aus Bologna seine Entwürfe für den ersten, bahnbrechenden Bau des italienischen Barocks in Süddeutschland vor. Italiener hatten diese Formen vorgeprägt: die dominante Tambourkuppel und auch die triumphale Fassade – man vergleiche nur mit der Michaelskirche, wo die Fassade zwar überreich mit Statuen geschmückt, der Umriss aber schlicht aus Rechteck und Dreieck entworfen ist. Die Theatinerkirche, der römischen Kirche San Andrea di Valle nachgebildet, trumpft dagegen mit ihren Bogenformen, Risaliten und Säulenstellungen auf. Aus Italien kam der Reformorden der Theatiner, benannt nach der Stadt Theate und gegründet von St. Kajetan von Thiene (1480–1547, heiliggesprochen 1671). Die Kurfürstin Henriette Adelaide hatte die Ordensleute und den Abt Antonio Spinelli nach Bayern gerufen. Sie wolle »die schönste und wertvollste Kirche der Stadt bauen«, schrieb sie in einem Brief – und holte ihre Landsleute nach München, darunter Architekten, Kunsthandwerker, Maler, Sänger. Mehrheitlich italienisch waren die Stuckateure, italienisiert auch der Ar-

Münchens erste Barockkirche: die Theatiner-Kirche

chitekt Enrico Zuccalli (aus Roveredo, Graubünden).
Hofbaumeister seit 1674, setzte Zuccalli seine Entwürfe
der Türme für die ursprünglich turmlose Fassade gegen
die Einsprüche Spinellis durch. 1690 wurden die Türme
vollendet. Rund achtzig Jahre später, 1765–68, betraute
Kurfürst Max III. Joseph Vater und Sohn Cuvilliés mit
dem Umbau der Fassade. Zu gleicher Zeit schuf Roman

Anton Boos den Fassadendekor, teils nach Entwürfen
Ignaz Günthers.

Großartige, urbane Festlichkeit strahlt die 70 Meter
hohe Vierungskuppel mit ihrem hohen Tambour und den
beiden schlankeren, ähnlich hohen Kuppeltürmen über
der Fassade aus, dank den stimmigen Proportionen von
Baukörper und Turm-Dreiheit. Durch die flachen Giebel
über dem Mittelrisalit gewinnen die flankierenden Türme
optisch an Höhe. Nicht zuletzt trägt die heutige Platzgestalt zur Wirkung der italienischen Barockarchitektur bei,
mit der Renaissancearchitektur der Residenz gegenüber
und mit der Feldherrnhalle, mit der Hofgartenumbauung
und mit der klassizistischen Ludwigstraße, die den Platz
in weiter Perspektive bis zum Siegestor öffnet. Diese optimale Raumwirkung geht auf das 19. Jh. und das große
München-Konzept König Ludwigs I. zurück. Zuvor, zur
Zeit der Theatiner-Patres, die bis 1801 die Kirche betreu-
ten, war der Platz beengt. Direkt an der Nordfassade der
Kirche stand die Stadtmauer mit dem Schwabinger Tor. In
den 50er-Jahren des 20. Jh.s übernahmen Dominikaner die
im Weltkrieg schwer, vor allem im Chor und den Chor-
schranken geschädigte Kirche.

Im Innern überrascht das dominante Weiß im Hauptschiff und im Chorraum. Auch der reiche Stuck mit geflügelten Putten, Blüten und dichtem Blattwerk ist weiß,
ebenso das Tonnengewölbe und die meisterliche Kuppel
mit ihrer hohen Laterne. Monochrom weiß gefasst sind
auch die über drei Meter hohen holzgeschnitzten Evange-
listen-Figuren im Chorraum: Hauptwerke von Balthasar
Ableithner (1614–1706), die 1945 bis auf den verbrannten Matthäus zerbrochen unter den Trümmern gefunden
wurden.

Mächtig, fast schwarz hebt sich die Kanzel aus dunkel-
gebeiztem Eichenholz in dem weißen Ambiente hervor
(1685–89 geschaffen von Andreas Feistenberger). Farbak-
zente setzen im Chor das Altargemälde der thronenden

Maria mit Heiligen – von Caspar de Crayer, 1646 (aus der Alten Pinakothek) – / und die Altäre in den Quer- und Seitenschiffen. Nördlich der Kuppelvierung wurde 1864 die Grabkapelle für König Max II. Joseph und seine Gattin eingerichtet. Zwei Jahrhunderte älter ist die **Fürstengruft** mehrerer bayerischer Kurfürsten und Könige, von den Stiftern Ferdinand Maria und Henriette Adelaide bis zum Prinzregenten Luitpold und Kronprinz Rupprecht (gestorben 1955).

Feldherrnhalle (I E5; Odeonsplatz): Bereits 1814 erwog Kronprinz Ludwig den Bau einer »Halle verdienter Heerführer«. Erst nach jahrzehntelanger Planung kam die Idee zur Ausführung. 1841–44 errichtete Friedrich von Gärtner die Feldherrnhalle nach dem Vorbild der Loggia dei Lanzi (1376–82) in Florenz. Die dreibogige Halle mit dem sparsam dekorierten waagerechten Gesimsabschluss behauptet sich bis heute neben den Türmen der Theatinerkirche. Dagegen tritt die Botschaft der Feldherrnhalle, das Andenken bayerischer Feldherren und Soldaten zu ehren, zurück. 1844 schuf Ludwig von Schwanthaler die beiden überlebensgroßen Bronzestandbilder. Sie zeigen Johann Graf von Tilly, der im Dreißigjährigen Krieg neben Wallenstein der gefürchtetste Anführer der kaiserlichen Heere war, und Karl Fürst von Wrede, der das bayerische Heer seit 1805 erst an der Seite Napoleons, nach dem Russland-Feldzug als Oberbefehlshaber des vereinigten bayerisch-österreichischen Heeres seit 1813 dann gegen ihn führte. Ferdinand von Miller d. Ä. schuf die 1892 im Hintergrund aufgestellte Gruppe als Denkmal für die bayerische Armee. Ausdrücklich hatte Prinzregent Luitpold kein Siegesdenkmal verlangt. Millers Werk zeigt einen athletischen Krieger der Antike, sein Schild schützt eine Gestalt, die mit einem Palmzweig den Frieden symbolisiert.

Seit dem 9. November 1923, dem Tag von Hitlers ›Marsch zur Feldherrenhalle‹, verbindet sich mit der Feld-

herrnhalle die Erinnerung an diesen von der Regierung
Kahr abgewehrten Putschversuch. Zugleich erinnert sie
aber auch daran, dass Hitler im anschließenden Hoch-
verratsprozess weder nach Österreich abgeschoben noch
strafrechtlich gestoppt wurde. Stattdessen erhielt er als
Mindeststrafe fünf Jahre Festungshaft mit der Zusage baldiger Entlassung, die bereits Ende 1924 erfolgte. Nur
neun Jahre später war Hitler 1933 Reichskanzler und ließ
als »Blutzeugen der Bewegung« 16 eiserne Särge der beim
Putschversuch erschossenen Marschierer aufstellen. Dieses
von Paul Ludwig Troost entworfene, an der Seite zur Residenzstraße aufgestellte Mahnmal wurde nach dem Ende
des Zweiten Weltkrieges eingeschmolzen. Eine hinter der
Feldherrnhalle in das Kopfsteinpflaster der Viscardigasse
eingebrachte Bronzespur erinnert an den vor der Feldherrnhalle geforderten, von vielen hier umgangenen
Hitlergruß. Für die vier von den Putschisten getöteten
Polizisten wurde Anfang der 1990er-Jahre an der Feldherrnhalle zur Residenz-Seite hin eine Gedenkplatte in
das Pflaster eingelassen.

Der Hofgarten (I E5): Der Münchner Hofgarten ist die
älteste erhaltene Gartenanlage der Stadt, reizvoll ausgestattet mit Werken der Skulptur, der Malerei und der Architektur. Die urkundlich bezeugte Hofgartenchronik
nennt bereits 1409 einen »herzoglichen Baumgarten« östlich der Neuveste. Herzog Wilhelm IV. erweiterte den
mittelalterlichen Garten der Wittelsbacher Residenz um
1518 zu einem italienischen Zier- und Lustgarten und be-
eindruckte 1530 seinen kaiserlichen Gast Karl V. mit einem Bankett beim achteckigen Brunnenhaus, mit Blick
auf das ›Labyrinth‹ und den Rosengarten. Unter Herzog
Albrechts Regierung gab es einen ›**Neuen Lustgarten**‹,
der nördlich an den Garten seines Vaters Wilhelm IV. anschloss und an das Wiesengelände des späteren Englischen
Gartens angrenzte.

Als nördliche Begrenzung ließ Herzog Albrecht V. um

1560 die **Arkaden** am unteren Teil des Hofgartens errichten (›Albertinischer Garten‹), 4 Meter breite und 4,30 Meter hohe Wandelgänge. Sie waren lange durch Aufschüt-
tungen verborgen. Erst bei Vorarbeiten zum Bau der
Bayerischen Staatskanzlei im Dezember 1985 wurden ihre
Reste wiederentdeckt und in der Folge rekonstruiert. In
der hitzigen Diskussion um Standort und Ausmaße der
Neuen Bayerischen Staatskanzlei kam diesen Arkaden
eine wichtige Rolle zu. Der Denkmalschutz stimmte einer
Überbauung nicht zu, was zu der immer wieder ange-
mahnten Reduzierung des Bauvorhabens führte.

Die herrschende Gartengeometrie des 17. Jh.s war auf
Symmetrie angelegt, und so legte Maximilian I. seit 1613
auch den Oberen Hofgarten an. Im Schnittpunkt der
Hauptachsen und der Diagonalen ließ Maximilian I. den
vermutlich von Hans Krumper 1615 entworfenen **Hof-
gartentempel** erbauen. Bis heute ist der zwölfeckige,

Aus dem herzoglichen ›Baumgarten‹ von 1400 entstand der
Hofgarten

wohlproportionierte Pavillonbau Blick- und Mittelpunkt des Oberen Hofgartens zugleich.

Die bronzene Frauenfigur auf der Pavillonkuppel wird dem Niederländer Hubert Gerhard zugeschrieben (um 1590, Figur hier in Kopie, das Original im Residenzmuseum). Ursprünglich stellte sie wohl Diana, die Göttin der Jagd, dar. Der als Zeichen der 1623 neuerworbenen Kurwürde Maximilians I. hinzugefügte Reichsapfel kostete der Göttin den rechten Daumen, anders passte das Herrschaftssymbol nicht in ihre rechte Hand. Die von Hans Krumper bereits 1613 geschaffenen Putten zu ihren Füßen gingen 1945 verloren und wurden in den Nachkriegsjahren von Franz Lorch nachgebildet. Mit ihren Attributen Kurfürstenhut, Kirchenmodell, Füllhorn und Eichenzweig tragen sie dazu bei, die Göttin zur ›Tellus Bavarica‹ (lat. *tellus* ›Erde‹), zu einem Symbol Bayerns umzudeuten.

Unter Maximilian I. und seinen Nachfolgern entwickelte sich der Hofgarten zu einem kurfürstlichen Garten mit entsprechendem Prestige, so errichtete Kurfürst Ferdinand Maria (1651–1679) jenseits der Westarkade ein **Turnierhaus**. Um 1700 umgab den Hofgarten auf drei Seiten ein Wassergraben, wie in der Bayern-Topographie des Kupferstechers Michael Wening 1701 festgehalten. Wohl um 1770 öffneten die Wittelsbacher ihren Garten dem Publikum »ohne Unterschied der Stände«, zugänglich bis Mitternacht. Im schmalen Galeriegebäude an den nördlichen Arkaden des Hofgartens (Galeriestraße 4) wurde 1783 die ›**Churfürstliche Galerie**‹ als Deutschlands erste öffentliche Gemäldegalerie eröffnet, in Fortsetzung der Nordarkade Albrechts V. auf 325 Meter Länge mit 85 Achsen erweitert. 1836 zog die Gemäldegalerie in König Ludwigs I. ›Pinakothek‹ an der Barer Straße um.

Im Unteren Hofgarten entstanden 1769 eine kurfürstliche Seidenspinnerei und 1796 die Seidenfabrik Altmutter, die jedoch binnen kurzem durch das Militär belegt wurde. Durch den Bau der **Hofgartenkaserne** (1801–07) wurde der Untere Hofgarten weiter in einen Exerzierplatz verwandelt. Erst der Bau des **Bayerischen Armeemuseums** (1900–05) brachte die Wiederbegrünung der Fläche, 1924–1926 kam das Mahnmal mit den Namen der 13000 Münchner Toten des Ersten Weltkriegs dazu.

Als 1816–29 der Odeonsplatz und gleichzeitig die Ludwigstraße angelegt wurden, wirkte sich dies auch auf die Hofgartenarchitektur aus: Die westlichen Hofgartenarkaden wurden nach Leo von Klenzes Entwurf in klassizistischer Form umgebaut und mit Wandgemälden ausgestattet. Peter Cornelius entwarf die Fresken mit Szenen aus der Geschichte Bayerns – zum Beispiel ›Die Taten Ottos von Wittelsbach‹ –, ausgeführt wurden sie 1826–29 von seinen Schülern, darunter auch Wilhelm von Kaulbach. 1970/72 restaurierte Karl Manninger diese romantisch verklärten Historien. Das neue Hofgartentor (1816/17), Leo von Klenzes erster Bau in München, krönte Franz Jakob Schwanthaler mit vier antikisierenden Trophäen. 1825–26 entstand nach Entwürfen von Leo von Klenze und Ulrich Himbsel an der westlichen Seite ein ›Basargebäude‹, zum Teil noch erhalten in den Bauten zwischen Hofgartentor (Café Tambosi) bis zum Filmcasino und Schumanns Bar.

Die im Zweiten Weltkrieg teils zerstörten, teils abgenommenen Gemälde in den nördlichen Arkadenbauten ersetzte Richard Seewald 1961 durch Grisaillemalereien, die mediterrane Inseln und Orte mit Schriftzeilen von Versen antiker Dichter zeigen. Unter den Hofgartenarkaden befinden sich heute Kunst und Antiquitäten, das Theatermuseum und der Münchner Kunstverein, und dazu ein Gartenrestaurant mit geschätztem Bouleplatz. Seit den 1990er-Jahren wird der Hofgarten-Ausblick nach Osten von dem Neubau der **Bayerischen Staatskanzlei** beherrscht.

Altstadt II

Residenz, Hofbräuhaus, Isartor

Residenz (I E5; Max-Joseph-Platz 3): Von der Gründung der ›Neuveste‹ um das Jahr 1363 bis zum Ende ihrer Regierungszeit 1918 haben die Wittelsbacher an ihrer Münchner Residenz gebaut, die schon früh über Bayern hinaus berühmt war. Der Schwedenkönig Gustav Adolf, dem die Münchner 1632 im Dreißigjährigen Krieg die Stadttore öffnen mussten, plünderte die Schatzkammer und hätte das Schloss selbst am liebsten auf Rollen abtransportiert, wie es eine Chronik des 17. Jh.s verzeichnet. Seitdem hat die Münchner Residenz viele Veränderungen erfahren und an Raum und Pracht noch gewonnen.

Am Anfang stand die ›Neuveste‹. Zu eng war der auch ›Ludwigsburg‹ genannte ›Alte Hof‹ geworden. Er war seit 1253 als erste herzogliche Residenz in München erbaut und im 14. Jh. von Kaiser Ludwig dem Bayern erweitert worden. Die Spannungen zwischen der Bürgerstadt und den Herzögen, die sich im Bürgeraufstand von 1385 widerspiegelten, führten dazu, dass die ›Neuveste‹ auf rautenförmigem Grundriss, an der Nordostecke vom Stadtgebiet durch einen breiten Wassergraben getrennt, wohl seit 1367 erbaut wurde. Dank des Wassergrabens konnte 1569–71 die kostbare Renaissancehalle des ›Antiquariums‹ schräg zwischen Brunnenhof und Küchenhof eingepasst werden.

1506 war München durch das Primogeniturgesetz – das Vorrecht des Erstgeborenen der ältesten Linie in der Erbfolge – Hauptstadt von ganz Bayern geworden. Daraufhin ließ Herzog Wilhelm IV. in seiner Regierungszeit von 1508–50 die ›Neuveste‹ zu einem starken Bollwerk ausbauen. Erst ein halbes Jahrhundert später, 1569–71, wurde sie unter Herzog Albrecht V. (reg. 1550–79) erweitert und um das ›**Antiquarium**‹ für seine Sammlung antiker Skulp-

Erst ältestes Museum, seit 1600 bis heute Festsaal:
das Antiquarium

turen samt der Bibliothek im Obergeschoss ergänzt. Seine jetzige Gestalt erhielt das Antiquarium zur Zeit seines Sohnes Herzog Wilhelm V. (reg. 1579–97): Unter dem langgestreckten Tonnengewölbe verwandelte der Niederländer Friedrich Sustris (1586–1600) das museale Antiquarium in einen Fest- und Bankettsaal, mit tiefer gelegtem Fußboden, reicher Ausmalung durch Künstler aus Sustris' Umkreis sowie einer Fülle symmetrisch aufgestellter Skulpturen in Nischen unter den Gewölbejochen.

Zusammen mit seinem Kunstintendanten Sustris gelang es Herzog Wilhelm V., München schon lange vor König Ludwig I. in den Rang einer europäischen Kunstmetropole zu erheben. In der Residenz gestaltete Sustris den Grottenhof als italienischen Ziergarten, als »geheimes Lust- und Residenzgärtlein« und kleineren Vorläufer des Hofgartens mit Arkadenumgang und üppigen Muschelgrotten, mit bacchantischen Marmorbüsten und dem **Perseusbrunnen**. Dessen meisterhafte Bronzeskulptur schuf der Niederländer Hubert Gerhard um 1590 nach einem ersten Entwurf von Sustris: Perseus triumphiert über dem Leichnam der Medusa. In der linken Hand hält er ihr abgeschlagenes Haupt, mit dessen versteinerndem Blick er seine Mutter Danae aus ihrer Gefangenschaft befreien wird.

Mit immer mehr Wohntrakten und Höfen, Neu- und Umbauten wurde die Residenz zunehmend unüberschaubar. Maximilian I. (reg. 1597–1651) ließ nach einem umfassenden Konzept die Einzelbauten verbinden und realisierte während seiner gesamten Regierungszeit die größte Bauleistung in der über 500-jährigen Wittelsbacher Geschichte der Residenz. Es entstanden die Fassade längs der Schwabinger Gasse (heute: Residenzstraße), die **Hofkapelle** und die in Blau und Gold gehaltene ›**Reiche Kapelle**‹ (1607, nach Entwurf von Hans Krumper). Die ›**Maximilianische Residenz**‹ präsentierte sich als Vierflügelbau um den Kaiserhof mit dem neuen **Brunnenhof**, der die Diagonallage des Antiquariums aufnahm, sowie dem **Apothe-**

kenhof, der die Verbindung der Maximilianischen Residenz mit dem älteren Bau der ›Neuveste‹ herstellte.

Neben der ›Reichen Kapelle‹ mit ihren Heiltumsschätzen sind die **Kaisertreppe** von 1616 (wohl nach genuesischem Vorbild) und die Skulpturen von Hans Krumper hervorzuheben, vor allem die *Patrona Bavariae* (oder: *Boiariae*) an der Fassade der Residenzstraße und die vier Portale aus schwarzem Stuckmarmor im ›**Perspektiv-Saal**‹, der dann auch ›Schwarzer Saal‹ genannt wurde. Krumper, um 1570 in Weilheim südlich von München geboren, seit 1594 fest am Hof angestellt, war auch an wichtigen Ausstattungsentwürfen beteiligt. Krumper gestaltete außerdem den **Otto-von-Wittelsbach-Brunnen** im Brunnenhof mit Bronzeskulpturen aus Gerhards Werkstatt von 1586–88: Die Flussgötter symbolisieren die vier bayerischen Hauptflüsse Donau, Lech, Isar und Inn, darüber sind antike Gottheiten der vier Elemente Ceres/Erde, Vulkan/Feuer, Neptun/Wasser, Juno/Luft dargestellt. Vor der Palastfassade an der heutigen Residenzstraße wachen Löwen. Die von Krumper angefügten Schilde zeigen Sinnbilder der Herrschereigenschaften, also Prudentia/Klugheit, Justitia/Gerechtigkeit, Fortitudo/Stärke, Temperantia/Mäßigkeit. Im Zentrum des Fassadenprogramms der Maximilianischen Residenz steht unter der Jahreszahl 1616 die ›**Patrona Bavariae**‹, die Patronin Bayerns, Maria mit dem Kind und Szepter. Sie ähnelt in Gestalt und Haltung der *Tellus Bavarica* von Hubert Gerhard, der Verkörperung des bayerischen Landes auf dem Rundpavillon des Hofgartens (um 1590). Den Oberen Hofgarten nördlich der Neuveste und des ›Kaiserhoftrakts‹ ließ Maximilian I. 1613, noch kurz vor Ausbruch des Dreißigjährigen Krieges, anlegen.

Nach dem Dreißigjährigen Krieg beeinflusste Henriette Adelaide von Savoyen, seit 1652 die junge Gattin des Kurfürsten Ferdinand Maria (reg. 1651–79), den Münchner Hof. Gegenüber der Maximilianischen Residenz ent-

stand die barocke Theatinerkirche, am Hofgarten wurde
ein großdimensioniertes Turnierhaus angelegt, das erste
Münchner Opernhaus wurde am Salvatorplatz umgebaut
und erweitert. In der Residenz richteten 1667 Agostini
Barelli und Antonio Francesco Pistorini für die Kurfürstin
eine Zimmerfolge ein, die 1674 durch einen Brand vernichtet wurde. Überdauert hat allein das ›**Herzkabinett**‹
mit goldfunkelnder Kassettendecke.

Die folgende Bauperiode, von Kurfürst Karl Albrecht
(reg. 1726–45) bis zu Kurfürst Maximilian IV. Joseph (reg.
1799–1825, seit 1806 als König Maximilian I. Joseph) umfasst die Zeitspanne vom späten Barock und reichen Rokoko bis zum Klassizismus, geprägt durch Erbfolgekriege,
die friderizianischen und napoleonischen Kriege. Schon
zuvor hatte der ›Blaue Kurfürst‹ und Türkenbesieger Maximilian II. Emanuel (reg. 1679–1726) zahlreiche Kriege
geführt und während des Spanischen Erbfolgekrieges
1706–14 in Reichsacht gestanden; sein Hofarchitekt Enrico Zuccalli baute ab 1673 – damals wurde er Hofbaumeister, 1695 Oberhofarchitekt – bis zu seinem Tod 1724 umfassend an den Schlössern Nymphenburg, Schleißheim
und Fürstenried. Nur an der Münchner Residenz wurde
wenig verändert.

Kurfürst Maximilian II. Emanuel ließ 1708 François de
Cuvilliés, einen dreizehnjährigen Hofzwerg aus dem Hen-
negau, einstellen und ihn in München und Paris ausbilden.
Der Erfinder von unzähligen Rokokoformen und Schöpfer des bayerischen Rokokos avancierte 1725 zum Hofarchitekten. In der Residenz übernahm er die Erneuerung
der ›**Reichen Zimmer**‹ über dem Grottenhof, die 1729 ein
Brand zerstört hatte. Es folgte die prachtvoll mit Gold-
ornamenten belebte ›**Grüne Galerie**‹. Ein Brand, in dem
1750 die Neuveste mitsamt dem angrenzenden St.-Ge-
orgs-Fest- und Theatersaal verloren ging, bescherte François de Cuvilliés den Auftrag für das ›**Neue Opera-Haus**‹.
Heute als **Cuvilliés-Theater** bekannt, wird es in München

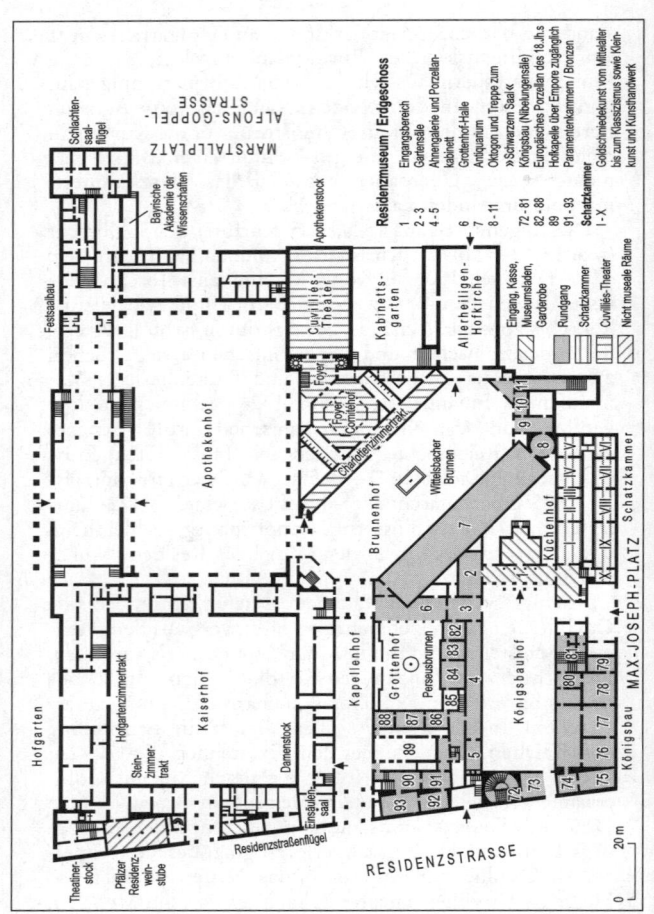

Residenzmuseum / Erdgeschoss

Eingangsbereich	1
Gartensäle	2–3
Ahnengalerie und Porzellan-kabinett	4–5
Grottenhof-Halle	6
Antiquarium	7
Oktogon und Treppe zum Königsbau (Nibelungensäle)	8–11
»Schwarzen Saal«	72–81
Europäisches Porzellan des 18.Jhs	82–88
Hofkapelle über Empore zugänglich	89
Paramentenkammern / Bronzen	91–93
Schatzkammer	I–X

Eingang, Kasse, Museumsläden, Garderobe

◫◫ Rundgang

▨ Schatzkammer

▨ Cuvilliés-Theater

▨ Nicht museale Räume

Goldschmiedekunst vom Mittelalter bis zum Klassizismus sowie Kleinkunst und Kunsthandwerk

SCHLACHTENSAAL-FLÜGEL

MARSTALLPLATZ

ALFONS-GÖPPEL-STRASSE

Bayrische Akademie der Wissenschaften

Festsaalbau

Apothekenstock

Cuvilliés-Theater

Kabinetts-garten

Foyer

Foyer Grottenhof

Chorheiligenzimmertrakt

Allerheiligen-Hofkirche

Apothekenhof

Brunnenhof

Wittelsbacher Brunnen

Kapellenhof

Grottenhof

Perseusbrunnen

Küchenhof

Schatzkammer

Kaiserhof

Hofgartenzimmertrakt

Damenstock

Königsbauhof

Hofgarten

Steinzimmertrakt

Königsbau

MAX-JOSEPH-PLATZ

Theatinerstock

Pfälzer Residenzweinstube

Einführungssaal

Residenzstraßenflügel

RESIDENZSTRASSE

0   20 m

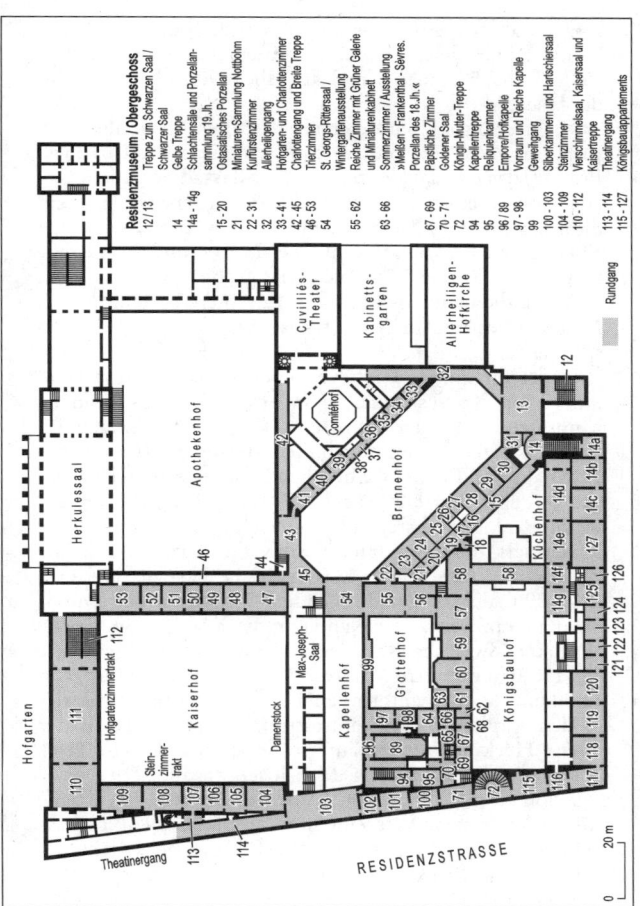

Residenzmuseum / Obergeschoss

12 / 13	Treppe zum Schwarzen Saal / Schwarzer Saal
14	Gelbe Treppe
14a - 14g	Schlachtensäle und Porzellansammlung 19. Jh.
15 - 20	Ostasiatisches Porzellan
21	Miniaturen-Sammlung Nothbohm
22 - 31	Kurfürstenzimmer
32	Allerheiligengang
33 - 41	Hofgarten- und Charlottenzimmer
42 - 45	Charlottengang und Breite Treppe
46 - 53	Trierzimmer
54	St. Georgs-Rittersaal / Wintergartenausstellung
55 - 62	Reiche Zimmer mit Grüner Galerie und Miniaturenkabinett
63 - 66	Sommerzimmer / Ausstellung »Meißen - Frankenthal - Sèvres. Porzellan des 18. Jh. «
67 - 69	Päpstliche Zimmer
70 - 71	Goldener Saal
72	Königs-Müller-Treppe
94	Kapellentreppe
95	Reliquienkammer
96 / 89	Empore/Hofkapelle
97 - 98	Vorraum und Reiche Kapelle
99	Gewehrgang
100 - 103	Silberkammern und Hartschiersaal
104 - 109	Steinzimmer
110 - 112	Vierschimmelsaal, Kaisersaal und Kaisertreppe
113 - 114	Theatringang
115 - 127	Königsbauappartements

Rundgang

offiziell als ›Altes Residenztheater‹ bezeichnet, im Unterschied zum zweiten Residenztheater, dem ›Neuen‹, dem 1948–51 nach Plänen von Karl Hocheder erbauten Residenztheater.

Nicht realisiert wurde unter Kurfürst Maximilian III. Josef (reg. 1745–77) und seinen Nachfolgern das Cuvilliés-Projekt, das eine langgestreckte Nordfassade von dem Gelände der Neuveste bis zur Theatinerkirche vorsah und die Einbeziehung des Schwabinger Tors samt Errichtung einer neuen Ostfassade umfasste. Nord- und Ostfassade hätten dem Residenzkomplex jene große Geschlossenheit gegeben, die heute, nicht zuletzt durch die Errichtung des Nationaltheaters, an der Ostseite zum Marstallplatz hin spürbar fehlt.

In der Spätphase des bayerischen Kurfürstentums und unter der Königskrone veränderte sich die Residenz hauptsächlich an der Nordseite. Herzog Maximilian IV. Joseph, später König Maximilian I. Joseph (reg. 1799–1825) aus der Pfalz-Zweibrücken-Linie der Wittelsbacher gab in der ersten Hälfte des 17. Jh.s in der Maximilianischen Residenz anstelle des Vierschimmelsaals und des Kaisersaals die **Hofgartenzimmer** in Auftrag. Für die Nordseite plante er eine klassizistische Fassade, die etwa 1805–09 realisiert wurde, nachdem Bayern für sein Bündnis mit Frankreich von Napoleon die Königskrone erhalten hatte. Zwischen Kapellenhof und Kaiserhof gestaltete der Hofbauintendant Andreas Gärtner den ursprünglich aus dem 16. Jh. stammenden Herkulessaal mit antikisierenden Kapitellen im Empirestil um. Nach 1945, als der ›**Neue Herkulessaal**‹ erbaut wurde, erhielt der alte Herkulessaal die Bezeichnung ›Max-Joseph-Saal‹.

Schon König Maximilian I. Joseph, der erste bayerische König der Neuzeit, ließ eine neue monumentale Nordfassade der Residenz planen. Zur Ausführung gelangten aber zunächst die Pläne für ein großes **Hof- und Nationaltheater** (1811–18). Der überaus stattliche Bau des Thea-

ters ließ den Wunsch nach einer ähnlich ansehnlichen Südfassade zum heutigen Max-Joseph-Platz hin wieder auf-
kommen. Diesen **Königsbau** realisierte König Ludwig I.
(reg. 1825–48) nach dem Vorbild Florentiner Renaissance-
paläste. Leo von Klenze arbeitete ab 1823 an Entwürfen
für den Wohnpalast, dessen Rustika- und Pilastergliede-
rung sich an Florentiner Palästen – Palazzo Pitti und Palazzo Rucellai – orientiert. Der Grundstein wurde am
18. Juni 1826, dem elften Jahrestag der Schlacht von Wa-
terloo, gelegt, womit Ludwig ein gutes Vorzeichen für
die Zukunft verband. 1835 konnte die Königsfamilie einziehen. Die im Zweiten Weltkrieg großenteils zerstörten
Räume sind in jahrzehntelanger Restaurierungsarbeit im
Erdgeschoss (Nibelungensäle) und im ersten Obergeschoss wiederhergestellt und den alten Möblierungsplänen
entsprechend eingerichtet worden. Ins zweite nüchtern
und sachlich wiederhergestellte Obergeschoss zog die
Bayerische Akademie der Schönen Künste ein. Noch heftiger waren die Zerstörungen durch die Luftangriffe 1944
an der Nordseite der Residenz, in dem nach 1835 gleichfalls von Leo von Klenze entworfenen Festsaalbau, im
Thronsaal und im Apothekentrakt.

Ludwig II. hatte schon als Kronprinz im obersten
Stockwerk im Theatinerstock gewohnt. Diese Räume ließ
er sich als junger König neu ausstatten (1864–69). Als ein
Hauptstück seiner Königswohnung entstand 1864–66 der
›**Nibelungengang**‹ mit 30 großformatigen Freskogemäl-
den von Michael Echter. Dagegen hatte Ludwig II. an den
Hofgartenzimmern im benachbarten Kaisersaaltrakt nur
geringes Interesse. Dort war die Hochzeit mit Sophie
Charlotte geplant, die der Bräutigam 1867 absagte.

1867–70 ließ sich König Ludwig II. auf dem Dach über
den Hofgartenzimmern den **Großen Wintergarten** erbauen, eine aufwändige Anlage nach den damals modernsten Verfahren der Eisenkonstruktion. Ausführende Firma
war die Maschinenfabrik Cramer-Klatt, aus der später die

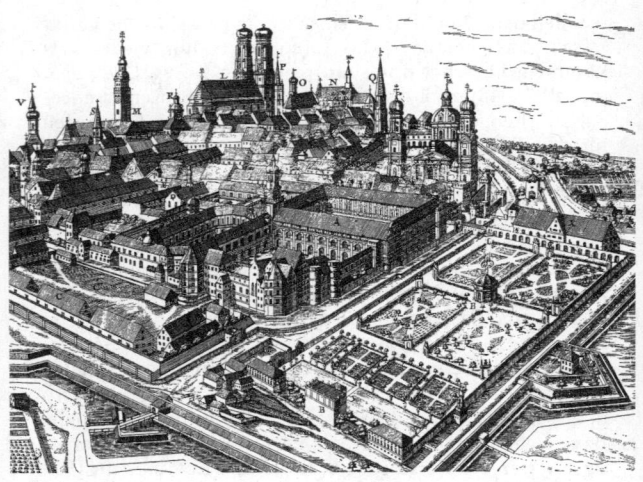

Residenz. Ausschnitt aus dem Kupferstich von Michael Wening
(1701)

Firma MAN (Maschinenfabrik Augsburg-Nürnberg AG) hervorging. Mit mehreren Erweiterungen erreichte der Dachaufbau schließlich fast 70 m Länge und umfasste mit kleinem See und Palmen eine exotische Szenerie. Carl von Effner war für die Bepflanzung verantwortlich. Nach dem Tod von Ludwig II. wurde 1897 der Wintergarten abgebaut, die Tonnenkonstruktion in Nürnberg als MAN-Produktionshalle genutzt. Der Unterbau für den Wintergarten Ludwigs II. wurde erst 1950 bei der Rekonstruktion der Residenz entfernt.

Nach Ludwig II. fanden in der Residenz unter der Regierung des Prinzregenten Luitpold und seit 1912 des damals schon 67-jährigen Königs Ludwig III. keine größe-

ren Baumaßnahmen mehr statt. Seit 1920 ist die Residenz
der Wittelsbacher **Museum**. Nach 1945 begann mit ihrem
Wiederaufbau eine der europaweit größten denkmalpfle-
gerischen Leistungen. Auch wenn nicht alle Räume wiederhergestellt werden konnten, hat die wiederaufgebaute
Münchner Residenz samt ihrer berühmten Schatzkammer
und dank der rechtzeitigen Auslagerung der Möbel und
eines Großteils des Inventars authentische Qualität und ist
wieder als eine der bedeutendsten historischen Schlossan-
lagen zu erleben.

Cuvilliés-Theater (I E5; Altes Residenztheater, in der
Residenz): Kurfürst Maximilian III. Joseph beauftragte
Vater und Sohn François de Cuvilliés 1750 mit der Erbau-
ung eines neuen Residenztheaters, eines »Neuen Opera
Hauß«, nachdem das alte bei einem Brand 1750 zerstört
worden war. Von 1751 bis 1753 entstand so an Stelle des
prachtvollen Badehauses Karl Albrechts das bedeutendste
Rokokotheater Deutschlands. Mit 28 Logen in vier Rängen und opulenter Fürstenloge über dem hufeisenförmi-
gen Grundriss des Zuschauerraums entzücken in pracht-
vollem Gold und Rot der Charme der Rokokokunst und
der meisterliche Stuck in der Fülle der fließenden und wo-
genden Formen, die die weißen, lieblich lächelnden Karyatiden und Atlanten umspielen. Neben den Cuvilliés'
waren hier auch andere Künstler tätig, voran Johann Baptist Zimmermann und Johann Baptist Straub, die für die
malerische Ausstattung, für die Figuren und für den Stuck
sorgten. Aber auch Karl Albrecht Lespilliez (Entwurf
und Bauleitung), Ambrosius Hörmannstorfer (Fassmalerei,
Decke der Kurfürstenloge), und viele andere Meister mehr
waren beteiligt. Ab Oktober 1753 wurde das Theater bespielt. 1795, als in Frankreich die Revolution die Königs-
herrschaft vorerst beendete, öffnete Kurfürst Karl Theodor das Theater für die Münchner.

Im aufkommenden Klassizismus verlor der Rokoko-
glanz an Bewunderung, das neue, größere Nationaltheater

zog das Publikum an. Tatsächlich wurde das »Opera Haus«, d. i. Cuvilliés-Theater, 1831 geschlossen, die Logenverkleidungen abgenommen und der Raum als Kulissendepot für das Nationaltheater benutzt. Erst ab 1857 wurde das Cuvilliés-Theater wieder bespielt. Als erstes deutsches Theater erhielt es elektrisches Licht (1884), als erstes in Europa eine Drehbühne (1896). 1943/44 sorgte der Intendant rechtzeitig für den Ausbau der gesamten Rokokoeinrichtung, 1944 brannte das Haus aus. 1956–58 wurde das Theater mit dem rekonstruierten Rokokozuschauerraum im ›Apothekenstock‹ der Residenz, nicht am ursprünglichen Platz zwischen Residenz und Nationaltheater, in verkleinerter Form wieder aufgebaut. Dort war 1948–51 das von Architekt Karl Hocheder entworfene ›Neue Residenztheater‹ entstanden.

1958 konnte das Cuvilliés-Theater zur 800-Jahr-Feier Münchens neu eröffnet werden, 2008 nochmals restauriert zur 850-Jahr-Feier der Stadt. Der Rokokosaal präsentiert sich originalgetreu, das Foyer wurde deutlich vergrößert und durch eine Glaskuppel aufgewertet.

Nationaltheater (I E5; Max-Joseph-Platz): Mit opulentem Säulenportikus und den gold- und farbig glänzenden Mosaiken im Giebelfeld dominiert das Nationaltheater den Max-Joseph-Platz. Der Platz für das ›Königliche Hof- und Nationaltheater‹ scheint in unmittelbarer Nachbarschaft zum ›Königsbau‹ der Residenz prominent gewählt zu sein. Doch die Situation während der kriegs- und kostenbedingt langen Bauzeit 1811–18 sah anders aus. Weder stand der ›Königsbau‹ (1826–35) noch die Loggien an der Maximilianstraße. Allein das **Palais Törring-Jettenbach**, später als Hauptpostamt genutzt, war 1747–54 gegenüber der Residenz an der Südseite des heutigen Max-Joseph-Platzes und der heutigen Maximilianstraße gebaut worden. Es wurde zu Beginn des 19. Jh.s wirkungsstark mit den von Klenze entworfenen florentinischen Arkaden ergänzt. Der Bau der Maximilianstraße folgte dann erst nach

Vor dem Nationaltheater das Denkmal des Bauherrn
König Max Joseph

der Mitte des 19. Jh.s. Lange vor diesen Bauten entstand
das Nationaltheater als Ersatz für das 150 Jahre alte, baufällige Opernhaus am Salvatorplatz.

Das Nationaltheater war der erste Neubau auf dem Gelände des 1802 säkularisierten, dann abgerissenen Franzis-
kanerklosters und seines Friedhofs, errichtet nach Plänen
von Karl Fischer. Der erst Zwanzigjährige hatte Maximilian IV. Joseph, damals noch Kurfürst, bereits 1802 einen
ersten Entwurf zeigen können. Kronprinz Ludwig legte
1811 den Grundstein. Rund 2100 Zuschauer sollten Platz
finden, und zwar anders als in den Hoftheatern der Zeit
nicht nur das feudale, adlige Publikum, sondern auch die
Bürger Münchens, denn der frischgekrönte König wollte
sich volksnah zeigen.

Die fünf Ränge des Opernhauses wurden erstmals in Europa von Fischer so vorkragend gebaut, dass keine Brüstungssäulen den Blick störten. Fischer präsentierte im großzügigen Treppenhaus wie im Zuschauerraum rotgoldene Pracht, Marmor und anderes wertvolles Material. Zugleich hielt er auf klassizistische Klarheit. 1818 wurde das Nationaltheater eröffnet – und brannte 1823 während einer Vorstellung aus. Anstelle des 1820 verstorbenen Karl Fischer sorgte Leo von Klenze von 1823–25 für den Wiederaufbau, im wesentlichen nach Fischers Entwurf.

Nach der Bombennacht im Oktober 1943 standen nur noch Außenmauern. Als 1951 der Totalabbruch drohte, formierten sich die ›Freunde des Nationaltheaters‹, Münchens erste Bürgerinitiative. Die festliche Wiedereröffnung des Nationaltheaters mit Hans Knappertsbusch am Pult fand 1963 statt. Gegen den Protest der Anhänger zeitgenössisch karger Architektur hatte man die ursprüngliche Pracht von der Fassade bis zu den Foyers und zum Zuschauerraum nach dem historischen Muster des Klassizismus wiederhergestellt. Das Nationaltheater gilt als eines der führenden Opernhäuser weltweit.

Die beste Sicht auf das bayerische Nationaltheater hat man vom **Max-Joseph-Denkmal** in der Mitte des gleichnamigen Platzes. 1835, zehn Jahre nach dem Tod des ersten bayerischen Königs der Neuzeit, wurde das von der Stadt München zu seinen Ehren schon 1823/24 gestiftete Bronzedenkmal enthüllt. Vorzugsweise die 1818 gewährte bayerische Verfassung hatte die Stiftung motiviert. Leo von Klenzes Entwurf mit dem König im Krönungsornat auf seinem Thron hatte Maximilian I. Joseph abgelehnt, dennoch wurde er von Christian Daniel Rauch auf ähnliche Weise verwirklicht.

Mit einem imposanten Portikus von acht kolossalen Säulen öffnet sich das Nationaltheater zur Platzanlage. Über den korinthischen Kapitellen zeigt der Portikusgiebel seit 1972 *Apoll und die Musen* von Georg Brenninger.

Das farbenprächtige Mosaik mit dem geflügelten Pferd der Poesie im Giebel des Bühnenhauses konnte trotz der Kriegsschäden erhalten werden. Auch im Innern des Hauses findet sich der festliche Mut zur Farbe: In Weiß, Blau und Gold zeigen sich die Ionischen Säle, rot, weiß und golden prunken Staatsloge und Zuschauerraum. Die Öffnung zur Bühne mit ihren Maßen (13 Meter hoch, 15 Meter breit) gilt unter allen Opernhäusern Deutschlands als die größte. Mehrere Wagner-Opern kamen im Nationaltheater zur Uraufführung, darunter *Tristan und Isolde* (1865) und *Walküre* (1870).

Allerheiligen-Hofkirche (I E5, Marstallplatz): König Ludwig I. hatte bereits als Kronprinz (1823) die Pracht der Capella Palatina in Palermo bewundert, sein Architekt Leo von Klenze war 1826 von San Marco in Venedig beeindruckt. Der König wollte den kostbaren Zauber normannisch-byzantinischer Kirchenkunst mit deren Goldmosaiken auch in München sehen, Leo von Klenze fügte Venezianisches, Romanisches und Gotisches hinzu. Der Grundsteinlegung am Allerheiligentag 1826 folgte schon 1829 das Richtfest, aber erst 1837 die Weihe.

Die vergleichsweise schlichte Fassadenfront mit dem gotisch gestalteten Portal nimmt die Form der sogenannten Wimperge auf, mit Statuen der hll. Petrus und Paulus rechts und links vom Giebeldreieck und einer Kreuzblume über dessen Spitze. Das Tympanon zeigte die Deesis, Christus thronend zwischen Maria und Johannes, darüber fällt durch ein zwölffach geteiltes Rundfenster Licht ins Innere.

Starke Rundungen prägen das Innere, von den Arkadenreihen, die den Mittelteil des zweigeschossigen Hauptraumes beidseitig von den schmalen Nebenräumen abheben, über die monumentalen Bögen über der Apsis und ihrem Altar bis zu den Kuppeln über dem Hauptraum und den seitlichen Emporen. Der Gesamteindruck wirkte durch die Fülle farbiger überlebensgroßer Bilder von Hei-

ligen und Engeln und durch den bestimmenden Gold-
glanz der Wände. Wegen zu hoher Kosten wurde diese
Gold- und Farbenfülle nicht in Mosaik, sondern als
Wandmalerei ausgeführt.

Von all der Pracht blieben nach 1945 nur die ausgebrannten Mauern, die Hans Döllgast, Architekt u. a. des
Wiederaufbaus der Alten Pinakothek, sichern konnte. 1986
beschloss man schließlich doch den Wiederaufbau, der
erst 2003 zum Abschluss kam. Aus der Kirche wurde ein
Raum für Veranstaltungen. Den Architekten Gabriele
Netzer und Josef Guggenbichler gelang eine Architektur,
die auch ohne allen Schmuck, nur mit ihrer Struktur und
ihren rauen und glatten Oberflächen zum Erlebnis wird.
Der Putz der alten rötlichen Ziegelmauern wurde abge-
schlagen. Die rauen historischen Wände unterscheiden
sich deutlich von den neu eingesetzten, weißverfugten
Ziegeln der Tonnengewölbe. Sorgfältig gewählte Materialien – Glas und Stahl – treten gegenüber der Gesamtwirkung der Klenze-Halle mit ihren beiden schmalen Seiten-
räumen zurück, die Arkaden über dem hellen Stein der
Säulen reichen zu den seitlichen Emporen hinauf. Zu ihnen führen hinter Mauerwerk versteckte Wendeltreppen.
Dank der hervorragenden Akustik ist die ehemalige Kirche bei Musikfreunden sehr beliebt, es gibt Konzerte,
Festakte und Vorträge.

Marstallplatz (I E5; Maximilianstraße/Marstallstraße/
Hofgartenstraße): Die ehemalige Hofreitschule präsentiert
sich mit der Architekturgeste der klassizistischen Frontfassade, mit zehn hohen Bogenfenstern, über denen acht
Medaillons mit bronzenen Pferdekopfreliefs (von Martin
von Wagner) auf den Zweck der langgestreckten Halle
verweisen. Im Zentrum der Fassade wird das königlich
hohe Rundbogenportal von zwei fast bis zur Dachkante
hinaufreichenden Kolossalsäulen flankiert. Die von Klenze geschaffenen Büsten zwischen dem Säulenpaar stellen
die göttlichen Zwillinge Kastor und Pollux dar, die ›Dios-

kuren‹, die, in der antiken Mythologie als Söhne des Zeus und der Leda und als Nothelfer in Seenot und im Kampf bekannt, oft als Rossebändiger vorgestellt werden.

Der Entwurf der **Reitschule** (1817) zählt zu den frühen Arbeiten Leo von Klenzes am Münchner Hof. Den Bauauftrag erhielt er erst zwei Jahre später, vollendet wurde die Hofreitschule 1825. Die deutliche Fassadengliederung mit Eckrisaliten deutet auf die Zuschauertribüne und die Treppen an den beiden Schmalseiten. Diese wie auch die festliche Kassettendecke blieben nach der Umnutzung zum Museum (1923–40) und dem Großbrand im Krieg 1944 nicht erhalten. Nach dem Wiederaufbau 1969–70 wurde die 72 × 20 Meter große Marstallhalle als Kulissenmagazin der Staatstheater, seit 2001 auch als progressive Bühne verwendet (**Theater im Marstall**).

Zwischen Maximilianstraße im Süden und Staatskanzlei/Hofgarten im Norden erstreckte sich um den Marstall bis in die 1990er-Jahre eine letzte große Innenstadt-Baulücke. Allein 1959–63 fügte man am Westrand ein langes, schmales Gebäude als Kulissenmagazin hinzu, das damals die Ruine der Allerheiligen-Hofkirche, heute ihre wiederaufgebaute Fassade verdeckt. Den Großteil des Platzes füllten provisorische Bauten und ein Parkplatzgelände.

Das Architektenteam Graf-Popp-Streib gewann den 1993 ausgeschriebenen Wettbewerb um das **Max-Planck-Haus,** für das ihm der Baugrund zwischen Marstallplatz und Hofgarten überlassen wurde. Mit einem Kunstgriff gelang ein Entwurf, der sich beiden Baufluchten einpasst: einem äußeren, auf die Residenz bezogenen Dreiflügelbau fügt sich ein innerer, zum *äußeren* leicht verkanteter Dreiflügelbau ein, dessen östlicher Flügel nahe an Klenzes Marstallgebäude auf dessen Baufluchtlinie herankommt. Damit entstand ein geräumiger **Marstallplatz**, unter Verlust eines Durchblicks zum Hofgarten.

An der Südseite des Marstallplatzes, gegenüber dem Innenhof des Max-Planck-Hauses zur Maximilianstraße hin,

glänzt mit fassadenhoher Glasfront das neue Probebüh-
nen- und Verwaltungsgebäude des **Nationaltheaters**. Dieses deckt einen Teil des 2001–03 in den historischen Maßen wiederaufgebauten Komplexes an der Maximilianstraße ab. Nach den Vorgaben des Denkmalschutzes und dem
Entwurf von Gewers, Kühn & Kühn, Berlin, wurde die
Fassade des Bürklein-Baus wiederhergestellt, der Bau
selbst ebenso wie das neue Maximilianhofgebäude neben
dem Probengebäude nach den Bedürfnissen der Büro-
und Ladennutzung angelegt, mit Verglasung der rückseiti-
gen Fassaden. Das Quadrat des nach oben offenen, be-
grünten Innenhofes schließt eine historische Säulenhalle
ein, gibt Gastronomie und elitärer Mode Raum.

In der Diskussion steht ein neuer Konzertsaal auf dem
Marstallplatz, zu dem der Marstall als Foyer genutzt werden könnte. Ein teures Projekt (genannte Summe: 130
Millionen Euro), das die internationale Position der Mu-
sikstadt München bessern und sichern soll – weil dem Saal
der Philharmonie im Gasteig-Zentrum akustische Mängel
nachgesagt werden.

Ehemalige Münze (I E5; Hofgraben 4 / Haupteingang:
Pfisterstraße): Der Arkadenhof der ehemaligen Münze ist
ein Juwel. Die Laubengänge mit den eher soliden und ge-
drungenen Bogenfolgen im Erdgeschoss und den höheren, helleren Arkaden in den beiden Stockwerken darüber
verleihen dem leicht unregelmäßigen Hofrechteck eine
heitere Renaissancefestlichkeit. Zur besseren Nutzbarkeit
verbanden überdachte Gänge den Neubau mit dem Alten
Hof im Süden und mit der Residenz im Norden.

Für ein Münzamt war der Bau nicht geplant, den Herzog
Albrecht V. 1563–67 nach Abriss mittelalterlicher Häuser
an der nördlichen Stadtmauer errichten ließ. Ein neuer
Marstall wurde für die herzogliche Regierung und Verwaltung gebraucht. Schriftliche Quellen erschließen die ursprüngliche Raumnutzung: Das Erdgeschoss war für Pferde und Wagen, der erste Stock für Wohnungen der Bediens-

teten und Hofbeamten, das Obergeschoss aber als Kunstkammer für die herzoglichen Sammlungen bestimmt. Diese
umfassten um 1600 bereits rund 6000 Gemälde, Skulpturen
und andere Kunstobjekte, wohl auch exotische Kuriositä-
ten und Naturfunde.

Umbau und Erweiterung der staatlichen Münze erfolg-
ten seit 1809. Die Hauptfassade (1808–09) im Westen am
Hofgraben gestaltete Andreas Gärtner. Es entstand eine
repräsentative frühklassizistische Fassade mit elf Achsen,
Giebelfeld und Gipsstatuen, mit weiblichen Allegorien
der Münzmetalle in römischer Tradition: Kupfer/Aescula-
nus, Silber/Argentinus und Gold/Aurinus. Beim Aufbau
der Maximilianstraße wurde im Sinn des einheitlichen
Maximilianstils ein nördlicher Anbau notwendig, den
Friedrich Bürklein als ›Direktorialgebäude‹ 1857–63 an-
fügte. Nahezu ursprünglich blieb nur die Südfassade erhalten.

1986 ist das Hauptmünzamt nach Riem gezogen und
das Bayerische Landesamt für Denkmalpflege hat die
Räume im einstigen herzoglichen Marstall übernommen,
zeigt im Treppenhaus Objekte und Bilddokumentation.

Alter Hof (I E5/6; Burgstraße 8): Spuren der frühen
Bewohner im Bereich des Münchner Innenstadtgebietes
fand man kurz vor Ende des 20. Jh.s bei Grabungen im
›Alten Hof‹ aus der Zeit um 1500–700 v. Chr. Überrascht
waren die Archäologen, da jegliche Folgefunde bis ins
12. Jh. n. Chr. fehlen. Dies könnte besagen, dass über der
Hangkante der Isar annähernd tausend Jahre lang Menschen gewohnt haben, der Platz dann aber für fast zwei
Jahrtausende nicht mehr besiedelt wurde – möglicherweise erst wieder kurz vor dem Brückenbau Heinrichs des
Löwen.

Im 12. Jh. wurde der Alte Hof, heute etwas versteckt
zwischen Marienplatz und Nationaltheater gelegen, am
Rande des Münchner Altstadtkerns erbaut. Im 14. Jh. erhielt die Burg nach dem bayerischen Kaiser Ludwig (reg.

1294–1347) den Namen ›Ludwigsburg‹. München war damals der erste feste Regierungssitz eines deutschen Kaisers. Hier verwahrte Kaiser Ludwig Szepter, Reichsapfel und die übrigen Reichskleinodien, die sich heute in der Wiener Hofburg befinden. Elisabeth (1371–1435), Tochter Herzog Stephans II., wurde hier geboren, heiratete 1385 Frankreichs König Karl VI. und regierte nach wenigen Jahren dort als Isabeau de Bavière anstelle ihres geisteskranken Gatten. Als die Wittelsbacher Herzöge gegen Ende des 14. Jh.s mit dem Umzug in die **Neu-Veste**, die Münchner Residenz, begannen, wurde aus der ›Ludwigsburg‹ die ›Alte Vest‹ und schließlich der ›Alte Hof‹, der über Jahrhunderte hinweg im Schatten der immer prächtigeren Residenz dahindämmerte. Wilhelm IV. (geb. 1493) lebte als erster Regent ständig in der Neu-Veste.

Von den mittelalterlichen Gebäuden ist heute in Folge der wechselnden Eigentümer und des Zweiten Weltkriegs wenig erhalten. Seit Anfang des 19. Jh.s gehört der Alte Hof dem bayerischen Staat. Die angeblich baufällige **Lorenzkirche**, einst Hofkirche der Wittelsbacher, wurde 1813–16 abgerissen. An der Ostseite (heute Sparkassenstraße) wurden 1826 das Bräuhaus und der alte Osttrakt abgeräumt. Vom ›Pfisterstock‹, dem Renaissancegebäude an der Nordseite, blieb 1945 nur eine Ruine stehen, die schließlich 1957 vollständig abgerissen wurde. Selbst den um 1460 erbauten stattlichen Torturm, durch den man den Hof von Süden vom Alten Rathaus und Burgstraße her betritt, hatte der bayerische Staat 1813 um die Hälfte verkleinern lassen. Erst 1966–68 konnte der Turm annähernd wieder rekonstruiert werden.

Im östlichen Burgstock blieb nach dem Umbau von 1830/31 ein teils unter dem Straßenniveau gelegener, gotischer zweischiffiger Saal mit vier Säulen erhalten. Nur im westlichen Burgstock samt den drei Zwingerstock-Gebäuden an der Westseite des Hofes kann das Erdgeschoss als historisch gelten, mit dem gewölbten Rittersaal und dem

als ›**Affentürmchen**‹ bekannten spätgotischen Fachwerk-
Erker. Auf ihn soll einst ein zahmer Affe den neugebore-
nen König Ludwig entführt haben. Die rekonstruierte
Rautenmalerei hebt die Turm- und die westliche Burg-
stockfassade gegenüber den glatten, unbemalten Gebäuden der Hofbauten hervor. Teile der mittelalterlichen Dächer zeigen noch die Konstruktion der alten Dachstühle.

Reste einer Bildnisgalerie der Wittelsbacher Herrscher,
beginnend mit Herzog Tassilo III. (748–788) bis zu Herzog Sigismund (reg. 1460–67) wurden um die Mitte des
19. Jh.s im ersten Obergeschoss des Burgstocks entdeckt
und ins (alte) Bayerische Nationalmuseum gebracht. Den
Auftrag zu dieser einzigen überlieferten offiziellen Porträt-
reihe der Wittelsbacher gab wohl Herzog Sigismund in
seiner kurzen Regierungszeit.

An den Burgstock fügt sich im rechten Winkel der
Zwingerstock an, der vermutlich etwa gleichzeitig mit der
Lorenzkirche (1321–24) von Kaiser Ludwig als Kemenate
mit Blick auf den Zwingergarten zwischen Burgstock und
heutiger Dienerstraße ausgebaut wurde. Soweit noch erhalten, gelten die Dächer des Zwingerstocks als gute Beispiele der Zimmermannskunst aus dem 18. Jh. (südlicher
Teil), aus dem 16. Jh. (mittlerer Teil) und aus dem 15. Jh.
(nördlicher Teil). Mittelalterlich ist auch der Dachstuhl
über dem westlichen Teil des Burgstocks.

Neben unterschiedlichen behördlichen Nutzungen des
Alten Hofs hielten nach dem Umzug der Wittelsbacher
um 1500 in die Residenz auch andere Einrichtungen an
der Nordseite des Alten Hofs und im Brunnenstock an
der Ostseite Einzug: im Pfisterstock die Hofbibliothek,
im Brunnenstock das herzogliche Brauhaus, wo bis 1808
gebraut wurde, und bis zum Ende des 16. Jh.s die Hof-
pfisterei (althd. pfister ›Bäcker‹).

Nach dem Zweiten Weltkrieg wurde die Ruine des Pfis-
terstocks 1957 abgerissen und durch einen nüchternen
Zweckbau ersetzt. Trotz Abriss konnte nach einer Sanie-

rung des Alten Hofs 1963–67 festgestellt werden, dass das
spätmittelalterliche Erscheinungsbild erhalten geblieben
war. Erst seit 1998 gewann der Alte Hof wieder an öffentlicher Aufmerksamkeit, als das bayerische Finanzamt einen Investorenwettbewerb ausschrieb, mit dem Ziel, unter
Berücksichtigung des Denkmalschutzes ein neues Nut-
zungskonzept zu finden. Die originalen Dachstühle waren
schadhaft geworden, zudem wurden die vom Finanzamt
genutzten Räume frei. 2007 kamen diese Arbeiten zum
Abschluss. Die notwendige Sanierung der historischen
Bausubstanz von Burgstock und Zwingerstock wurde
vom Freistaat übernommen, die Kosten dafür durch die
Erbpachtvergabe der übrigen Grundstücke an Investoren
beglichen. Seither ist der Alte Hof überwiegend ein Neuer
Hof und in dieser Gestalt überaus begehrt. Der Nordflügel ›Lorenzstock‹ am Hofgraben zur Dienerstraße hin
wurde weitgehend entkernt.

Nur die Gewölbe im Erdgeschoss und der untere Teil
der Fassade blieben erhalten. Den Hauptteil des Büro- und
Ladenneubaus ummantelte der Kölner Architekt Peter
Kulka mit einer kargen, nüchternen Fassade, zum Giebel-
dach hinauf mit großen, mit purpurroter Streifung be-
schichteten Glasflächen. Ganz neu wurden an der Sparkassenstraße 48 hinter modern glatter Fassade (Architekten:
Büro Auer & Weber) Luxuswohnungen anstelle des ehemaligen Brunnenstocks gebaut.

Erhalten geblieben sind der Brunnen im Hof, Kopfsteinpflaster, der historisch sanierte Südwestwinkel mit
Torturm, die Rautenmalerei der Fassade und ihr Erker. In
den Kellergewölben ist die Dauerausstellung »Münchens
Kaiserburg im Alten Hof« zu sehen. Prunkstück dieser
Ausstellung ist ein Ehrenpokal aus teilvergoldetem Silber
und Email, dessen Deckel kunst- und detailreich die alte
Burg mit Türmen und Giebeln nachbildet. Geschaffen
wurde das mit Ständer und Deckel insgesamt fast einen
halben Meter hohe Kunstwerk von dem Goldschmied

Carl Winterhalter, bei dem die Stadt München es im späten 19. Jh. in Auftrag gegeben hatte.

Weinstadl / ehemalige Stadtschreiberei (I E6; Burgstraße 5): Münchens ältestes Haus steht in der Burgstraße. Zwischen Altem Hof und dem Alten Rathaus am Tal hat sich auf der westlichen Straßenseite ein Haus mit drei Dachgiebeln erhalten, das heute als Gaststätte ›Weinstadl‹ bekannt ist. Überliefert ist aus dem Jahr 1550, dass die Stadt ein Anwesen an der Burgstraße erwarb und dieses zusammen mit dem Neubau von 1542/43 an der Dienerstraße zu einem städtischen Weinlager ausbaute. Erdgeschoss und Keller wurden für Lagerung und Verkauf genutzt. 1551/52 wurde auch das Haus Burgstraße 5 umgebaut und 1554 als Stadtschreiberei eingerichtet.

Allerdings zogen die Stadtschreiber nach vier Jahrzehnten wieder aus, 1622 fielen die oberen Stockwerke zurück in privaten Besitz. Im Erdgeschoss und Keller sind erst vom späten 18. Jh. an wieder Weinwirtschaften bezeugt. Unter den wechselnden Eigentümern war auch Johann Georg von Linprun, ein Gelehrter, der die Bayerische Akademie der Wissenschaften mit ins Leben rief und 1789 im Hause Burgstraße 5 starb.

1944 trafen Bomben dieses Haus, das Anfang der 1950er-Jahre wieder hergestellt wurde. Anfang der 1960er-Jahre kamen bei Umbauten Reste von Wandmalerei zum Vorschein. Sie stammen von Hans Mielich, der bei dem Umbau von 1551/52 hier tätig war. Da das Haus an der Burgstraße als einziges in der ganzen Stadt weitgehend original erhalten ist, hat es hohen Denkmalswert. Charakteristisch ist die hier bis übers Erdgeschoss bemalte Fassade mit dem typischen Rustika-Sockel aus behauenen Steinen mit abgeschrägten Kanten. Von der Fassadenmalerei haben sich im oberen Stock die gemalten Pfeiler um die Fenster erhalten, im zweiten Obergeschoss die Karyatiden und am Erker die griechischen Götter Athena und Merkur. Typisch ist auch das breite Mitteltor, durch das Wagen einfahren konnten. Besonders schön ist der Laubenhof samt einem gotischen Treppenturm der Gotik, dem einzigen in München erhaltenen. Die ›Himmelsleiter‹ ist eine gerade Treppe, die nur in einer Richtung durch alle Stockwerke läuft.

Hofbräuhaus (I E6; Platzl 9): Im späten 16. Jh. benötigte Herzog Wilhelm V. Geld für das Jesuitenkollegium und beschloss den Bau eines Hofbräuhauses. Dies sollte seinem Hof Kosten ersparen, da selbstgebrautes Bier günstiger als gekauftes war. Von diesem ersten herzoglichen Bräuhaus, das seit 1589 entstand und in die Ludwigsburg, heute Alter Hof, integriert war, hat sich nichts erhalten. Bekannt ist nur, dass dort ab 1592 dunkles Gerstenbier hergestellt wurde. 1615 folgte das ›**Weiße Bräuhaus**‹ an der Neuturmstraße mit der Bockbier-Produktion. Der wachsende Bierbedarf führte zur Verlegung der Braustätten ins Umland, seit 1882 an die Innere Wiener Straße, seit 1989 nach Riem.

1896/97 wurde ein älteres Hofbräuhaus am Platzl von einem stattlichen Zweiflügelbau mit neobarocken Giebeln und großem Biergarten-Innenhof abgelöst. Die Architekten Max Littmann und Georg von Maxon entwarfen ein typisches Gebäude der Prinzregentenära mit zweistöckigem Runderker, Arkaden, historischen Schmuckelementen, Wand- und Deckengemälden, breiten Stiegen und reich geschmückten Gesellschaftsräumen, darunter den 40×18 m großen Saal an der Bräuhausstraße. Nach dem Zweiten Weltkrieg wurde die Ruine um 1950 in vereinfachter Form wiederhergestellt. In der volkstümlichen ›Schwemme‹ malte 1971 Hermann Kasper das Gewölbe mit weißblauen Fahnen, gedeckten Tischen, Obst und Musikinstrumenten aus.

Am Platzl, das bis ins 14. Jh. zurückgeht, stehen mehrere historische Bauten. Am markantesten und im Krieg nur wenig beschädigt ist das ›**Orlando-Haus**‹ (Platzl Nr. 4). Es stammt zwar nicht aus dem 16. Jh. wie der Namensgeber, der Komponist und Dirigent Orlando di Lasso. Doch hat Orlando di Lasso 1567 an gleicher Stelle sein ›Cantorey-Haus‹ erworben, unter dessen Dach Singknaben wohnten, die von Herzog Albrechts Hof Kost- und Büchergeld erhielten. Den heutigen, vom Krieg weitgehend verschonten Bau entwarf Max Littmann 1899/1900. Der dreistöckige Erker, die tirolerisch anmutenden Arkaden zu ebener Erde und die Neorenaissancefassade mit hohem, kräftig in die Waagerechte gegliederten Staffelgiebel verleihen dem Bau eine bodenständige Eleganz. Unter den Arkaden erinnert eine Tafel an den 400. Todestag Orlandos am 14. Juni 1594. Die Häuser am Platzl Nr. 2 und Nr. 3 sind bereits im 14. und 15. Jh. bezeugt.

Münchner Kammerspiele im Schauspielhaus (I E5/6; Maximilianstraße 26/28): 1900–01 ließ Carl Riemerschmid in einem Hinterhof des Riemerschmid-Blocks in der Maximilianstraße von dem Architekten Max Littmann ein modernes Privattheater im klaren Jugendstil erbauen, zeitgleich zum Prinzregententheater jenseits der Isar. Für den Innenausbau zeichnete sein Sohn Richard Riemerschmid verantwortlich, Absolvent der Akademie der Bildenden Künste, wo er Malerei studiert hatte. Den Auftrag verdankte er seiner familiären Herkunft, einer Dynastie erfolgreicher Spirituosenfabrikanten, denen der ›Riemerschmid-Block‹ gehörte.

Richard Riemerschmids Leistung in Architektur und Farbgestaltung wurde rasch als außerordentlich anerkannt. Durch die eingreifenden Veränderungen 1937 und 1950 ging jedoch die eindrucksmächtige starke Farbigkeit von Zuschauerraum und Foyer verloren. Erst seit 2003 ist nach einer denkmalgerechten Restaurierung die ursprüngliche Jugendstilschöpfung von Riemerschmid wieder erlebbar.

›Rote Höhle‹ nannte man 1901 den neuen Zuschauerraum. Der Saal zeigt neben dem dominierenden Rot der Wände kräftiges Gelb und Lichtgrün, mit feinem Golddekor. Statt der üblichen Kristalllüster setzte Riemerschmid

Glühbirnen in die ornamental aufgebrochene Decke. Anders als in einem Logen- oder Rangtheater sind die Sitzreihen in einer gemuldeten Schale über zwei Geschosse amphitheatralisch angeordnet. In den Garderobengängen und Foyers hat Riemerschmid mit Mörtelputz-Modellierung schwellende, gerundete Formen statt harter Kanten geschaffen, zugleich mit Grauviolett und hellem Grün zartere Farben als im Zuschauerraum gewählt. Die Decke der Kassenhalle zeigt auf Ockerbraun einen Himmel voller Herzblätter.

Große Theatergeschichte fand unter dem neuen Namen ›Münchener Kammerspiele im Schauspielhaus‹ statt. Künstlerischer Leiter war hier 1916–44 der Rheinländer Otto Falckenberg, seither folgten Intendanten wie Heinz Hilpert, Dieter Dorn und Frank Baumbauer. Dank dem neuen Probengebäude, dem **Werkraumtheater ›Neues Haus‹** in der Falckenbergstraße und dem Werkstättenbau verfügen die Kammerspiele über modernste Erweiterungen zu ihrer angestammten Bühne.

Richard Riemerschmid, der schon 1898 in München die ›Vereinigten Werkstätten für Kunst im Handwerk‹ gegründet hatte, avancierte im frühen 20. Jh. zu einem der wichtigsten Gestalter der Wohn- und Arbeitswelt, als Designer, Architekt und Innenarchitekt. Die Serienproduktion von Maschinenmöbeln – den ersten maschinell hergestellten Möbeln –, das Funkhaus in München und vorbildliche Fabrikanlagen sind Ergebnisse seiner umfangreichen Tätigkeit. 1907 war er Mitgründer des Deutschen Werkbundes und 1913 wurde er Direktor der Kunstgewerbeschule München.

Isartor / Valentin-Karlstadt-Musäum (I F7): Das Isartor, Teil der zweiten, 1337 unter Kaiser Ludwigs Herrschaft erbauten Stadtbefestigung, wurde fast 500 Jahre später von Kronprinz Ludwig vor dem Abriss gerettet. Anders als das Sendlinger und das Kaufinger Tor ist das Isartor mit seinen zwei mächtigen Achtecktürmen, dahinterliegendem Wehrhof und anschließendem Hauptturm nahezu in seiner originalen Struktur erhalten. Ludwig verwarf die Umbau- und Abrissvorschläge von Sckell und Klenze und beauftragte Friedrich von Gärtner 1831 mit der Rekonstruktion, deren Kosten er zum Teil selber trug. Gärtner sorgte für den Wiederaufbau der seitlichen Mauern um den Wehr- oder Fanghof und für Freskenschmuck. Von den Fresken blieb nur die etwa 20 m lange Darstellung *Triumphzug Kaiser Ludwigs nach der Schlacht bei Ampfing* (1935 von Bernhard Neher, historisch ist dieser Triumphzug von 1322 nicht nachweisbar) über dem mittleren Torzugang erhalten. Erst um 1880–88 wurden die seitlichen Tore verbreitert und mit Durchgängen für Fußgänger versehen. Nach dem Zweiten Weltkrieg wurden die Bauschäden behoben und ein Wehrgang zwischen den beiden Flankentürmen ergänzt. Reste der alten Stadtmauern konnten in den 1980er-Jahren nördlich vom Isartor freigelegt werden. Im Tiefgeschoss der Münchner Stadtsparkasse am Thomas-Wimmer-Ring sind diese mittelalterlichen Mauern unter Glas zu sehen. Nordwestlich davon sind bei der Straße Lueg-ins-Land auch Reste des inneren Mauerrings zu erkennen.

Das **Valentin-Karlstadt-Musäum** ist in den Isartor-Türmen auf schmaler Wendeltreppe zu erreichen. Vorbei an einem Maurer, der »sich im Übereifer selbst eingipste«, ersteigt man die Museumsräume voll ähnlich melodramatisch hintersinniger Spuren und Zeugnisse von Münchens Komik-Genie. Gegründet 1959, hält das Valentin-Karlstadt-Musäum samt Volkssänger-Café die heitere Erinnerung an das Künstlerpaar fest: an den Schreiner Karl Valentin und seine Partnerin Liesl Karlstadt, gelernte Verkäuferin und zugleich wunderbar todernst komische Schauspielerin. Das Katastrophenpotential im scheinbar Harmlosen zu entdecken und dem Abstürzen noch eine humorvolle Seite abzugewinnen, darauf verstand sich dieses Duo in unübertroffener Weise.

Heiliggeistkirche (I E6; Tal 2): Wohl schon um 1208 gründete Herzog Ludwig ein Pilgerhaus und Spital mit einer Katharinenkapelle. Die erste Spitalkirche wurde von Herzog Otto bald nach 1250 erbaut und, wie ein päpstlicher Ablassbrief bezeugt, dem Heiligen Geist geweiht. Diese erste Kirche brannte beim großen Feuer von 1327 ab, der Wiederaufbau fand im späten 14. Jh. im gotischen Stil statt. Im 17. Jh. wurde barockisiert.

In den Jahren der Säkularisation wurde das Heiliggeistspital am Tal aufgehoben und in ein Kloster an der Mathildenstraße verlegt, 1907 dann in einen Neubau am Dom-Pedro-Platz in Nymphenburg. Die Spitalbauten mussten bis 1885 für den Umbau der Kirche am Viktualienmarkt weichen.

Die dreischiffige Hallenkirche mit Chorumgang ist bereits im 17. Jh., dann 1724–30 und danach noch einmal Ende des 19. Jh.s grundlegend verändert worden. Zunächst wurde der gotische Bau im barocken Stil der katholischen Gegenreformation überformt und mit größeren Fenstern an den der Höhe des Mittelschiffs angeglichenen Seitenschiffen und mit ›Ochsenaugen‹-Rundfenstern unterhalb des Dachgiebels versehen. 1888 folgten nach Plänen von Friedrich Löwel die Vergrößerung des Innenraums um drei zusätzliche Joche und die neubarocke Portalfront an der Westseite mit prächtigem dreistöckigen Säulenaufbau an der Hauptachse.

Wie in vielen anderen bayerischen Barock- und barock umgebauten Kirchen – zum Beispiel am Freisinger Dom und in der Benediktinerabteikirche St. Emmeram in Regensburg – haben die Brüder Asam auch hier bestimmend in der Ausmalung und Stuckierung gewirkt, 1727 gemeinsam mit Georg Ettenhofer und Paul Sonnleithner. Auch nach der Verlängerung um drei Joche im späten 19. Jh., nach der Zerstörung 1944/45 und dem 1946 begonnenen, erst nach drei Jahrzehnten abgeschlossenem Wiederaufbau stimmt die hochragende Pfeilerreihe aus der Asam-Zeit imposant und feierlich. Der Kapitellschmuck, die feinen Kreuzgratgewölbe ebenso wie die Deckenfresken und das gesamte Dach sind nach dem Zweiten Weltkrieg neu geschaffen worden. Karl Manninger rekonstruierte in den 1970er-Jahren die vier Deckenfresken von Cosmas Damian Asam. Das Mittelfeld, das die Gründung des Heiliggeistspitals feiert, zeigt auch den Münchner ›Brezenreiter‹. Die Brezenspende erinnert an die Mildtätigkeit, die den Spitalsinsassen und Armen entgegengebracht wurde. Von 1318 bis 1801 wurde sie von der Stiftung eines Bürgerpaars mit »63 Pfund Pfennigen« finanziert. In Erinnerung daran ist die Heilig-Geist-Brezen-Spende zum 1. Mai geblieben, der Brezenreiter teilt aus, bis sein Korb leer ist.

Altstadt III

Von St. Peter über den Jakobsplatz zum Sendlinger-Tor-Platz

St. Peter (»Alter Peter«, I E6; Rindermarkt 1): »Solang der Alte Peter, der Petersturm noch steht …« – diese Liedzeile eines unbekannten Autors galt lange als eine inoffizielle Münchner Stadthymne. Sie unterstreicht die besondere Bedeutung der Peterskirche, die auf dem Hügel der ersten Stadtgründung errichtet wurde und Wahrzeichencharakter hat. Unklar ist, ob die erste und bis zum Bau der Frauenkirche einzige Münchner Pfarrkirche bereits vor der Stadtgründung Heinrichs des Löwen bestand. Nach Grabungen Erwin Schleichs während des Wiederaufbaus von St. Peter wurde dies in den frühen 1950er-Jahren vermutet. Heute herrscht die Überzeugung vor, dass dieser kleine romanische Bau wohl bald nach der Stadtgründung errichtet wurde, mit drei Schiffen und ohne Querschiffe. Bereits gegen Ende des 13. Jh.s folgte eine stark vergrößerte romanische Kirche, 1284 geweiht. Nach dem Stadtbrand von 1327 blieben nur Reste der beiden Türme stehen.

Die dritte Peterskirche erhielt dann gotische Gestalt mit einem langgestreckten Chor. 1368 konnte sie geweiht werden. Erst danach wurde aus den ausgebrannten Turmresten ein einziger Turm mit zwei Spitzhelmen erbaut, so im Sandtnerschen Stadtmodell zu sehen. 1607 zerstörte ein Blitzschlag die Turmhelme. An ihrer Stelle wurde dem Turm eine Renaissancekuppel mit Laterne und schmaler Spitze aufgesetzt, deutlich höher als die älteren Türme. Wenige Jahre später, 1630, wurde der Chor erweitert, wohl nach dem Vorbild des Salzburger Doms mit einer Dreikonchen-Anlage, mit drei im Dreipass zusammengeführten Halbrundapsiden. Es war der erste Schritt zur Barockisierung des Gotteshauses. Die zog sich bis zur Stuckierung des Chors und bis zur Umgestaltung des Langhauses noch über die Mitte des 18. Jh.s hin. So wirkt das Hauptschiff mit seiner doppelten Arkadenreihe etwas beengt, der Chor aber lässt Weite spüren.

Der hochgebaute, lichtdurchflutete Altaraufbau wurde um 1730 von Nikolaus Gottfried Stuber entworfen und vermutlich von Ägid Quirin Asam und anderen gebaut. Inmitten prächtiger Säulen und goldenem Glanz thront die mächtige Figur des hl. Petrus, ein 1517 von Erasmus Grasser geschaffenes Gnadenbild. Die Papst-Tiara des Petrus ist spätere Zugabe und mit besonderem Ritual verbunden: Sie wird abgenommen, wenn ein Papst stirbt, bei ihr wird dann bis zur vollzogenen Neuwahl gebetet, und beim folgenden Hochamt wird die Papstkrone dem Petrus wieder aufgesetzt.

An den Außenmauern von St. Peter befinden sich ansehnliche Grabsteine, die bis zur Auflassung des Petersfriedhofs 1777 dort ihren Platz hatten. 1944 und 1945 trafen Bomben die Kirche schwer, so dass die Reste ge-

sprengt werden sollten. Stattdessen gelang die Wieder-
herstellung, dank dem ›Wiederaufbauverein Alter Peter‹.
Gerade an diesem Platz hätte es im Altstadtbild nie eine
gleichwertig stimmige Alternative gegeben.

Rindermarkt (I D6–E6): Der Name des Platzes Rindermarkt bezeugt dessen ursprüngliche Funktion als
Viehmarkt, der bereits um 1240 hier nachweisbar ist. Seit
1369 änderte sich der Charakter des Stadtviertels, die
Viehhändler mussten zum Rossmarkt weichen, und wohlhabende Kaufleute bauten sich ihre stattlichen Häuser in
der Nachbarschaft von St. Peter und dem Alten Rathaus.
Die Erinnerung an die Anfänge hält der ›**Rindermarkt-
brunnen**‹ (von Josef Henselmann, 1964) mit den lebens-
großen Abbildern von Rindern lebendig, bei dem das
Wasser über urige Gesteinsplatten strömt.

Eines der wenigen erhaltenen frühen Baudenkmale
Münchens, die weder Kirche noch Residenz sind, steht an
der Südostseite des Rindermarkts, halb umzingelt von
modernen Geschäftsbauten: der **Löwenturm.** Vierkantig
streckt er sich mit seinem alten Ziegelsteinmauerwerk fast
ehrwürdig zwischen den Glasfassaden, sieben Stockwerke
oder 23 Meter hoch. Welchen Nutzen hatte der Turm?
Für einen Wohnturm ist er zu eng und lichtarm und trotz
seiner Zinnenkrone wohl auch kein Turm der ältesten
Stadtmauer – auf Grund des Gemäuers zu schwach. Auch
die Datierung ist unklar, möglicherweise stammt er aus
dem 14. oder 15. Jh. Vielleicht handelte es sich um einen
Beobachtungs- oder Wasserturm, oder – wie von Helmuth
Stahleder vorgeschlagen – um ein Schleusen- oder Stau-
werk zwischen dem höher gelegenen Stadtgraben und
dem Rossschwemmbach am späteren Viktualienmarkt.

Die **Ruffinihäuser** an der Westseite des Rindermarkts
sehen mit ihren opulent gestalteten Hausfassaden wie
Bauten der Renaissance mit barocken Details aus, sind
aber ein bravouröses Beispiel für die Verwendung alter
Baustile und -elemente im Historismus des 19. und frühen

20. Jh.s, in München besonders vertreten durch den Architekten Gabriel von Seidl (z. B. Lenbachhaus, Bayerisches Nationalmuseum, St.-Anna-Kirche). Mit dem Namen ›Ruffinihäuser‹ (1903–1905) im Dreieck Rindermarkt / Sendlinger Straße und Pettenbeckstraße bezog von Seidl sich auf den Ruffiniturm der ersten Stadtmauer, der 1808 abgerissen wurde. Eine Freskodarstellung des Ruffiniturms, der auch als ›Blauententurm‹ bekannt war, findet sich am Eckhaus Sendlinger/Pettenbeckstraße. Den Zweiten Weltkrieg überstanden die Ruffinihäuser mit Schäden, an der Ostseite musste neu aufgebaut werden.

Denkmal *Der Spaziergänger* (Rosenstraße): Auf der Rosenstraße, zwischen Marienplatz und Sendlinger Straße, trifft man Sigi Sommer in Bronze, gerade dort, wo er jahrelang täglich zu seiner Redaktion unterwegs war. Für Münchens Zeitungen haben berühmtere Journalisten geschrieben als er, aber wie kaum ein anderer war Sigi Sommer einer der letzten großen Originale der Stadt. So nannte ihn Oberbürgermeister Christian Ude bei der Trauerfeier Ende Januar 1996 in der Theatinerkirche und rühmte ihn als genialen Chronisten der Münchner Nachkriegszeit.

1914 geboren, schrieb Sigi Sommer schon vor dem Zweiten Weltkrieg für das *Münchner Abendblatt*, überstand die Kriegsjahre an den Fronten und konnte danach für die *Süddeutsche Zeitung* schreiben, als Spezialist für Lokalspitzen. Seit 1949 zeichnete er seine Kolumne für die *Abendzeitung* als ›Blasius der Spaziergänger‹. Daraus wurde ein publizistischer Rekord: fast 40 Jahre lang hatte diese Kolumne ihren festen Platz. Dank Sigi Sommers eigener Mischung aus Grantlton, Wortfindekunst und einer bei aller Zeitkritik nie fehlenden Sensibilität für das Menschliche.

Das Denkmal schuf der Bildhauer Max Wagner, von dem auch zwei andere auf München bezogene Skulpturen stammen. Eine steht vor dem Bayerischen Landesvermessungsamt und zeigt **Peter Apian**, den großen Kartographen des 16. Jh.s, die andere befindet sich in Aufkirchen am Starnberger See und ist ein Denkmal für **Oskar Maria Graf**. Das lebensgroße Sigi-Sommer-Denkmal ist nach einer Fotografie von Franz Hug gearbeitet, die Sommer in seinem Büro der *Abendzeitung* an die Wand geheftet hatte. Mit einem leichten Lächeln, offener Windjacke, Tennisschuhen, in der Hand eine Zeitung wirkt die Skulptur frisch und offen, am Sockel bezeichnet als *Der Spaziergänger*. Sigi Sommer hat Bücher, Kurzgeschichten und ein Theaterstück geschrieben. Den Roman *Und keiner weint mir nach* (1953) nannte Bert Brecht den besten Roman der Nachkriegszeit. Er wurde in viele Sprachen übersetzt.

Viktualienmarkt (I E6): Münchens berühmtester Markt ist der Viktualienmarkt (lat. *victus* ›Lebensmittel, Vorräte‹). Seine Existenz ist dem Vater König Ludwigs I. zu danken, dem ersten bayerischen König Maximilian I. Joseph, der per Dekret 1807 die Marktstände vom heutigen Marienplatz und vom Petersplatz, dem aufgelassenen Friedhof von St. Peter, in den Hof des Heiliggeistspitals verlegte. Dieser wurde alsbald zu eng. Die Hofgebäude des Spitals wurden abgerissen und das Spital selbst im Lauf des 19. Jh.s aus der Stadtmitte in einen anderen Stadtteil verlegt. Binnen weniger Jahre folgten dem Viktualienmarkt der Vogelmarkt, der Obstmarkt, der Fischmarkt und der Blumenmarkt. Heute sind die Marktbuden solider gebaut, aus dem Umland gelangen immer noch bayerische Viktualien auf den Markt, aber es fehlt nicht an Delikatessen-Importen ferner Kontinente.

Der Viktualienmarkt hält die Erinnerung an Münchner Volksschauspieler und Sänger wach. Sie sind in heiterer Denkmalsgestalt zugegen, Karl Valentin und Weiß Ferdl (beide Denkmäler von 1953, Valentin von Ernst Andreas Rauch, Weiß Ferdl von Josef Erber), Valentins Partnerin Liesl Karlstadt (1961, ein Jahr nach ihrem Tod, Denkmal von Hans Osel), Elise Aulinger, gest. 1965, und der Roider Jakl, gest. 1975 (beide Denkmäler von 1977, Denkmal

Aulinger von Toni Rückel, Jakl von Hans Osel), zuletzt noch Ida Schumacher, gest. 1956 (Denkmal von Ida Neubauer-Wörner).

Schrannenhalle (Blumenstraße 6–24): Ihren Getreidemarkt, auf bayerisch Schranne, hielten die Münchner schon bald nach der Stadtgründung bis in die Mitte des 19. Jh.s auf dem heutigen Marienplatz ab. Pläne, den Markt von dem zentralen Platz weg zu verlegen, gab es bereits Anfang des 19. Jh.s, um 1810 von Carl Fischer, später von Leo von Klenze und anderen. Doch erst unter der Regierung König Maximilians II. erhielt Franz Karl Muffat, der Stadtbaumeister, 1851 den Auftrag zur Errichtung der **Maximilians-Schrannenhalle** südwestlich vom Viktualienmarkt an der heutigen Blumenstraße, dort, wo sie jetzt wieder neu erbaut wurde.

Muffat plante einen Ziegelbau mit auf Säulen ruhendem hölzernen Dachstuhl. Doch der König dachte moderner und verlangte nach Gusseisen, Schmiedeeisen und Dachblechen. Binnen zweier Jahre wurde das fast 430 Meter lange Gebäude aufgebaut, da die eisernen Bauteile, die gusseisernen Säulen wie auch die schmiedeeisernen Stäbe und Stangen für die Satteldächer vorgefertigt werden konnten. Damit ist die Maximilians-Getreidehalle ein Musterbeispiel für frühes industrielles Bauen, ähnlich wie der Münchner Glaspalast und die Großhesseloher Eisenbahnbrücke.

Aufgrund der raschen Bevölkerungszunahme war Muffats Werk schon nach 20 Jahren zu klein. Der Getreidemarkt wurde stadtauswärts zur Großmarkthalle am Südbahnhof verlegt, das Gebäude zu verschiedenen Zwecken genutzt und seit Beginn des Ersten Weltkriegs abgebaut. Allerdings wurde nur ein Teil eingeschmolzen, etwa ein Drittel der gusseisernen Säulen lagerte am Stadtrand, auf dem Gelände des Gaswerks an der Dachauer Straße. Der Architekt Volker Hütsch erkannte 1978 den historischen Wert des Fundes und die Technische Universität München bestätigte, dass mit den zerlegten Teilen ein Wiederaufbau möglich sei. Der Stadtrat stimmte mehrheitlich dafür – um so bereitwilliger, da der historische Bauplatz nur als Parkplatz genutzt wurde.

2003 begann der Neuaufbau, 2005 konnte die 110 Meter lange neue Schrannenhalle eröffnet werden. Der Blick aus der Halle richtet sich nach Westen zum Sebastiansplatz, nach Osten zur Blumenstraße. Nach Süden schließt ein umglaster Neubaukubus die Halle ab, nach Norden das erhaltene Freibank-Gebäude aus dem 19. Jh., im Übergang zum Viktualienmarkt. Geschaffen wurde damit ein unvergleichliches kulinarisches und altstädtisches Münchner Ambiente, auch wenn der Charakter einer frühindustriellen Rarität durch modische Farbigkeit übertüncht erscheint. Der Unternehmer und die Stadt teilen sich die Fläche von insgesamt 2500 qm für eine Mischung aus Kultur, Ladenverkauf und Gastronomie. Mehr als fünfzig Verkaufsstände zogen ein, für Veranstaltungen konnten einige ohne großen Aufwand beiseite geräumt werden. Im Herbst 2008 nutzten 14 Händler und 12 Gastronomen die Halle. Der angekündigten Kultur – von der Lesung bis zum Konzert, von Ausstellungen bis zu Festen – scheinen die rechten Entfaltungsmöglichkeiten allerdings noch zu fehlen. Ein finanzielles Debakel nötigt zu einem neuen Konzept.

Münchner Stadtmuseum (I D6; St.-Jakobs-Platz 1): Münchens Stadtmuseum ist ein Nachbau mittelalterlicher Gebäude, des ehemaligen Stadthauses, Kornhauses und Zeughauses. Getreide wurde hier gelagert, bürgerliche Rüstungen, Handwaffen, später Kanonen bereitgehalten. Im Marstall fanden Pferde, Futterheu und die Wagen der städtischen Bürgerwehr ihren Platz. Seit der zweiten Hälfte des 19. Jh.s wurden die Bauten als Museum genutzt. 1410 bezeugt, 1431 erweitert, anfangs des 16. Jh.s wohl nochmals erneuert, hatten sie mehr als fünf Jahrhunderte überdauert, als sie im Zweiten Weltkrieg zerstört wurden.

Geschichte
des
historischen Museums
und der
Maillinger Sammlung
der
Stadt München
von
Ernst v. Destouches.

München,
J. Lindauer'sche Buchhandlung (Schöpping).

Einst Korn- und Kanonenlager:
Stadtmuseum mit Erlanger Vorgeschichte

Einzig die spätgotische Halle im Erdgeschoss blieb erhalten. Erst 1976/77 wurde der Wiederaufbau in Anlehnung an das zerstörte Baudenkmal möglich, sodann ein zweigeschossiger Trakt mit historisierender Zwiebelhaube angefügt. Zuvor, 1949/51, waren jüngere Erweiterungsbauten (1926/28 nach Norden und 1930/31 nach Osten) wieder nutzbar gemacht worden. 1959–64 kam eine Dreiflügelanlage am Oberanger/Rosental hinzu. Dennoch leidet das Museum unter Raumnot.

Dem Stadtmuseum war als museale Institution keine leichte Geburt beschieden. Im Gebäude des 15. Jh.s, damals ›Landwehr-Zeughaus‹ genannt, wurde seit der Mitte des 19. Jh.s eine Ausstellung historischer Waffen gezeigt. Den Appellen Münchner Bürger – allen voran des städtischen Archivrats Ernst v. Destouches –, ein städtisches Museum zu gründen, öffnete sich der Münchner Magistrat nur zögerlich. Eine Bürgerinitiative rettete 1876 die fabulös reiche, zum Verkauf stehende Stadtansichtensammlung des Kunsthändlers Maillinger für München und schenkte diesen Schatz der Stadt. Die insgesamt rund 40000 künstlerisch, historisch und volkskundlich wichtigen Blätter wurden im Zeughaus gelagert. 1888 wurde ohne viel Aufhebens und Festakt das ›Historische Museum‹ offiziell eröffnet.

Seither ist das Münchner Stadtmuseum zu einem Schatzhaus exorbitant reicher Sammlungen gewachsen. »Plakate, Gemälde und Münchner Stadtgeschichte« ist ein Kernstück, »Möbel, Modelle« ein anderes, »Plastik, Kunsthandwerk, Münzen und Medaillen« ein weiteres. Hinzu kommen Musikinstrumentenmuseum, Puppentheatermuseum mit der Abteilung Schaustellerei und der Bereich »Volkskunde, Spielzeug, Krippen«. Ihre eigenen Hauptrollen besetzen das Foto- und das Filmmuseum, letzteres mit nahezu täglichen Vorführungen von Filmen, die zumeist nur hier auf die Leinwand kommen. Sonderausstellungen bereichern den Bestand.

Eine mehrjährige Umbauphase steht an. Behoben werden sollen die Unzulänglichkeiten der Nachkriegsarchitektur, geplant ist ein direkter Zugang vom und zum Sebastiansplatz. Die 2008 zum 850-Jahr-Jubiläum der Stadt präsentierte neue Ausstellung »Typisch München« zeigt erstmals die Kulturgeschichte Münchens von der Gründung bis zur Gegenwart in einer Dauerausstellung, die ganz aus besten Objekten in den Sammlungen des Stadtmuseums realisiert werden konnte. Erläuterung seitens des Museums: Im Zentrum der Ausstellung steht die kommunale Emanzipation, in der sich die Stadt von ihrer durchwegs höfisch dominierten Geschichte verabschiedet, um ein städtisches Selbstbewusstsein gerungen und den Ruf der heimlichen Hauptstadt der Bundesrepublik erworben hat. Anders gesagt: Die Entscheidung, die Olympischen Spiele 1972 in München auszutragen, war für die Entwicklung der Stadt so gewichtig wie die Erhebung zur königlichen Residenz 1806.

Synagoge Ohel Jakob (I D6; Sankt-Jakobs-Platz): Das ›Zelt Jakobs‹ heißt die Synagoge der jüdischen Gemeinde Münchens. Der schwere kubische, von einem lichten gläsernen Aufsatz bekrönte Bau beherrscht zusammen mit dem Jüdischen Gemeindehaus und dem Jüdischen Museum den lange vernachlässigten Platz. Mit dem großräumig geplanten Zentrum verbindet Münchens orthodox jüdische Gemeinde hochgespannte Hoffnungen, auch mit dem Blick auf den starken Zuzug aus der ehemaligen Sowjetunion, oft von Juden, die dem Glauben entfremdet sind.

Die Ambivalenz von Zuversicht und Sorge strahlt der Neubau der Synagoge in seiner Architektur aus: Das Sockelgeschoss ist wie eine Festung ummauert, der rau gebrochene helle Travertin streng wie eine Klagemauer aufgestellt, fensterlos und mit nur einem größeren Zugang – darüber erhebt sich ein lichter, allseitig gläserner Aufbau, ein transparenter Kubus (auch Laterne genannt), der im

Wie ein Fels, der eine lichte Halle trägt:
die Synagoge Ohel Jakob (2008)

Muster seiner Querstreben zahllose Davidsterne entdecken lässt. Entschieden kommen Selbstbehauptung und
Erleuchtung zum Ausdruck.

Realisiert wurde der Bau vom Saarbrücker Architektenbüro Wandel, Hoefer, Lorch, die 2001 bereits den Neubau
der Dresdner Hauptsynagoge geschaffen hatten. Die 2006
geweihte Münchner Synagoge ist in ihrem Innenraum im
unteren Bereich mit Zedernholz aus dem Libanon verkleidet. Der Thoraschrein ist der heiligste Ort der Synagoge,
mit ihm ist der ganze Raum in Richtung Jerusalem geos-
tet. Über den kompakten Wänden überrascht der 12 Meter hohe gläserne Schrein mit seinem feinen Bronzegewe-
be. Wie in orthodoxen jüdischen Gemeinden üblich, gibt
es keine Orgel, die *Bimah*, das Lesepult für die Bibel,
steht inmitten der Männerbänke. Laien lesen dort den
Wochenabschnitt vor. Von den seitlichen Emporen links

und rechts hören hinter der *Mechiza*, einer Sichtblende,
die Frauen zu.

Viele Besucher gelangen vom nah angrenzenden Bau
des Gemeindezentrums her auf unterirdischem Wege in
die Synagoge. Im ›Gang der Erinnerung‹ sind an den
Wänden in schwarzer Schrift auf erleuchtetem Glas Namen zu lesen – Namen der etwa 4500 Münchner, die dem
Hitler-Terror zum Opfer gefallen sind.

Eine erste Synagoge hatten die Juden in München bereits 1380/81, 1442 wurden sie auf Weisung Herzog Albrechts III. (reg. 1438–60) aus der Stadt vertrieben. Erst
Mitte des 18. Jh.s lebten wieder Juden in München, unter
Verbot öffentlicher Riten. 1813 gewährte Maximilian I. Joseph mit seinem ›Judenedikt‹ den Münchner Juden be-
grenzte Rechte. 1818 konnten sie die Israelitische Kultusgemeinde in München gründen, 1824–26 wieder eine Synagoge bauen, gleichberechtigt mit den Christen waren sie
erst seit 1871. 1884–87 entstand die neue Hauptsynagoge
an der Herzog-Max-Straße, damals der liberalen Gemeinde zugehörig, die heute nur eine Minderheit ist. Im Juli
1938 wurde sie auf Befehl Hitlers zerstört, bereits vier
Monate vor der staatlich sanktionierten terroristischen
›Reichskristallnacht‹ (9. November 1938).

Die orthodoxen Juden hatten ihre ›Ohel Jakob‹-Syna-
goge seit 1891/92 in der Herzog-Rudolf-Straße 3, sie fiel
der ›Reichskristallnacht‹ zum Opfer. Eine andere Synagoge der Ostjüdischen Gemeinde an der Reichenbachstraße 27 wurde in der ›Reichskristallnacht‹ überfallen
und unbenutzbar gemacht, 1939 konnten die Gläubigen
behelfsweise in einer ›vorläufigen Synagoge‹ im Maschi-
nensaal der ehemaligen Zigarettenfabrik in der Lindwurmstraße 125 zusammenkommen. Die wieder nutzbar
gemachte Synagoge in der Reichenbachstraße wurde
schon im Mai 1945 neu geweiht, die ›Israelitische Kultusgemeinde‹ im Juli 1945 neu gegründet.

Jüdisches Museum (I D6; St.-Jakobs-Platz 16): Das

blockhafte Museumsgebäude zwischen Synagoge und dem Jüdischen Gemeindezentrum kehrt die Bauidee der Synagoge um: ebenerdig mit großen Glasflächen ins Foyer einladend, die oberen Stockwerke dagegen fensterlos in helle Travertinplatten gehüllt, die das Tageslicht nicht in die musealen Schauräume gelangen lassen. Das Haus hat eine lange Vorgeschichte. 1930 initiierten der Kunsthistoriker Theodor Harburger und der Sammler Heinrich Feuchtwanger die ›Ausstellung jüdischer Kult-Geräte und Einrichtungen für Synagoge und Haus‹, die ein Erfolg war und mit der Gründung eines Museumsvereins bestätigt wurde.

In den Nachkriegsjahrzehnten war vieles dringlicher als eine Museumsgründung. Erst 1989 öffnete der nichtjüdische Kunsthändler Richard Grimm eine private Dauerausstellung und zeigte seine Judaica-Kollektion in einer Zwei-Zimmer-Wohnung über dem Café Roma in der Maximilianstraße. Auf eine Initiative seitens der Stadt wartete Grimm allerdings vergeblich. Die Erinnerungsobjekte wurden erst 1998 in ein Interimsmuseum unter städtischer Trägerschaft in der 1947 wiederhergestellten Synagoge an der Reichenbachstraße übernommen. Ein jüdisches Museum in München sei man »beschämend lange schuldig geblieben« (Oberbürgermeister Christian Ude). Anders als die neue ›Ohel Jakob‹-Synagoge der Israelitischen Gemeinde gehört das 2007 eingeweihte Jüdische Museum der Stadt München, gleichsam als eine Erweiterung des historischen Stadtmuseums gegenüber. Entworfen und realisiert wurde der Bau vom Saarbrücker Architektenbüro Wandel, Hoefer und Lorch.

Die museumseigene Sammlung ist noch klein, doch Ausstellungen über großbürgerliche Familien wie die Pringsheims, Thannhausers, Bernheimers oder Wallachs hatten mit ihren spektakulären Leihgaben ein starkes Echo. Der aus Bregenz stammende nichtjüdische Museumschef Bernhard Purin hatte sich als Leiter des Jüdischen Museums in Fürth prominente Gegner gemacht, weil er sich in sein gegenwartsnahes Konzept nicht hineinreden ließ. Dem Münchner Publikum will Purin vieles über den Anteil des Jüdischen in der Münchner Kunst und Kultur vermitteln mit frischen Ideen der Kommunikation. »Stimmen, Orte, Zeiten« lassen in die jüdische Vergangenheit einblicken und einhören, vor unterschiedlichsten Objekten und Porträts mit gesprochenen Texten. Auf einer begehbaren Stadtkarte erscheinen die Orte der jüdischen Vergangenheit Münchens Haus um Haus. Wer statt der Aufzüge die schmalen, strengen Treppenaufstiege benutzt, spürt den außerordentlichen Charakter des Hauses.

Der Hoffnung, dass viele Menschen hier zusammenkommen, dient auch Rachel Salamander mit der Museumsbuchhandlung, einer Dependance ihrer ›Literaturhandlung‹ in der Fürstenstraße, wo sie seit über 25 Jahren das Spezialgebiet jüdische Kultur pflegt.

Das **Gemeinde- und Kulturhaus** nebenan, der dritte Baukörper des jüdischen Zentrums, enthält eine Jüdische Volkshochschule, Kindergarten, einen Saal für Veranstaltungen, ein koscheres Restaurant und Räume für die Verwaltung der Israelitischen Kultusgemeinde in München und Oberbayern (http://www.ikg-muenchen.de).

Ignaz-Günther-Haus (I D6; Sankt-Jakobs-Platz 15 / Oberanger 11): Eine Erinnerung an Alt-München, ein Beispiel für ein ursprünglich gotisches Haus mit Fassaden an zwei Straßen, das später mit einer Rokokofassade versehen wurde, ebenso ein Beispiel für die Doppelnutzung als Wohnhaus und Werkstatt – all das ist das Ignaz-Günther-Haus. Zugleich ist es ein Denkmal für den Rokokomeister Ignaz Günther. Günthers Bildwerke zeichnen sich durch ihre schwingende Musikalität, ihren perfekten anatomischen Aufbau und ihre Virtuosität aus. Der Oberpfälzer Ignaz Günther, geboren 1725 in Altmannstein, kam als junger Künstler nach München. Hier war er sieben Jahre

Schüler des Hofbildhauers Johann Baptist Straub, um dann Mitarbeiter bei Paul Egell, dem kurpfälzischen Hofbildhauer in Mannheim zu werden. Ab 1753 studierte er an der Akademie in Wien und kehrte 1754 nach München zurück. In nur zwei Jahrzehnten entstand ein reiches Werk. 1761 erwarb Günther das Haus am Jakobsplatz, das er bis zu seinem Tod 1775 bewohnte.

1975 wurde der dreistöckige Bau grundlegend renoviert, mit – im Bezug auf die historischen Proportionen – zu großen Fenstern zum Jakobsplatz. Unglücklich wirkt die unmittelbare Nachbarschaft der bescheidenen Fassade neben dem modernen, mächtigen Neubaukubus ›Jüdisches Gemeindehaus‹. Charakteristisch ist der Traufseitenbautyp des Ignaz-Günther-Hauses mit Dacherkern und Mittelerker an der Seite zum Sankt-Jakobs-Platz, durchgängig an den drei Stockwerken. An der Fassade zum Oberanger ist in der Nische die ›Hausmadonna‹ von Ignaz Günther zu sehen (Kopie, das Original im Bayerischen Nationalmuseum). Im Innern befindet sich die ›Himmelsleiter‹ mit hölzernen Treppenstufen, im ersten Stock am Oberanger eine Balkendecke aus dem frühen 16. Jh., ein Hausbrunnen und ein Gedächtnisraum für Ignaz Günther. Hauptwerke begegnen im Museum Starnberg (Heiligenfiguren, 1755), in der ehemaligen Klosterkirche St. Michael in Weyarn/Oberbayern (Tabernakel und Prozessionsfiguren, 1763/64) und in der Friedhofskapelle im württembergischen Nenningen (Pietà, 1744). Nur zehn Minuten vom Ignaz-Günther-Haus ist im Bürgersaal der *Schutzengel* von 1763 zu finden. Ignaz Günther stattete u. a. die ehemaligen Klosterkirchen von Rott am Inn (1762), Neustift bei Freising (1765/66) und Mallersdorf aus (1768–70), ebenso die Pfarrkirche in Starnberg (1766–68).

Münchner Marionettentheater (I D7; Blumenstraße 28a): Es war das erste Marionettentheater seiner Art zumindest in Deutschland, heute wird es mit moderner Büh-

nentechnik bespielt. 1900 ließ Stadtbaurat Theodor Fischer
für das Marionettentheater des ›Papa Schmid‹ ein neoklas-
sizistisches Gebäude mit säulengerahmtem Bogenportal,
breitem Giebel und Walmdach errichten. Bereits seit 1858
brachte hier die ›Guckkastenbühne‹ mit dem Marionetten-
ensemble die Bühnenwerke Europas in bunter Auswahl
zur Aufführung und bewältigte längst auch große Opern.

Seine erste Bühne eröffnete Josef Leonard Schmid
(1822–1912) mit *Prinz Rosenroth* und *Prinzessin Lilien-
weiß oder Die bezauberte Lilie*. Schmid hatte nicht nur
Theaterblut, sondern auch pädagogischen Elan. Gemeinsam mit dem wenig älteren Puppentheater-Wegbereiter,
Autor und Zeichner Franz Graf von Pocci wollte er nicht
nur Hanswurstiaden bieten und Kinder in seinem Publikum unterhalten, sondern ihnen auch Werte vermitteln.
Entsprechend lautete sein Antrag an Münchens ›Hohe
Schul-Kommission‹.

Heute locken in das Marionettentheater Michael Endes
Goggolori, Mozarts *Zauberflöte*, Alexander Milnes *Pu der
Bär* und andere faszinierende Theaterstücke.

Gegenüber dem Marionettentheater, jenseits des Alt-
stadtrings, wurde 1927–29 der 45 m hohe, von Architekt
Hermann Leitenstorfer entworfene Hochhauskubus der
Stadtverwaltung hochgezogen. Ursprünglich ›Technisches
Rathaus‹, heute ›Städtisches Planungshochhaus‹, zählt
der Stahlbetonskelettbau zu den ersten Hochhäusern in
Deutschland.

**Asamkirche (St.-Johann-Nepomuk-Kirche) und
Asamhaus** (I D6; Sendlinger Straße 32 und 34): Die inmitten einer Straßenfront zwischen Wohnhäusern eingebrachte Kirche ist das formenreichste und bekannteste
Werk der Brüder Asam. Cosmas Damian (1686–1739) und
der sechs Jahre jüngere Egid Quirin (1692–1750), Söhne
von Hans Georg Asam, einem Klostermaler in Benedikt-
beuern, ließen sich in München und in Rom ausbilden. Sie
waren Architekten, Maler, Bildhauer und Stuckateure, die

über den römischen und bayerischen Barock zum Roko-
kostil fanden. In München waren sie in Sankt Anna im
Lehel, in der Heilig-Geist-Pfarrkirche im Tal und der Da-
menstiftskirche tätig, das Kloster Weltenburg an der Donau bei Kelheim zählt zu ihren Hauptwerken.

Die Brüder Asam planten die Kirche des hl. Nepomuk
1733–46 gegen den Widerstand der Anwohner. Egid Quirin Asam wollte eine Kirche zum privaten Gebrauch stif-
ten und dem eben erst heiliggesprochenen Johann Nepomuk widmen, während die Nachbarn eine eigene Kirche
bauen wollten, deren Finanzierung aber noch nicht ge-
sichert war. Egid Quirin, der sich 1729 ein Haus in
der Sendlinger Straße gekauft hatte, lenkte ein und erwirkte 1733 bei der kurfürstlichen Regierung die Erlaubnis
zum Bau einer Gemeindekirche und eines Priesterhauses.
Schon zu Weihnachten 1734 wurde der Rohbau fertiggestellt, die Kirche aber erst 1746 der hl. Maria und dem
hl. Johann Nepomuk geweiht. Das Priesterhaus rechts der
Kirche entstand später.

Bereits die Fassade des Asamhauses zeigt die geistige
Welt der Brüder, die Antike und Christentum umfasste.
Hoch über dem Eingangsportal thront Maria Immaculata,
zu ihrer Rechten erscheint der antike Götterhimmel mit
Apoll (am dritten Stockwerk), darunter ist das Pferd des
Pegasus (am zweiten Stockwerk) zu sehen, wiederum darunter die Allegorien von dem Lebensquell Tanz und Musik, den schönen Künsten, der Astronomie und Theologie.
Ein Putto mit Sonnenuhr verweist auf die Vergänglichkeit
oder mahnt: ›Nutze die Zeit‹. Zu all dem führt Pallas
Athene ein Menschenkind hinauf. Die Originale der holzgeschnitzten Portalflügel des Hauseingangs befinden sich
im Bayerischen Nationalmuseum. Das Gebäude, zuletzt
1999–2000 restauriert, zeigt im Treppenhaus aufwändige
Stuckreliefs. Die schmale Kirchenfassade erinnert mit den
künstlichen Felsen rechts und links des Eingangs an Pra-
ger Kirchen, die St. Johann Nepomuk gewidmet sind. Der

böhmische Heilige und Märtyrer des 14. Jh.s, der auch als Schutzpatron des Kurfürstentums Bayern verehrt wurde, und für sein unerschrockenes Eintreten für zu Unrecht Beschuldigte und als Bewahrer des Beichtgeheimnisses verehrt wird, steht in Apotheose überlebensgroß zwischen zwei Engelsfiguren über dem vorragenden Dach des Portals. Die dahinter über zwei Stockwerke reichenden Fenster sind die einzige große Lichtquelle für den schmalen Innenraum.

Der Kirchenraum erinnert an einen schlanken hohen Schiffsleib. Er ist prachtvoll ausgestattet mit mächtigen, gedrehten Barocksäulen, silbern gestalteten Engeln, Goldglanz um den Altar, einem hoch hinauf reichenden Kruzifixus und darüber dem Haupt Gottvaters, unter einer päpstlichen Tiara, der dreifachen Krone. Über dem Presbyterium und Hauptaltar tragen die vier gedrehten Säulen in der Zone des Deckengebälks die scheinbar schwebende Gruppe des Gnadenstuhls: Engel, unter einer Glorienüberdachung mit der Taube des Heiligen Geistes. Etwa in halber Höhe umläuft ein geschwungener Balkon den Raum. Doch geht der Blick immer wieder in die Höhe über den Altar, von wo durch Seitenfenster unterm Dach Licht in die Kirchenhalle fällt.

Aus der überbordenden Fülle der Skulpturen und Wandbilder, der Stuckengel, der Seitenaltäre und Tabernakel, der Deckenfresken und Beichtstühle, der Glasschreine sind folgende Beispiele hervorzuheben: im Vorraum das von Ignaz Günther für Johann Nepomuk Zech 1758 geschaffene Epitaph, das als eines der besten Werke in der Grabmalkunst des Rokokos gilt; in Silber gefasste Stuckreliefs von Egid Quirin, die über der Hohlkehle der Decke Szenen aus dem Leben des 1729 heiliggesprochenen Nepomuk zeigen; das große Wandbild in der Mitte des linken Obergeschosses, das Gläubige bei der Verehrung des Grabes des hl. Johann Nepomuk darstellt; schließlich die Anbetungsengel am Chor- und Galeriealtar, die Ignaz

Günther 1767 für die Pfarrkirche Griesstätt schuf und die
1913 in die Asamkirche gelangte.

Dies alles samt den munteren Putten und Stuckengeln
nach den schweren Bombenschäden der Jahre 1944/45 in
seiner katholischen, barocken Pracht annähernd wieder-
herzustellen, hat in den Nachkriegsjahrzehnten unsägliche
Arbeit gekostet. Nach der Änderung der Altäre im Presbyterium 1975–83 wurden Einbußen durch die gleichfalls
veränderte Lichtführung beklagt.

Sendlinger-Tor-Platz (I C6): Münchens Ausfahrt nach
Süden war noch vor hundert Jahren eng. Erst Anfang des
20. Jh.s nahm sich die Stadt der dreifach geteilten schmalen Tordurchfahrt an, unter deren Mittelbogen nicht einmal zwei Fuhrwerke aneinander vorbeikamen. Die drei
Spitzbogenportale wurden zu einem einzigen großen Tor-

Ohne den Einspruch König Ludwigs I. längst abgerissen:
das Sendlinger Tor

bogen zusammengefasst, durch die sechseckigen flankierenden Türme die Passagen für Fußgänger geführt.

Die Diskussion um Münchens Stadttore hatte seit dem
2. Juni 1795 das ganze 19. Jh. lang angedauert. Damals dekretierte Kurfürst Karl Theodor, dass München »keine
Festung seie, seyn könne, noch sein solle«. Die Stadtmauern fielen und die Wassergräben wurden aufgefüllt und
planiert. Als Friedrich Ludwig von Sckell, seit 1803 kö-
niglicher Hofgartenintendant, auch starken Einfluss auf
die Stadtplanung nehmen konnte, plädierte er für den Abbruch des Sendlinger Tors und entwarf für das Areal davor einen kreisförmigen Platz und einen ausstrahlenden
Straßenstern. Diese Grundfigur ist mit Sonnen-, Nuss-
baum-, Lindwurm- (früher Sendlinger Landstraße), Pet-
tenkofer-, Thalkirchener- und Blumenstraße zwar erweitert worden, bis heute aber gültig geblieben. Der Platz geriet nur zum Halbkreis, da das Sendlinger Tor, das Sckell
hatte abreißen lassen wollen, um eine Sichtachse zwischen
Altstadt und ihrem Umland zu schaffen, sich behauptete,
zunächst aus Kostengründen, später aus Gründen des
Denkmalschutzes. Dessen entschiedenster Fürsprecher
war König Ludwig I. Unter seiner Regierung durften bis
auf wenige Ausnahmen die verbliebenen Stadtbefestigun-
gen Bayerns nicht verändert werden.

Um so größere Wirkung zeigte Sckells Krankenhaus-
planung vor dem Sendlinger Tor. Auf seiner zartfarbigen
Planskizze von 1809 ist ein Garten um ein Gebäude einge-
zeichnet, das damals als das **Allgemeine Krankenhaus**
projektiert war (heute: Krankenhaus links der Isar resp.
›Medizinische Klinik Innenstadt‹ an der Ziemssenstraße).
Es sollte dort entstehen, wo der Orden der Barmherzigen
Brüder 1750 ein Kloster mit Spital gegründet hatte. Der
Hygieniker und Medizinalrat Franz Xaver Häberl brachte
1799 in München die Krankenpflegereform auf den Weg
und wurde ärztlicher Chef des Zentralkrankenhauses. König Maximilian I. Joseph ordnete 1813 einen vollständigen

Neubau an, der vier der sechs veralteten Hospitäler in der Altstadt und das Spital der Barmherzigen Brüder ersetzen sollte. Mit zentraler Heizung, Zentralbelüftung, Wasserklosetts und Entsorgung wurde das ›Allgemeine Krankenhaus‹ das erste moderne Münchens und auch eines der modernsten Europas im frühen 19. Jh.

Beim Abriss des erst Mitte des 18. Jh.s erbauten **Klosters der Barmherzigen Brüder** samt Kirche und Spital wurde die Innenausstattung veräußert, teils verschleudert und vernichtet, der Hochaltar von Ignaz Günther jedoch gerettet und in die Kirche St. Johann Baptist in Johanniskirchen gebracht (um 1200 in einer Wehranlage auf künstlichem Hügel erbaut).

Für den Krankenhausneubau zeichnete Nikolaus Schedel von Greifenstein als Architekt verantwortlich. Nach dessen Tod folgte der junge Carl von Fischer, der die klar gegliederte Fassade mit je acht Achsen, davon je drei äußere als Risalite, beiderseits des Hauptportals entwarf. Wie von Sckell vorgeschlagen, war die Fassade auf den Sendlinger-Tor-Platz bezogen. Zunächst blieb das Gelände im Umkreis von fast 600 Metern als *cordon sanitaire* unbebaut. Später wurden um die Gründung von König Maximilian I. Joseph andere Krankenhäuser errichtet, in der Nussbaumstraße und an der Lindwurmstraße, beide benannt nach bedeutenden Münchner Medizinern, Johann Nepomuk Nussbaum und Josef von Lindwurm. Die Haunersche Kinderklinik, die Psychiatrische Klinik und auch die Augenklinik in der Mathildenstraße sind alle binnen hundert Jahren nach dem Bau des Allgemeinen Krankenhauses entstanden – und über alle Umbauten hinweg bis heute in der Kernsubstanz historisch.

Deutlich jünger ist die **St. Matthäuskirche** am Sendlinger-Tor-Platz. 1953–55 erbaut, wurde sie bald wegen ihrer stark gekurvten Fassaden- und Dachlinien auch ›Martin Luthers Achterbahn‹ genannt. Der Architekt Gustav Gsaenger übertrug Naturformen wie das nierenförmige Oval und den Kreis auf die Haupthalle, die Empore und die Brauthalle der evangelischen Bischofskirche. Ihre moderne Form aus Ziegelsteinen, teils rot eingefärbtem Sichtbeton und Eisen hebt sich zwischen dem mittelalterlichen Torbau und den historistischen Neorenaissance- und Neobarockfassaden im Umkreis eigenständig hervor. Den Altarraum schmückt ein Marmormosaik von Angela Gsaenger.

Zwei der fünf Glocken im 52 Meter hohen, nach allen Seiten offenen Turm stammen aus der ersten Münchner Matthäuskirche. Diese wurde an der Sonnenstraße, nahe beim Stachus, 1833 als erste evangelische Kirche Münchens auf Initiative von König Ludwig II. erbaut, mit Unterstützung des Landtags und vieler Spenden, auch von Katholiken und Juden. In der Nacht vom 13./14. Juni 1938 wurde sie auf Befehl von NS-Gauleiter Adolf Wagner abgerissen, da sie einer Straßenerweiterung im Wege stand.

Maxvorstadt

Ludwigstraße – Pinakotheken – Königsplatz – Hauptbahnhof

Ludwigstraße von der Feldherrnhalle zum Siegestor (II E3–5): Mit der Ludwigstraße verlieh König Ludwig I. München den Zug ins Großstädtische. Ohne in der überkommenen Altstadt Gebäude abzureißen, investierte er großzügig in ein neues Stadtbild. Schon als Kronprinz ließ er Grundstücke aufkaufen, schon 1816 – neun Jahre vor der Thronbesteigung – legte er den Standort des späteren ›Siegestors‹ fest. Nach den Neuschöpfungen von Karolinenplatz und Königsplatz, die den Straßenzug von der

Residenz zum Sommerschloss Nymphenburg aufwerteten, folgte die neue ›Via Regia‹, die königliche Straße von der Residenz nach Norden, Richtung Schloss Schleißheim. Die Ludwigstraße wurde des Königs größtes Bauprojekt. Die Idee dazu datiert schon aus Ludwigs italienischen Reisen, möglicherweise inspirierte ihn die römische Via del Corso. Historische Größe sollte Bayerns Hauptstadt mit dieser ›Via Triumphalis‹ erhalten, mit unterschiedlich prunkvollen Kultur- und Verwaltungsbauten wie auch privat finanzierten Mietshäusern.

Schon der architektonisch erst spät, 1840–44 verwirklichte Auftakt im Süden dieses Königswegs hatte sein italienisches Vorbild: die **Feldherrnhalle** (I E5), die sich mit ihren markanten drei Rundbögen nach Norden zur Ludwigstraße hin öffnet. Friedrich von Gärtner gestaltete sie nach dem Vorbild der florentinischen ›Loggia dei Lanzi‹. Den Abschluss der Ludwigstraße nach Norden stellt das **Siegestor** (II E3) dar. Vorbild für den Entwurf Friedrich von Gärtners war der römische Konstantinsbogen. Der Grundstein wurde 1843 gelegt, als die Feldherrnhalle fast fertiggestellt war. Bis zur Einweihung des Siegestors vergingen allerdings sieben Jahre, auch wegen Ludwigs I. Abdankung 1848. Zwischen den beiden Denk- und Mahnmalen, Feldherrnhalle und Siegestor, erstreckt sich die ›Via Triumphalis‹ annähernd so, wie Leo von Klenze und Friedrich von Gärtner sie nach König Ludwigs I. Vorgaben ab 1817 geplant und in den folgenden Jahrzehnten geschaffen haben. Die Fassaden im Stil der italienischen Renaissance und der Romanik vermitteln heute noch die große architektonische Geste, weitgehend frei vom Kommerz, von Läden, Restaurants, Cafés und Kaufhäusern.

Eingriffe in die Substanz blieben jedoch nicht aus. Nach der Gleichschaltung der Länder im Jahr 1933 mussten mehrere Klenze-Wohnhäuser auf der Ostseite (heute Ludwigstraße 2) den Neubauten für das ›Zentralministerium‹

Blick über die Ludwigstraße vom Siegestor zur Feldherrnhalle

weichen, das spätere **Bayerische Landwirtschaftsminis-
terium** (1937–39, Architekt Fritz Gablonski). Die Ver-
breiterung der Von-der-Tann-Straße (1936–37) und des
Oskar-von-Miller-Rings (seit 1968) erwiesen sich als
empfindliche Eingriffe. Gegenüber auf der Westseite hatte
Klenze das **Herzog-Max-Palais** für den lebensfrohen
Schwager König Ludwigs I. errichtet, der zu Konzerten
und Bällen in sein Palais einlud. Hier und in Possenhofen
am Starnberger See wuchsen die spätere österreichische
Kaiserin Elisabeth (›Sisi‹) und deren Schwester Sophie auf,
die Verlobte Ludwigs II., der sich noch vor der Heirat von
ihr trennte. Vorbild Klenzes für die Fassade des hufeisen-
förmigen Dreiflügelbaus war vermutlich der römische Palazzo della Cancelleria. 1937–38 wurde das Herzog-Max-
Palais abgerissen (damals Karl-Theodor-Palais genannt)

und ein Neubau für die ›Reichsbank-Hauptstelle München‹ begonnen. Nach Kriegsende fertiggestellt, wird er seither von der ›Deutschen Bundesbank-Hauptverwaltung München‹ genutzt (Ludwigstraße 13). Von der architektonischen Qualität der Klenze-Schöpfung ist beim Neubau wenig übriggeblieben, Einwände und Forderungen des Städtischen Baukunstausschusses wurden übergangen.

Letzte Reste der feudalen Innengestaltung des Herzog-Max-Palais sind in der Vorhalle erhalten: ein ursprünglich im Speisesaal angebrachter Bacchus-Fries von Ludwig von Schwanthaler. Fresken eines Psyche-Zyklus von Wilhelm von Kaulbach aus dem Ballsaal befinden sich jetzt in der Musiksammlung der Bayerischen Staatsbibliothek, die *Taten des Herkules* aus dem einstigen Empfangssalon sind im **Wirtschaftswissenschaftlichen Institut** der Universität zu sehen (Ludwigstraße 28).

König Ludwig I. lag seine Prachtstraße sehr am Herzen, vor allem die Staatsbibliothek (Ludwigstraße Nr. 16), die St.-Ludwig-Kirche (Nr. 20), die Universität (Geschwister-Scholl-Platz 1). Als der Bau der St.-Ludwig-Kirche 1829 stockte, drohte der König sogar damit, für die Universität und selbst für die Residenz einen anderen Ort als München zu bestimmen. Einen wichtigen Einschnitt markiert des Königs Entscheidung 1827, mit den weiteren Bauten an der Ludwigstraße Friedrich von Gärtner zu betrauen, nachdem anfangs Leo von Klenze den **Odeonsplatz** und die Gebäude bis zum **Kriegsministerium** entworfen und gebaut hatte, das heute das Bayerische Staatsarchiv beherbergt. Mit seinen Pfeilerarkaden zur Ludwigstraße hin hebt sich der siebenachsige Bau im Straßenbild deutlich hervor. Auch die großformatigen Steinreliefs zwischen den Bögen – Waffen und Rüstungen als Trophäen – gehen vermutlich auf Klenze zurück. Mit Rundbogenfenstern in allen Geschossen passt die Fassade zu den nördlich anschließenden Bauten Gärtners. Der anschließende Bau an der östlich abzweigenden Schönfeldstraße, Wohnung und

Dienstsitz des Kriegsministers, stammt ebenfalls von Klenze. Bei beiden Bauten ist das Vorbild der italienischen Hochrenaissance des 16. Jh.s unverkennbar, wobei die Staatsbibliothek schon allein wegen ihres Volumens die Aufmerksamkeit auf sich zieht.

Die Ablösung Klenzes und die Berufung Gärtners für den Nordteil der Ludwigstraße wird auch von Ludwigs I. wachsender Zuwendung zur katholischen Kirche und zur romanischen Architektur des Mittelalters bestimmt gewesen sein. Ein Beispiel ist das fast gleichzeitig mit der Universität gebaute, an sie angrenzende **Blindeninstitut** (Nr. 25, seit 1970 Universitätsräume): Wie bei anderen Bauten auch – so der Universität – hat Friedrich von Gärtner hier Wandquader malen lassen. Vier Heiligenfiguren an den beiden romanischen Portalen wurden von Francesco Sanguinetti geschaffen und stellen die hll. Ottilia und Lucia sowie die hll. Benno und Ruprecht dar (1834).

Bayerische Staatsbibliothek (II E4; Ludwigstraße 16): Der nach Plänen Friedrich von Gärtners 1832–45 schnörkellos errichtete 155 m × 77 m lange Bau ist Münchens Hort von Wissen und Weisheit, Literatur und Kunst. Überaus stattlich wirkt der geschlossene Gebäudeblock mit seinen 25 Fensterachsen ohne Säulen und Risalite, dank dem hohen Rustikageschoss und der glatten Fassadenstruktur der beiden oberen Stockwerke, dank den von Stockwerk zu Stockwerk unterschiedlich hohen Rundbogenfenstern und dank der drei über die volle Länge der Fassade laufenden Schmuckbänder. Nur die drei mächtigen Mittelportale samt der vorgelegten Rampentreppe unterbrechen die einheitliche Fassadenstruktur. Auf ihrer Balustrade begrüßen Skulpturen von Dichtern und Denkern der griechischen Antike die Benutzer der Bibliothek: Thukydides und Homer für Geschichtsschreibung und Dichtung, Aristoteles und Hippokrates für Philosophie und Heilkunde. Die Originalskulpturen, nach Modellen von Ludwig von Schwanthaler ausgeführt von J. Ernst

Mayer und Francesco Sanguinetti, stehen heute im Hof der Schule von Bernau am Chiemsee, 1966 wurden sie durch neu geschaffene Skulpturen ersetzt: Arbeiten von Hans Vogel, Elmar Dietz, Roland von Bohr und Karl Kroher. Rundbögen und Fenstergurtbögen aus rötlichen Radialsteinen lassen das Gebäude nicht nur sachlich erscheinen, sie verleihen ihm auch einen Hauch von Festlichkeit. Diese wurde im Innern durch die prachtvoll inszenierte Haupttreppe noch gesteigert, mit korinthischen Säulen und einer reich ausgemalten Überwölbung im lichten Oberstock. Mögliches Vorbild für den Bau mag der Florentiner Palazzo Strozzi gewesen sein.

Annähernd acht Millionen Bücher bewahrt die Bayerische Staatsbibliothek heute. Zu diesem Bestand zählen auch kostbare Wiegendrucke, Handschriften, Einblattdrucke, Noten, Karten, Atlanten, Zeitungen und Zeitschriften. Die Bibliothek geht zurück auf die 1558 von Herzog Albrecht V. über dem Antiquarium der Residenz gegründete Hofbibliothek, die gepflegt und immer wieder erweitert wurde. Bedeutende Zuwächse brachten die Übernahme der Bibliothek des aufgelösten Jesuitenordens (1772), der Bestände der Theatiner (1801) sowie bayerischer, schwäbischer und fränkischer Klosterbibliotheken in der Säkularisation im Jahr 1803. Zu dieser Zeit hieß sie ›Zentral-Bibliothek‹, seit 1832 ist sie eine Staatsbehörde. Damals war Johann Andreas Schmeller (1785–1852), Universitätsprofessor und Bibliotheksrat der Staatsbibliothek, der erste wissenschaftlich arbeitende Mundartforscher. Er verfasste das erste bayerische Wörterbuch.

1943 vernichteten Phosphorbomben wohl eine halbe Million Bücher. Der Wiederaufbau der Bibliothek dauerte bis in die 1950er-Jahre, die imposante große Treppe und der Festsaal wurden deutlich schlichter ausgestattet. Jüngste Umbauten haben die Benutzerfreundlichkeit gesteigert, der Hauptlesesaal ist fast immer bis auf den letzten Platz besetzt.

St.-Ludwig-Kirche (II E4; Ludwigstraße 20): Die beiden markanten Turmspitzen zu Seiten der Giebelfront mit der großen Fensterrose sind ein Stück Italien mitten in München, die offene Arkadenreihe zum Garten hin steigert den südländischen Abglanz. Im königlichen Konzept der Ludwigstraße war dieser Kirchenbau ursprünglich nicht vorgesehen, der architektonische Akzent erwies sich jedoch für die Gesamtwirkung als überaus günstig. Ludwig I. zögerte 1827 nicht, dem Antrag des städtischen Magistrats auf eine neue Pfarrei – damals die fünfte in München – zuzustimmen, und verhieß einen rund zehnprozentigen Baukostenzuschuss aus seiner Kabinettskasse. Dafür bestimmte er den Standort an der Ludwigstraße gegenüber der heutigen Schellingstraße. Der Grundstein wurde am 25. August 1829 gelegt, Ludwigs Geburtstag. Zudem verpflichtete Ludwig I. den Maler und Münchner Akademiedirektor Peter von Cornelius mit der Ausführung der Fresken.

Architekt war Friedrich von Gärtner, der Rheinländer aus Koblenz, der 1820 zum Münchner Akademiedirektor avanciert war. 1827 sagte ihm der König den Auftrag für den Bau der Staatsbibliothek zu, dann auch für die Ludwigskirche, schließlich sogar für die Vollendung der Ludwigstraße. Für Gärtner war damit der lang ersehnte Karrieresprung verbunden, für Leo von Klenze war es dagegen ein harter Schlag. Die dreischiffige Basilika der Ludwigskirche bezieht sich mit ihrer Doppelturmfassade auf die barocke Theatinerkirche, hebt sich mit ihrem gerade geschlossenen Chor, den Arkaden, der Freitreppe und der Vorhalle aber auch deutlich von ihr ab. Gärtners ›Rundbogenstil‹ wurde hier bereits augenfällig, auch seine Fähigkeit, unterschiedliche Stilelemente zu einem romanisch-byzantinisch inspirierten Klassizismus zu verschmelzen.

Als künstlerischer Höhepunkt der Ludwigskirche gelten die Fresken, die der Düsseldorfer Peter von Cornelius gegen Ende seiner zwei Münchner Jahrzehnte entwarf. Sein umfangreiches Bildprogramm zielte im katholischen Sinn – Cornelius war in Rom einer der führenden Nazarener – auf eine Darstellung des Apostolischen Glaubensbekenntnisses. Die meisten Cornelius-Entwürfe wurden von seinen Schülern ausgeführt. Cornelius' Hauptwerk dominiert im Chor: Das 18 m hohe, 11 m breite *Jüngste Gericht* zeigt nach klassischem Bildschema starkfarbig mit Blau- und Rottönen den Weltenrichter, zudem Aufstieg und Sturz der Auferstehenden. Den Erwartungen des königlichen Auftraggebers genügte das 1836–39 geschaffene Riesenwerk jedoch nicht, woraufhin Cornelius 1841 in Berlin nach neuen Aufträgen suchte.

Die flankierenden Eckbauten der Ludwigskirche wurden als Pfarrhaus (nördlich der Kirche) und als Gärtners Wohnung und Atelier (südlich der Kirche) genutzt. Sie sind nach Kriegszerstörung originalgetreu wieder aufgebaut worden und werden seither vom Universitätsbauamt genutzt.

Ludwig-Maximilians-Universität (II E3; Geschwister-Scholl-Platz 1): Seit 1835 wurde auf der Westseite der Ludwigstraße und nahe ihrem nördlichen Ende nach Plänen von Friedrich von Gärtner die Dreiflügelanlage des sogenannten Universitätsforums erbaut, das 1840 bezugsfertig war. Fast gleichzeitig entstanden auf der gegenüberliegenden, östlichen Straßenseite das Max-Joseph-Stift und das Priesterseminar ›Georgianum‹.

Gärtners Rundbogenstil – aus der römischen Antike und der europäischen Romanik hergeleitet – bestimmt harmonisch die Dreiflügelanlage der Universität. Die Gebäude entsprechen einander in Höhe, Stockwerkzahl und Fenstergliederung. Die Platzstruktur war zwar noch nicht vollständig symmetrisch ausgebaut. Die Klarheit der Fassaden mit ihren Arkaden und Rundbogenfenstern kam aber in der Mitte des 19. Jh.s noch deutlich großräumiger zur Wirkung. Ludwig I. hatte nach dem Vorbild der römischen Piazza del Popolo eine kreisrunde Platzanlage mit einem Obelisken in der Mitte vorgesehen. Pläne von Leo von Klenze lagen dafür schon 1826 vor. Friedrich von Gärtner konnte aber 1835, also im Jahr des Baubeginns, seinen König von den Vorzügen der rechteckigen Platzgestalt überzeugen, mit Beispielen wie dem Markusplatz in Venedig und der Piazza della Signoria in Florenz. Für das gute Verhältnis von Bauherr und Architekt spricht die gemeinsame Studienreise, die der König und Friedrich von Gärtner vom November 1835 bis zum April des folgenden Jahres nach Rom, Griechenland und an die ägäische Küste des Osmanenreichs unternahmen.

Die rationale Geometrie des Rechteckplatzes wird durch den Kontrast zu den beiden mächtigen runden Schalenbrunnen noch gesteigert. Sie wurden von Gärtner mit gusseisernen Schalen in Granitbecken versehen (1842–1844). Das in warmer Jahreszeit hell und kräftig strömende Wasser belebt die Architektur. Das gleichfalls von Gärtner entworfene antikisierende Siegestor als Abschluss der Ludwigstraße nach Norden unterstreicht von hier aus den Bezug zur erneuerten Antike. 2007/08 wurden die Fassaden an allen vier Platzseiten erneuert, die Quader mit hellfarbigen Abstufungen frisch gemalt.

König Ludwig I. hatte nach seinem Regierungsantritt 1825 beschlossen, die 1472 in Ingolstadt gegründete Universität (seit 1800 in Landshut) nach München zu verlegen. Ludwig ließ die Studenten aus Landshut in die bayerische Hauptstadt kommen und sie provisorisch im ehemaligen Jesuitenkolleg unterbringen. Binnen weniger Jahre nach dem Umzug nach München verdreifachte sich die Zahl der Studenten auf 1600. Im Namen ›Ludwig-Maximilians-Universität‹ begegnen sich der Gründer Ludwig der Reiche von Landshut und Kurfürst Maximilian IV. Joseph, der 1800 den Umzug von Ingolstadt nach Landshut anordnete. Unter Deutschlands ältesten Universitäten hat die ›LMU‹ den achten Platz, nach Heidelberg (1386),

Köln, Erfurt, Leipzig, Rostock, Greifswald, Freiburg. Erweiterungen der ›LMU‹ wurden 1878 (der ›Aulaturm‹ am südlichen Flügel) und 1897 fällig (Trakt an der Adalbertstraße). 1906 vergrößerte der Nürnberger German Bestelmeyer den Gärtner-Bau zur Amalienstraße hin, mit großem Lichthof und Auditorium Maximum. Im Lichthof begegnet man den in antikem Stil ausgeführten Sitzfiguren von König Ludwig I. und Prinzregent Luitpold. Jugendstil mischt sich in den Neoklassizismus mit intensiv farbigen, teils goldenen Wandmosaiken antiker Szenen von Wilhelm Koeppen. Seitlich wurde 1997 die ›DenkStätte Weiße Rose‹ eingerichtet, zur Erinnerung an die Flugblatt-Aufrufe zum Widerstand gegen das Hitler-Regime und die Hinrichtung der Geschwister Scholl, ihrer Kommilitonen und des Professors Kurt Huber. Am 18. Februar 1943 (zur Zeit der Stalingrad-Schlacht) waren sie festgenommen, vier Tage später zum Tode verurteilt worden.

In der Aula Maxima, die von den schweren Zerstörungen der Universitätsbauten weitgehend verschont blieb, begann der Neuanfang der bayerischen Demokratie: 1946 fanden hier die Tagungen der verfassunggebenden Landesversammlung statt, der erste Bayerische Landtag konstituierte sich hier im Dezember 1946 und arbeitete in der Aula Maxima bis zum Umzug ins Maximilianeum 1949.

Siegestor (II E3): Präzise hatte König Ludwig I. seinem Architekten Friedrich von Gärtner seine Vorstellungen vom Siegestor vermittelt: »… soll nämlich ein Triumphbogen erbaut werden, in der Größe des Constantinbogens zu Rom: Vier große Reliefs … acht Victorien freistehend … Auf demselben soll eine kolossale Bavaria von Löwen gezogen, in Erz gegossen prangen.« Neben Gärtner war auch Johann Martin von Wagner, der Antikenkenner und Agent für die Kunstkäufe des Königs, an der Planung beteiligt. Nach Gärtners Tod 1847 brachte Eduard Metzger den Torbau weiter voran. 1852 schenkte König Ludwig I. das »Dem Bayerischen Heere« gewidmete Siegestor der

Stadt München, mit der ausdrücklichen Verfügung, die
Bavaria und ihre bronzene Löwenquadriga habe immer
stadtauswärts gerichtet zu bleiben.

Der dreibogige 21 m hohe, 24 m breite und 12 m tiefe
Torbau wurde aus Backstein errichtet und mit Kelheimer
Kalksteinblöcken verkleidet. Die seitlichen Säulen sind
mit korinthischen Kapitellen den Säulen im römischen
Pantheon nachgebildet. Die kriegerischen Szenen in den
Rechteckfeldern zeigen keine bestimmten historischen
Szenen, in den Medaillons sind Allegorien der bayerischen
Regierungsbezirke zu sehen. Die Szenen hat ebenso wie
die Viktorien auf den Kapitellen der jeweils vier vorge-
stellten Säulen Johann Martin von Wagner entworfen und
in Gipsmodellen gestaltet, ebenso auch das Modell für die
Quadriga und die Bavaria-Figur.

1944 traf eine Bombe das Siegestor. Ein Jahr später,
nachdem die US-Armee München befreit hatte, beschlossen die Verantwortlichen den Abbruch der einsturzgefähr-
deten Ruine. Das Siegestor blieb jedoch nach Einspruch
des US-Offiziers Eugene Keller erhalten und wurde bis
1958 restauriert. Durch die neue Inschrift zur Ludwigstraße hin: »Dem Sieg geweiht, vom Krieg zerstört, zum
Frieden mahnend«, ist das Siegestor zum Mahnmal geworden.

Akademie der Bildenden Künste (II, E3; Akademie-
straße 2): Schlossartig steht die Akademie der Bildenden
Künste dem Siegestor zur Seite, in Nachbarschaft zur
Universität. Erst 1885, lange nach der Übersiedlung der
Ludwig-Maximilians-Universität 1826 von Landshut in
die Residenzstadt, erhielt die Stadt einen hinreichend großen Neubau für ihre Kunstakademie.

Zuvor wurden Räume bei der Alten Akademie im ehemaligen Jesuitenkolleg in der Neuhauser Straße genutzt,
zeitweise waren auch im Glaspalast Ateliers untergebracht. Seit 1770 hatte München eine staatliche Kunst-
schule, seit 1808 gab es die ›Königliche Akademie der Bil-

denden Künste‹. Aber erst in den 1870er-Jahren fiel die Entscheidung für den günstigen Standort am Rande Schwabings, da die Baukosten nach dem deutsch-französischen Krieg 1870/71 zum Teil aus Reparationszahlungen Frankreichs finanziert werden konnten.

Ein Jahrzehnt, von 1876 bis 1885, dauerten die Bauarbeiten. Architekt war der Mannheimer Gottfried von Neureuther, der an der Münchner Akademie studiert hatte und Professor an der neuorganisierten Technischen Hochschule war. Die U-förmige, achsensymmetrische Anlage im Neorenaissancestil umfängt mit ihren vergleichsweise kurzen Seitenflügeln den großzügigen Ehrenhof und den ansteigenden Doppelbogen der großräumigen Auffahrt. Im ersten Jahrzehnt des 20. Jh.s wurde die Aula nach einem Entwurf von Friedrich von Thiersch hinzugefügt. Nach den Zerstörungen des Zweiten Weltkriegs wurde im historisierenden Stil Neureuthers, aber vereinfacht wiederaufgebaut.

In den 1990er-Jahren führte akuter Raummangel zum Beschluss eines Anbaus. Den international ausgeschriebenen Wettbewerb dafür gewann das Wiener Büro Coop Himmelb(l)au. Dessen 2005 vollendeter Baukörper passt sich in Höhe und Tiefe Neureuthers Bau an. Zugleich konfrontiert er dessen Neorenaissance in der luxuriösen lichten Eingangshalle entschieden mit einer futuristischen, scheinbar willkürlichen Architektur aus schlanken, schräg gestellten Säulen, überraschenden Überführungen und Wandabdeckungen aus aufgeschraubten Metallplatten. Da gleichzeitig der historische Baukörper von Grund auf renoviert wurde, ist eine reizvolle Verschwisterung konträrer Architekturen entstanden. Auf der einen Seite steht die selbstgewisse Repräsentation, aber auch der ermüdend vielfach durchgespielte Dekor des gründerzeitlichen Europas aus dem Ende des 19. Jh.s, auf der anderen Seite die Phantasie, mit den Elementen der Architektur ein freies Spiel der Kräfte zu imaginieren.

Das ursprüngliche Lehr- und Studierfeld der Akademie hat sich seit den Jahren Wilhelm von Kaulbachs, ab 1886 hier Direktor, und Franz von Stucks, ab 1895 Professor, erheblich erweitert. Zu den Aufgabenstellungen in Malerei und Skulptur sind Goldschmiedekunst, Keramik und Textilien, Kunsterziehung für das Lehramt an Gymnasien, Innenarchitektur und auch Bildende Kunst und Therapie gekommen. Zum 200-Jahr-Jubiläum 2008 fanden Gesprächsforen, Vorträge, Ausstellungen in vier Münchner Museen und wieder die Jahresausstellung der Studierenden statt.

Alter Nordfriedhof (II, D3; Arcisstraße 16): Der Nordfriedhof wurde 1866–69 als Erweiterung des Schwabinger Friedhofs an der heutigen Ungererstraße, damals Freisinger Landstraße, für die Katholiken dreier Pfarreien angelegt. Auf einem abgegrenzten Bereich durften auch evangelische Christen beerdigt werden. Der ›Leichenacker‹ wurde damals als »ebenso abschreckender wie gesundheitsschädlicher Ort« bezeichnet, die *Münchner Neuesten Nachrichten* fürchteten das Schlimmste für die Umgebung und ihre Zukunft, für die Luft und das Grundwasser.

Grabsteine und Grabmonumente erinnern an Universitätsprofessoren und Ingenieure, an Bankiers und Industrielle, an Theaterleute, Maler und Schriftsteller der besten Gesellschaftskreise. Mancher Name ist bis heute ein Begriff, wie Krauss und Maffei, die Münchner Lokomotivenkönige, deren Firmen sich 1931 zur Krauss-Maffei AG zusammenschlossen, wie Carl Thieme, der die weltweit agierende Münchner Rückversicherung ins Leben rief, wie Rudolf Oldenbourg, der seit 1858 den Oldenbourg Verlag mit technischen und naturwissenschaftlichen Fachpublikationen und auch mit Schulbüchern aufbaute. Gottfried Neureuther, Architekt der Technischen Universität und der Münchner Kunstakademie, liegt hier begraben, ebenso Lucile Grahn-Young, die dänische Tänzerin, die 1870–76 das Ballett des Nationaltheaters leitete, und jener Ludwig Steub, den der frischgekürte Wittelsbacher Griechenkönig

Otto 1834 als ›Regentschaftssekretär‹ wählte, ihn aber so wenig beschäftigte, dass Steub nach nur zwei Jahren nach Bayern zurückkehrte und zum vielgelesenen Reisebuchautor und Völkerkundler speziell für die Alpen wurde. Hermann Ritter von Lingg gehörte zum Münchner Dichterkreis und begeisterte seine Leser mit *Vaterländischen Balladen und Gesängen* (1868) und *Byzantinischen Novellen* (1881). Eine Rarität ist das Künstlergrab, das vom Münchner Künstlerunterstützungsverein für 14 zwischen 1883 und 1904 Verstorbene gestiftet wurde.

Auf dem nur 4,5 Hektar umfassenden, vollständig ummauerten Friedhof, der heute zum Stadtbezirk Maxvorstadt gehört, fanden 1939 die letzten Bestattungen statt. Im Zweiten Weltkrieg wurden Aussegnungshalle und Kapelle zerstört und danach abgeräumt. Unter Hans Döllgasts Leitung wurde der Friedhof 1954/55 restauriert. Etwa 700 Gräber sind noch erhalten. Seit 1976 steht der gesamte Friedhof als Ensemble unter Schutz.

Neue Pinakothek (II D3; Barer Straße 29): »Als Luxus darf die Kunst nicht betrachtet werden, in allem drücke sie sich aus, sie gehe über ins Leben, nur dann ist, was sein soll.« Nicht aus der Reform-Ära von *art nouveau* und Jugendstil stammt das Zitat, sondern von König Ludwig I., anlässlich der Eröffnung seiner zweiten Pinakothek, der ›Neuen Pinakothek‹, 1853. Der lebenslang kunstbegeisterte König nahm damit Einsichten vorweg, die sich erst ein halbes Jahrhundert später auszubreiten begannen. Den Grundstein zur Neuen Pinakothek legte der sechzigjährige König Ludwig I. 1846. Er finanzierte sie auf eigene Kosten und öffnete sie dem Publikum. Friedrich von Gärtner und August von Voith hatten in »schlicht romanischen Motiven« einen langgestreckten Kubus erbaut, dessen Fassade im Oberstock mit riesigen Wandbildern nach Entwürfen von Wilhelm von Kaulbach überzogen war. Durch Winter und Wetter zerstört, hinterließen sie allerdings später nur »trostlos kahle Flächen«.

Die Gemäldesammlung der Wittelsbacher, von Ludwig I. stark um Werke der altdeutschen und zeitgenössischen Kunst vermehrt, steigerte weithin das Ansehen der ›Kunststadt München‹. Zu der frommen und farbenfrohen Malerei der Deutschrömer und Nazarener kamen Werke von Karl Spitzweg und Ferdinand Georg Waldmüller, später von Franz von Stuck und Hans von Marées, zur ›Teutschen Kunst‹ unter anderen auch Werke der Schweizer Giovanni Segantini und Arnold Böcklin und des Belgiers Fernand Khnopff. Dem Schweizer Kunsthistoriker Hugo von Tschudi verdankt die Neue Pinakothek eine der schönsten Sammlungen französischer Kunst des späten 19. Jh.s. Tschudi, zunächst Direktor der Berliner Nationalgalerie, kam, enttäuscht von der wilhelminischen Kunstpolitik, nach München und wurde hier 1909 Direktor des königlichen Privatmuseums ›Neue Pinakothek‹. Etliche der von ihm für Berlin und München bestimmten Werke von Paul Gauguin, Edouard Manet und Vincent van Gogh gelangten auf diese Weise als so genannte ›Tschudi-Spende‹ in den Besitz der Pinakothek – nach Tschudis Tod 1911. Sponsoren schlossen die Finanzierungslücken, sodass schließlich die Ankaufskommission zustimmte.

Im Ersten Weltkrieg ging das königliche Privatmuseum in Staatseigentum über, für die zeitgenössischen Werke wurde die ›Neue Staatsgalerie‹ (später ›Staatsgalerie für moderne Kunst‹) eingerichtet. 1944 brannte die leergeräumte Neue Pinakothek aus, die Ruine wurde 1949 abgeräumt. Erst 1966 kam es zu einem Ideenwettbewerb für den Neubau, den Alexander von Branca gewann. Da nachträglich die Direktionsräume der Bayerischen Staatsgemäldesammlungen, das Doerner-Institut (Forschungsinstitut für Bildende Kunst), Werkstätten und das Museumspädagogische Zentrum in das Raumprogramm noch mit aufgenommen werden sollten, waren immer wieder neue Planungen erforderlich, sodass der Bau erst 1981 eröffnet werden konnte.

Brancas architektonisches Konzept gegen den »Schematismus der Moderne«, sein Entschluss, »den Schritt aus der Unverbindlichkeit [des nur Funktionellen] heraus zu tun«, stammt bereits aus den 1960er-Jahren. Portal und Eingangshalle präsentieren sich als große architektonische Geste. Der »Rechtwinkel-Ideologie« bietet die historische Rundbogenform der Fensteröffnungen allerorten Kontra. Die kupferverblendeten Erker, die Arkaden und schrägwinkligen Aufgänge erscheinen wie Mittelalterzitate. Doch die Raumdimensionen harmonieren mit den Bildformaten, die gestalterische Vielfalt der um zwei Innenhöfe angeordneten Ausstellungsräume wirkt festlich. Abgestufte Ebenen kommen der Hängung der Bilder entgegen und ermöglichen Atempausen zwischen den Stilen und Epochen des europäischen 19. Jh.s.

Der Zeitrahmen der ausgestellten Werke reicht von 1780 mit Francisco de Goya und Thomas Gainsborough bis in die ersten Jahrzehnte des 20. Jh.s, bis zu Ferdinand Hodler und Max Slevogt. Vertreten sind in der europäischen Kunst vor und um 1800 William Hogarth und William Turner, Raphael Mengs und Antonio Canova, in der Frühromantik Karl Blechen, Carl Rottmann und Caspar David Friedrich, auch Domenico Quaglio, unter den Nazarenern Peter von Cornelius, Friedrich Olivier, Rudolf Schadow und Bertel Thorwaldsen, unter den französischen und deutschen Spätromantikern und Realisten Eugène Delacroix, Théodore Rousseau, Théodore Chasseriau, Gustave Courbet, Carl Spitzweg, Louis Ferdinand von Rayski, Adolph von Menzel, unter den Impressionisten und ihren Zeitgenossen Edgar Degas, Édouard Manet und Aristide Maillol, im Symbolismus und Jugendstil James Ensor, Franz von Stuck, Fernand Khnopff, Ferdinand Hodler, Max Klinger und Gustav Klimt.

Achtgeschossiges Wohnhaus (Theresienstraße 46–48): 1950 eine architektonische Sensation, fällt das Wohnhaus heute weder durch seine Höhe auf noch mit der dichten Rei-

hung der fast 80 Balkone und schon gar nicht mit den vom
Boden bis zur Decke verglasten Fenstertüren und Fenstern.
Damals, zwei Jahre nach der Währungsreform und noch im
Frühstadium des sogenannten Wirtschaftswunders, wurde
dieses Hochhaus als »Beginn einer zeitgemäßeren städtebau-
lichen Ordnung in München« begrüßt. Frei von historischen
Reminiszenzen vermittelte der moderne Bau mit Wohnungen von 50 bis 60 qm Nutzfläche ein völlig neues Wohnge-
fühl. Der Architekt, der gebürtige Münchner Sep Ruf, lehrte
1947–53 an der Nürnberger Akademie der bildenden Künste
Architektur, ebenso in München an der Akademie der bildenden Künste, deren Präsident er 1957–60 war. 1949 hatte
ihn in Nürnberg der ›Verein zur Behebung der Wohnungs-
not‹ mit dem Neubau an der großenteils kriegszerstörten
Theresienstraße betraut.

Museum Brandhorst (II D4; Theresienstraße 35a): Bei
zwei konträren Museumsentwürfen hatte 2005 die Jury im
Wettbewerb um den Neubau für die Stiftung des Kölner
Sammlers Udo Brandhorst zu entscheiden: zwischen dem
spektakulär eigenwilligen Modell der Architektin Zaha
Hadid (London) und dem klar in zwei Kuben gegliederten Entwurf des Berliner Büros Sauerbruch Hutton, auf
das die Wahl fiel. Langgestreckt schließt der Bau an der
Türkenstraße sich nun dem Grundstück der Pinakothek
der Moderne an und endet an der Theresienstraße in einem etwas höheren Kopfbau. Das Raumprogramm bietet
3200 qm Ausstellungsfläche auf drei Ebenen (Unter-, Erd-
und Obergeschoss), teils in Räumen für große Formate,
insgesamt aber in einem Raumprogramm von intimer At-
mosphäre, dem Charakter einer Privatsammlung entsprechend. Farbig originell ist die Fassadenarchitektur. Ihr
mehrschichtig aufgetragenes Material reagiert auf Licht,
zeigt sich wechselnd als feiner vielfarbiger Teppich oder
auch als monochrome Fläche – ein unübersehbarer, in seiner Buntheit heiterer Akzent in der Architektur der
Münchner Museumsmeile, gleichzeitig eine künstlerische

Antwort auf den Farbzauber Weißblau/Weißrot der ›Allianz Arena‹ von Herzog und de Meuron.

Mit der Sammlung von Udo und Anette Brandhorst gewinnt Münchens Kunstszene etwa 700 Werke aus der zweiten Hälfte des 20. Jh.s und jüngster Vergangenheit, darunter ›Malerbücher‹ Picassos sowie Werke von Andy Warhol, Cy Twombly, Sigmar Polke und Damien Hirst. Für das ›Kunstareal Maxvorstadt‹ sind sie eine willkommene Ergänzung der drei Pinakotheken. Zugleich ist der Museumsbau mit seiner energiesparend eingesetzten Klimatisierung mit der sogenannten ›Bauleitaktivierung‹ ganz auf der Höhe der Zeit.

Pinakothek der Moderne (II D4; Barerstraße 40): Der markante weiße Rechteck-Kubus der ›Pinakothek der Moderne‹ hebt sich in nächster Nachbarschaft der Alten und der Neuen Pinakothek selbstbewusst und klar von den Bauten Leo von Klenzes und Alexander von Brancas ab. Der Münchner Architekt Stefan Braunfels war 1992 im Architekten-Wettbewerb zum Preisträger gekürt worden. 2002 wurde der Bau eröffnet, nachdem Spenden von Mäzenen, Firmen und Bürgern zur staatlichen Finanzierung beigetragen hatten.

Die inhaltliche Herausforderung dieses größten deutschen Museumsbaus für moderne Kunst war außerordentlich. Ursprünglich war ein Neubau für die Staatsgalerie moderner Kunst gefordert, die nach dem Zweiten Weltkrieg jahrzehntelang im Haus der Kunst, anfangs gemeinsam mit den Werken der Neuen Pinakothek untergebracht war. Nach deren Umzug in das neue Gebäude Alexander von Brancas wurde die Staatsgalerie moderner Kunst 1980/81 neu gegründet, hatte ihren Platz aber weiter im Haus der Kunst.

Das erweiterte Konzept des Neubaus sah jedoch noch drei andere Sammlungen unter dem gleichen Dach vor:
– die Staatliche Graphische Sammlung (zuvor im ›Haus der Kulturinstitute‹ in der Meiserstraße);

2002 eröffnete die Pinakothek der Moderne –
nah der Alten Pinakothek

– die Neue Sammlung für Design und Angewandte Kunst
(zuvor in der Prinzregentenstraße);
– das Architekturmuseum der Technischen Universität.

Eine besondere Herausforderung an den Architekten
bestand zudem in der städtebaulich exponierten Lage zwischen Innenstadt und den beiden älteren Pinakotheken.
Braunfels fand mit der zentralen, 25 Meter hohen Rotunde und der diagonalen Passage eine zukunftsweisende Lösung, die den Bau sowohl zur Altstadt wie zu den älteren Pinakotheken öffnet. Die Passage ist öffentlich, nicht
nur für Museumsbesucher benutzbar. Solche weitsichtigen
Lösungen finden sich auch an anderer Stelle. Die Treppen
in den doppelschaligen, lichtdurchfluteten Rotundenwän-
den führen zum hellen Umgang der Skulpturengalerie im
Kuppelraum hinauf und lassen zugleich den Blick in die
Eingangshalle frei. Die langgestreckten Höfe sind so angelegt, dass sie bei weiterem Ausbau künftig zu Innenhöfen

werden können. Ein lichtes Museumscafé und ein geräumiger Museumsladen ermöglichen Pausen zwischen den Rundgängen durch das Viersparten-Museum, zu Veranstaltungen lädt auch ein Vortrags- und Kinosaal.

Erster Blickfang von der Rotunde aus ist hinter wandhohen Glasflächen die Präsentation berühmter Automobildesign-Beispiele seit dem frühen 20. Jh. Die 1925 gegründete Abteilung für Gewerbekunst des Bayerischen Nationalmuseums hatte ihre Wurzeln beim Deutschen Werkbund, wurde 1981 eigenständiges Museum und zog 2002 ins Untergeschoss der Neuen Pinakothek. Die Fülle der Objekte von Keramik, Porzellan und Möbeln bis hin zu den Geräten medialer Kommunikation ergibt einen spannungsvollen Weg durch die historische Entwicklung.

Die **Staatsgalerie Moderner Kunst** geht in ihrer Gründungszeit auf die Ära des Expressionismus, der abstrakten Kunst und des Kubismus zurück. Sie wurde als ›Neue Staatsgalerie‹ 1919 von den Sammlungen der Neuen Pinakothek gelöst und konnte in das Ausstellungsgebäude am Königsplatz vis-à-vis der Glyptothek einziehen. Hitlers Kunstpolitik hinterließ große Lücken, denen nach 1945 umfangreiche Stiftungen und Schenkungen gegenüberstehen. Mit der ersten großen Stiftung, der ›Sammlung Sofie und Emanuel Fohn‹ (1964), kamen Werke von Oskar Kokoschka, Franz Marc und August Macke zurück nach München, die von dem Sammlerpaar aus dem beim internationalen Verkauf in Berlin übriggebliebenen Bestand gerettet worden waren. Die späteren Stiftungen, vor allem von Theodor und Woty Werner (1972, Pablo Picasso, Paul Klee), Günter Franke (1974, Max Beckmann) und Theodor Wormland (1984, Surrealisten), prägen die Staatsgalerie Moderner Kunst bis heute. Der Zuwachs an Weltkunstwerken jüngerer Jahrzehnte ist beträchtlich und wird von US-Amerikanern und Deutschen dominiert: Joseph Beuys, Gerhard Richter, Sigmar Polke und Neo Rauch, zudem George Segal, Andy Warhol, Jasper Johns und Dan Flavin. Vertreter anderer Nationen sind u. a. Lucio Fontana und Fernando Botero. Wechselnde Ausstellungen zeigen Werke u. a. asiatischer und afrikanischer Künstler, die in der Dauerausstellung kaum Platz haben.

Bedauerlich bleibt, dass der im Rahmen der Pinakothek der Moderne verheißene Neubau für die Staatliche Graphische Sammlung noch immer fehlt, zählt sie doch mit ihren über 400 000 Exponaten der Druckgrafik und Zeichenkunst vom 15. Jh. bis zur Gegenwart zu den bedeutendsten Sammlungen der Welt. Nachdem sie bis 1944 in der Neuen Pinakothek beheimatet war, wurde sie seit 1949 in dem ehemaligen Verwaltungsgebäude der NSDAP, heute ›Haus der Kulturinstitute‹ in der Meiserstraße untergebracht. Auch die Pinakothek der Moderne kann die ursprünglich geplante Abteilung für die Graphische Sammlung bislang nicht realisieren und nur kleinere Graphik-Ausstellungen ermöglichen.

Alte Pinakothek (II D4; Barer Straße 27): Am Geburtstag Raffaels, am 7. April 1826, legte König Ludwig I. den Grundstein für die Alte Pinakothek. Das Gelände nordöstlich vom Königsplatz, das nach etlichen anderen Standorten 1823 sein Vater Maximilian I. Joseph erworben hatte, war unbebaut und bot Raum für ein großes Ensemble künftiger Kulturbauten. Der Museumsbau war schon lange notwendig geworden, da die Familie der Wittelsbacher enorm viele Gemälde besaß, von denen die Hofgarten-Galerie nur einen kleinen Teil zeigen konnte. Der Standort erschien kühn, denn König Ludwig I. wollte nicht in der Stadt, sondern vor ihren Toren für den Bilderschatz die Pinakothek (*pinakes* ›Gemälde‹, *theke* ›Aufbewahrungsort‹) bauen. ›Alte Pinakothek‹ heißt sie erst seit 1853, als Friedrich von Gärtners ›Neue Pinakothek‹ den Besuchern geöffnet wurde.

Leo von Klenze, seit 1815 Hofbaumeister, gelang es, 1823 seinen Entwurf gegen den von Georg Dillis, Direktor der Hofgartengalerie, durchzusetzen. Von der italieni-

schen Renaissance inspiriert, baute Klenze einen 150 m
langen zweistöckigen Block mit einer aufgesetzten hohen
Attika (1943/44 zerstört, heute Satteldach). Nicht nur die
wichtigsten Ausstellungsräume im Obergeschoss, sondern
auch viele andere Räume sollten ganztägig Nordlicht be-
kommen. An die Fassade nach Süden setzte Klenze Skulpturen von Michelangelo, Dürer und 22 anderen Meistern,
deren Statuen Ludwig Schwanthaler entwarf. Rundbogen-
fenster und vorgesetzte Säulen am Obergeschoss struktu-
rierten die unverputzte monumentale Fassade. »Einen so
langgezogenen Bau ohne vortretendes Mittelstück herzustellen, ohne dabei langweilig zu werden, bleibt immer ein
Meisterstück der Proportionskunst«, rühmte der 1912 von
Berlin nach München berufene Kunsthistoriker Heinrich
Wölfflin.

War der Haupteingang ursprünglich an der Schmalseite
zur Barer Straße hin angelegt, ergab sich beim Wiederaufbau (1954–64) der im Krieg ausgebrannten Ruine der
Zugang von Norden und damit der Verzicht auf die ge-
genläufige Treppenanlage im Südosten. Das schmale Trep-
pengehäuse an der Südseite von Hans Döllgast ist frei von
allem Malerischen und Skulpturalen der Klenze-Ära. Feierlich nüchtern wirken die beiden spiegelbildlich aufsteigenden Treppen wie auch die Ausstellungssäle, denen der
Dekor des 19. Jh.s genommen wurde.

König Ludwig I., der wohl konsequenteste Sammler
unter den Wittelsbachern, ließ erstmals in großem Stil aus-
stellen, was seine Vorgänger in ihren Residenzen zusam-
mengetragen hatten. Von Herzog Wilhelm IV. in Auftrag
gegebene Historienbilder, die Sammlungen des Dürer-Be-
wunderers Kurfürst Maximilian I., die niederländischen
Meister, die sein Enkel Maximilian Emanuel für so teures
Geld eingehandelt hatte, dass sie erst 1774, lange nach seinem Tod, abbezahlt waren – diesem einmaligen Kunst-
schatz fügte Ludwig I. die italienischen Präraffaeliten und
die reiche Sammlung der Brüder Boisserée hinzu. Seither

sind konsequent Werke hinzugekommen und angekauft
worden, europäische Kunst vom Mittelalter bis ins späte
18. Jh. Kostbarste Höhepunkte sind der berühmte Ru-
benssaal, Rogier van der Weydens Columba-Altar, Albrecht Altdorfers *Alexanderschlacht*, Hauptwerke von
Raffael, Tizian und Rembrandt.

**Hochschule für Musik und Theater / ehemaliger
›Führerbau‹** (II, D4; Arcisstraße 12): Adolf Hitler nutzte
den von König Ludwig I. und seinen Architekten geschaffenen ›Königsplatz‹ für propagandistische Aufmärsche.
Die ›Ehrentempel‹, die Hitler für die sechzehn Toten seines ›Marsches zur Feldherrnhalle‹ an der Brienner Straße
1933–35 am Ostrand des Königsplatzes errichten ließ
(Entwurf: Paul Troost), wurden 1947 abgerissen. Dies ge-
schah auf Anweisung vom Oberbefehlshaber der US-Be-
satzungstruppen in Deutschland, Dwight D. Eisenhower,
dennoch mit einiger Verzögerung. Die 1943/44 zerstörten
Museen des Königsplatzes, die Glyptothek und die Antikensammlung, wurden wieder aufgebaut, die Platzfläche
jedoch lange als Parkplatzareal benutzt und erst 1986–88
wieder begrünt.

Anfang der 1930er-Jahre waren zugunsten der NS-Bauten die Eigner der Privathäuser an Arcis- und Meisterstra-
ße zum Verkauf genötigt und ihre zumeist aus dem
19. Jh. stammenden Villen abgerissen worden. Dazu zählt
auch das Haus der Familie Pringsheim, das Thomas
Manns Schwiegereltern ein halbes Jahrhundert lang bewohnt hatten. Das Ehepaar Pringsheim verarmte und
konnte sich erst 1939 mit der Hilfe von Freunden in die
Schweiz retten, wo der Mathematiker, Musikfreund und
mäzenatische Kunstsammler Alfred Pringsheim 1941 ein-
undneunzigjährig verstarb. Auch er erlebte noch die
Folgen der ›Münchner Konferenz‹, die Ende September/
Anfang Oktober 1938 im ›Führerbau‹ stattfand. Auf ver-
hängnisvolle Weise gelang es Hitler, vor aller Welt die Re-
gierenden der europäischen Mächte Großbritannien und

Frankreich zu Zugeständnissen in Bezug auf die Tsche-
choslowakei und Polen zu bewegen und sie zugleich über
seine wahren Absichten zu täuschen. Damit gewann der
Diktator Zeit, seine ›Blitzkriege‹ vorzubereiten.

Fast unbeschädigt haben die NS-Bauten östlich des Königsplatzes an Arcis- und Meiserstraße den Zweiten Weltkrieg überdauert. Beide entstanden auf Hitlers Weisung
bereits 1933/34: nördlich der ›Führerbau‹, Münchner Amtssitz und Residenz Hitlers, 1945 Hauptquartier der US-Besatzung, heute Hochschule für Musik und Theater; südlich
der ›Verwaltungsbau der NSDAP‹, später als ›Haus der
Kulturinstitute‹ von der Staatlichen Graphischen Sammlung, dem Museum für Abgüsse Klassischer Bildwerke,
zwei Instituten der Ludwig-Maximilians-Universität und
dem Zentralinstitut für Kunstgeschichte genutzt. Die beiden langgestreckten Zwillingsgebäude wurden wie das
›Haus der Deutschen Kunst‹ von Paul Ludwig Troost entworfen.

Troost, Jahrgang 1878, war schon als 19-Jähriger ein Mitarbeiter von Martin Dülfer, dem führenden Architekten des
Münchner Jugendstils, dann bei den ›Vereinigten Werkstätten für Kunst im Handwerk‹ tätig. Seit 1903 arbeitete
Troost als selbständiger Architekt und entwarf auch Innen-
einrichtungen für die Luxusdampfer des Norddeutschen
Lloyd. Mit Hitler befreundet und dessen bevorzugter Architekt, arbeitete er seit 1931 für die NSDAP. Als Troost
1934 starb, übernahm Albert Speer dessen Aufgaben.

Den Machtanspruch des Regimes symbolisieren die beiden langgestreckten Bauten am Königsplatz bereits mit ihrer
Größe, die den Museen König Ludwigs I. am Königsplatz
nur noch eine untergeordnete Rolle zuweist. Troosts architektonische Herrschaftsgeste der hohen Pfeiler-Portale, die
den Kalksteinfassaden mit Balkonen vorgestellt sind, wurde
durch die großdimensionierten Bronzeadler samt Haken-
kreuzen unter dem Dachgesims noch gesteigert. Architektonisch knüpft Troosts Neoklassizismus mit dem Fenster-

wechsel von Rundbögen und Rechtecken an die Bauten der Ludwigstraße an, die allerdings ohne Machtsymbole auskommen. Nach Troosts frühem Tod führte Leonhard Gall die Arbeit fort, Troosts Witwe Geerdy Troost sorgte für die Innenausstattung. Im Innern des ›Führerbaus‹ waren zwei glasüberdachte Lichthöfe mit Treppenaufgängen, eine 60 Meter lange Wandelhalle und eine Wohnhalle angelegt. Der äußerlich gleiche ›Verwaltungsbau‹ der NSDAP an der Meiserstraße war Parteizentrum der NSDAP, die ihre Büros auch in etwa 50 anderen Gebäuden in der Nachbarschaft hatte. Ein Tunnelsystem mit ein- und zweigeschossigen Schutzkellern, das zum Teil bis heute erhalten ist, verband die NS-Amtsstellen um den Königsplatz.

Die US-Armee übernahm 1945 den ›Führerbau‹ und ließ dort auch Hunderte von geraubten Gemälden lagern. Nach 1947 zog hier das ›Amerika-Haus‹ übergangsweise ein, bis es 1957 in den Neubau am Karolinenplatz wechseln konnte, wo zu diesem Zweck das neobarocke, in seiner Bausubstanz erhaltene Lotzbeck-Palais abgerissen wurde. Seinen Namen hat es vom ersten Bewohner, Carl von Lotzbeck. 2008 wurde für das seit langem diskutierte Münchner ›NS-Dokumentationszentrum‹ dieses Grundstück des ehemaligen ›Braunen Hauses‹ bestimmt (Briennerstraße 45), nah dem Karolinenplatz (zuvor Palais Barlow, benannt nach dem britischen Großindustriellen Richard Barlow, der es 1876–82 bewohnt hatte). Hitler hatte 1930 das ein Jahrhundert zuvor von Jean-Baptiste Métivier errichtete Palais erworben und nach seinen Vorstellungen von Paul Ludwig Troost zur Zentrale der NSDAP umbauen lassen. 1947 wurde die Ruine abgerissen. 50 Architekturbüros wurden 2008 zum Wettbewerb um das ›Dokumentationszentrum‹ eingeladen.

Königsplatz – Museen und Propyläen (II C4): Fast lebenslang setzte sich König Ludwig I. mit der Gestaltung dieses Platzareals auseinander. Keine anderen Münchner Bauwerke bezeugen so dominant Ludwigs Neigung zum

Der Königsplatz mit Blick an der Glyptothek (rechts) vorbei
zu den Propyläen

klassischen Griechenland und geben der halb bewundern-
den, halb ironischen Bezeichnung ›Isar-Athen‹ so an-
schaulich Bestätigung.

1807/08, als Bayern zum Königreich avanciert war, verfolgte König Maximilian I. Joseph noch völlig andere Pläne mit der Platzgestaltung im Bereich der neuen Ausfall-
straße nach Nymphenburg: für den runden Karolinenplatz, den rechteckigen Königsplatz und den runden
Stiglmaierplatz. Die Militärkommission stellte sich den
Königsplatz von einer Kadettenschule, einer Garnisons-
kirche und einem Invalidenheim umstellt vor.

Als Kronprinz Ludwig 1812 das Grundstück für die künftige **Glyptothek** (griech. *glypton* ›Plastik‹) erwarb, war er bereits begeisterter Sammler antiker Kunst. Allein der Ankauf des *Barberinischen Fauns*, einer griechischen Marmorstatue aus dem 3. Jh. v. Chr., die bis heute ein Glanzstück der Antikensammlung ist, kostete 70 000 Gulden. Ludwig gewann den fast gleichaltrigen Leo von Klenze – geboren in Schladen am Harz – als Hofarchitekten. Dieser hatte sich an dem 1814 international ausgeschriebenen Wettbewerb um den Bau der Glyptothek beteiligt und fand dann mit seinem Entwurf eines Vierflügelbaus um einen quadratischen Innenhof die Zustimmung des Königs. 1816 wurde bereits der Grundstein gelegt. Mit der Aufstellung der berühmten Metopen-Figuren des Aphaia-Tempels von der Insel Ägina wurde der Bau 1828 eröffnet, für das Publikum 1830 offiziell zugänglich gemacht. Die feierliche Struktur der acht ionischen Säulen unter dem tempelähnlichen Giebeldreieck und die sparsam gesetzten Rundbogennischen der fensterlosen Frontfassade dominieren den Königsplatz. Klarheit und Einfachheit bestimmen auch die Vorhalle und die dreizehn Säle. König Ludwig I. ließ Wände und Kuppeln reich und farbig schmücken. Das Giebelfeld füllt nach Ideen Klenzes und des rastlosen Kunstagenten Johann Martin von Wagner eine Gruppe *Die Göttin Athene lehrt Bildhauer*.

Nach den schweren Schäden aus dem Zweiten Weltkrieg kam die Restaurierung erst 1972 zum Abschluss. Die zerstörten Wandbilder von Peter Cornelius, im Inneren der reiche Deckenstuck, die vergoldeten Reliefornamente und Klenzes farbiger Marmor wurden nicht wiederhergestellt. Heute lassen sichtbares Ziegelmauerwerk, freigelegte Kuppelschalen und größere Fenster Klenzes Räume deutlich heller und moderner wirken. Wichtigste Werke sind die antiken griechischen Jünglingsfiguren, römische Kopien griechischer Göttergestalten, Grabmonumente, römische Sarkophage und der Kampf der Griechen und

Trojaner, dargestellt in den erwähnten Giebelfiguren des Aphaia-Tempels. Der Däne Bertel Thorvaldsen hatte die beschädigten Skulpturen ergänzt, nach dem Zweiten Weltkrieg wurden die ursprünglich biedermeierlichen Ergänzungen wieder abgenommen, da sie dem antiken Zustand nicht hinreichend nahekamen.

Das gegenüberstehende Gebäude an der Südseite des Königsplatzes, die **Staatliche Antikensammlung**, zeigt auf den ersten Blick eine der Glyptothek entsprechende Fassade. Allerdings ist die Vertikale hier stärker betont, durch flache Pilaster, die statt der Rundbogennischen die Fassade gliedern. Eine große Freitreppe empfängt die Besucher. Etliche Alternativen, von einer Kirche über ein Denkmal für die bayerische Armee bis zu einer Staatsbibliothek, waren diskutiert und verworfen worden. Erst 1838 entschied sich König Ludwig I. für ein ›Kunst- und Industrie-Ausstellungsgebäude‹, das der ›Förderung der Künste und Gewerbe in Bayern‹ dienen sollte. Zugleich ließ er das Kloster und die Basilika auf dem südlich angrenzenden Grundstück errichten. Bei aller Begeisterung für die griechische Antike unterstützte er die katholische Kirche und Mönchsorden.

Den Auftrag zum Bau dieses zweiten Museums am Königsplatz erhielt 1838 Georg Friedrich Ziebland nach Entwürfen von Leo von Klenze. Trotz der Fassadenähnlichkeit ist der Bau deutlich kleiner als die Glyptothek. Das ›Ausstellungsgebäude‹ wurde 1845 vollendet, seit 1869 aber als Museum antiker Kleinkunst genutzt (›Königliches Antiquarium‹). Später diente es als ›Haus der Münchener Secession‹ (1898–1916), dann 1919 als ›Neue Staatsgalerie‹. Der Krieg ließ fast nur die korinthischen Säulen des Portikus stehen. Seit dem modernisierenden Wiederaufbau mit Muschelkalkwänden im Inneren (1959–67) enthält das Museum die ›Staatlichen Antikensammlungen‹, etruskischen Goldschmuck, Silber- und Vasenkunst in Sammlererwerbungen von der Kunstkammer Herzog Albrechts I.

bis zu Stiftungen des 20. Jh.s. Zusammen mit den Exponaten der Glyptothek sind die Sammlungen antiker Vasen am Königsplatz nach dem Louvre und dem Britischen Museum die reichsten weltweit.

Das optisch platzbeherrschende Torgebäude der **Propyläen** (*Torhalle*) ist das jüngste der drei Königsplatz-Bauten. Geplant bereits in Ludwigs Jugendjahren 1817 mit Standorten auf dem Isarhochufer bis zum Nordende der Ludwigstraße, wo dann das Siegestor entstand, wurde der Torbau schließlich kurz vor König Ludwigs I. Abdankung 1848 für die Westseite des Königsplatzes beschlossen, so wie es schon 30 Jahre zuvor Leo von Klenze empfohlen hatte. 1854 begonnen, wurde es 1862 eingeweiht und der Stadt übereignet. Der Philhellenen-Enthusiasmus dauerte auch noch Jahrzehnte nach der Befreiung Griechenlands von osmanischer Herrschaft (1828–29) an. Mit den griechisch-ägyptisch inspirierten Propyläen setzte Ludwig I. den Freiheitskämpfern ein Denkmal. Ludwig von Schwanthalers Giebelfiguren zeigen Szenen des Freiheitskampfes der Griechen gegen die Osmanenherrschaft (Westseite) und die Huldigung der Griechen für König Otto. Den mächtigen Bau finanzierte König Ludwig I. aus eigenen Mitteln und dies trotz der Enttäuschung, die ihm die Griechen mit ihrem wachsenden Widerstand gegen seinen Sohn, König Otto, bereiteten, bis sie diesen 1862 aus dem Lande vertrieben.

Lenbachhaus und Kunstbau Lenbachhaus (Luisenstraße 33 und 35): Die in nobler Neorenaissance-Eleganz nach italienischem Vorbild von Franz von Lenbach selbst entworfene Villa vis-à-vis vom Königsplatz wurde 1887–1891 von Gabriel Seidl mit Wohn- und Atelierflügel erbaut, als dreigeschossiger Bau mit Zeltdach. Franz von Lenbach, der Sohn eines Baumeisters aus dem ländlichen Schrobenhausen nördlich von München, kopierte schon als 16-Jähriger die Bilder alter Meister, studierte beim Historienmaler Karl Theodor von Piloty an der Münchner Akademie und zeigte bald sein großes Können als ›Natu-

Das italienisch inspirierte Lenbachhaus von 1891
wird ab 2009 erheblich erweitert

ralist‹ wie als Bildnismaler. Wechselnd in München, Wien
und Berlin Porträts der vornehmen Gesellschaft malend,
wurde er vor allem mit seinen Bismarck-Bildnissen berühmt und zum Münchner ›Malerfürsten‹. Auch die Fotografie nutzte er ähnlich wie Franz von Stuck zu Vorstufen
seiner Porträts, die immer wieder mit ihrer bravourösen
Lichtführung beeindrucken.

Erst zwanzig Jahre nach Lenbachs Tod, 1924, verkaufte
seine Witwe Lolo von Lenbach die Villa an die Stadt
München und übergab ihr die Sammlungen als Stiftung.
Nach der Erweiterung durch einen Anbau (1927–29)
konnte das Haus als Städtische Galerie eröffnet, nach
schweren Schäden im Zweiten Weltkrieg vereinfacht wieder aufgebaut werden. Die Inneneinrichtung war bis auf

weniges verloren, viele ausgelagerte Werke gestohlen. Dank dem Gartenparterre mit Skulpturen und den zwei Brunnen von Ferdinand von Miller und einem italienischen Meister des 16. Jh.s ruft die Villa noch immer gesteigertes Lebensgefühl und Aufgeschlossenheit hervor.

1994 wurde ein nicht benötigter Raum des U-Bahnhofs Königsplatz als ›**Kunstbau**‹ und Teil der Städtischen Galerie Lenbachhaus neu eröffnet. Er befindet sich unmittelbar dicht unter der Erdoberfläche über der U-Bahn-Station, ist ebenso groß und langgestreckt wie diese (110 m × 14 m, 5 m hoch) und wird von 18 Pfeilern in zwei Bereiche geteilt. Über eine Rampe steigt man vom U-Bahn-Zwischengeschoss hinunter zu den kahlen Wänden und den rohen Betonstützen der ausschließlich künstlich beleuchteten Halle, die für Sonderausstellungen der Moderne genutzt wird. Armin Zweite, 1974–90 Direktor des Lenbachhauses, hatte die zeitgenössische Kunst zu einem neuen Sammlungsschwerpunkt gemacht.

Der Architekturkontrast von Villa und Kunstbau ist denkbar heftig, spiegelt aber auch die Spannweite des Sammel- und Ausstellungsprogramms. Hauptfelder sind traditionell die Münchner Landschaftsmaler des 19. Jh.s, von Carl Rottmann bis Wilhelm Leibl, die Lenbach-Stiftung mit berühmten Porträtbildern und Werke des ›Blauen Reiters‹. Große Stiftungen der Malerin Gabriele Münter und ihres Freundes Johannes Eichner (1957) sowie von Bernhard Koehler (1965) erhoben die Städtische Galerie zum wichtigsten Museum des Blauen Reiters, mitsamt der größten deutschen Sammlung von Werken Wassily Kandinskys. Der leidenschaftliche künstlerische Aufbruch der Maler um Franz Marc und Wassily Kandinsky, ihre Entdeckung einer neuen Farbigkeit und einer neuen ›geistigen‹ Kunst wurden zum wichtigsten Ereignis der Kunst in und um München im 20. Jh. Vom Frühjahr 2009 an soll das Lenbachhaus für drei Jahre geschlossen bleiben, um umgebaut und erweitert zu werden (Architekt Sir Norman Foster).

Karolinenplatz (II D4): Der runde Platz mit dem Obelisken im Zentrum wurde 1807 in die Königsstraße eingefügt, die in ihrem Verlauf vom Odeonsplatz zum Schloss Nymphenburg einen sanften Knick auszugleichen hatte, insgesamt aber als geradlinig magistrale Verbindung der Altstadt mit der neuen Maxvorstadt und Neuhausen angelegt war. Der Karolinenplatz und der Stiglmaierplatz (bis 1845 Kronprinz- bzw. Ludwigplatz) rahmen als Rundplätze den dominanten rechteckigen Königsplatz. Ersterer erhielt seinen Namen nach der zweiten, zwanzig Jahre jüngeren Gattin König Max I. Josephs, einer badischen Prinzessin. Die Ehe wurde 1797 geschlossen, gut ein Jahr nach dem frühen Tod der ersten Gattin, Auguste Wilhelmine Maria, einer Prinzessin von Hessen-Darmstadt, Mutter König Ludwigs I.

Hatten Carl von Fischer und Ludwig von Sckell in ihrem Generalplan um diese Platzfolge eine durchgrünte Villensiedlung in Form einer Gartenstadt vorgesehen, entwarf Leo von Klenze seit etwa 1815 eine geschlossene Bebauung – wie sie sich in der Folge bis nach Nymphenburg hinaus durchgesetzt hat. Aus Fischers Zeit stammen lediglich die kleinen Nebengebäude an den Einmündungen der Barer und Brienner Straße. Lange umstritten war das **Armeedenkmal** in Form eines Obelisken, den Leo von Klenze ursprünglich für den Odeonsplatz in Konkurrenz zu anderen Vorstellungen wie Löwenmonument, Säulen- oder Hallendenkmal vorgeschlagen hatte. 1828 begonnen, wurde der Obelisk 1833 eingeweiht. Um einen aus Ziegelsteinen gemauerten Kern auf einem Sockel in Würfelform sind Metallplatten montiert, gegossen aus Kanonen der kriegführenden Mächte Frankreich, Österreich und Russland und ausgemusterten bayerischen Kanonen. König Ludwigs I. selbstverfasste Inschrift widmet das Denkmal den 30 000 gefallenen Bayern, die im Oktober 1812 mit dem napoleonischen Heer in den Winterfeldzug nach Moskau ziehen mussten. Ziel des korsischen Feldherrn war es, nach der Unterwerfung des Zarenreichs auch England mit der ›Kontinentalsperre‹ niederzuzwingen und ganz Europa zu beherrschen. Da Napoleon weder den russischen Winter noch den Brand Moskaus bedacht hatte, starben fast alle bayerischen Truppen.

St. Bonifaz (II C4; Karlstraße 34): Schon bald nach seiner Thronbesteigung (1825) setzte sich König Ludwig I. für die katholische Religion ein, gegen das säkularisierte Montgelas-System, und plante mit der Basilika St. Bonifaz seit 1827 den Bau einer Pfarrkirche mit Benediktinerkloster für die Maxvorstadt. König Ludwig I. bewunderte die Architektur der griechischen Antike, begeisterte sich auf seinen Italienreisen als Kronprinz aber auch für die frühchristlichen Bauten Italiens. Ursprünglich sollte St. Bonifaz an der Südseite des Königsplatzes entstehen, wogegen die katholische Kirche aufgrund der Nähe zu den antiken Heroen Einspruch erhob. 1827 entsandte König Ludwig I. den erst 22-jährigen Architekten Georg Friedrich Ziebland für »mehrere Jahre« nach Italien zum Studium der Architektur. Vorbild für den Münchner Bau sollte die ›Basilica San Apollinaris in Classe‹ in Ravenna sein. Ziebland entwarf nach seiner Rückkehr die fünfschiffige Basilika. Realisiert wurde der fünfte Entwurf mit einer Krypta für die Bestattungen der Benediktinermönche, deren Kloster unmittelbar bei der Kirche St. Bonifaz mit italienisch anmutenden Innenhöfen entstand.

Nach der Grundsteinlegung 1835 zogen sich die Arbeiten hin, geweiht wurde St. Bonifaz erst 1850, zwei Jahre nach der Lola-Montez-Affäre und Ludwigs I. Abdankung. Der Backsteinbau empfing seine Besucher in einer schmalen Vorhalle mit neun Jochen, in der feierlichen Innenhalle mit imposanten Säulenreihen zwischen dem Haupt- und den Seitenschiffen und einem fast deckenhohen Triumphbogen vor der Apsis mit dem Altar. Licht fiel vom Obergaden in den malerisch reich erfüllten Raum. In der Apsis waren auf Goldgrund und über den Säulenarkaden Medaillons mit Papstbildern zu sehen, zwischen den Fenstern befanden sich Darstellungen zur Geschichte der katholischen Kirche in Deutschland.

Im Zweiten Weltkrieg verbrannte diese Pracht bis auf die Vorhalle. Tritt man heute ein, findet man sich in einem ungewohnt dimensionierten Hallenraum wieder, der mit seinen hohen Granitsäulen zwischen Hauptschiff und den Seitenschiffen zwar feierlich, aber überraschend kurz erscheint. Der Kirchenraum ähnelt eher einem Quadrat und wird in einer Rundstruktur genutzt. Als Hans Döllgast die Ruine 1949/50 vor dem völligen Verfall rettete, konnte er nur etwa zwei Fünftel der Kirche wiederherstellen. Anstelle der Apsis schließt die eingezogene Nordwand die Rumpfbasilika rechteckig ab, wo die Orgel ihren Platz erhielt. Weiße Wände umstehen die noch erhaltenen Säulen, Farbquadrate betonen die Höhe des Raumes.

Erhalten blieb der monumentale Sarkophag des Bauherrn, der über Jahrzehnte hin diese Kirche geplant und aus dem eigenen Vermögen finanziert hatte. Das rückwärtige Gelände der heutigen Kirche St. Bonifaz, dort wo einst ihr größerer Teil stand, wird seit 1971 von einem Seelsorge- und Bildungszentrum genutzt, mit Werktagskirche samt Taufkapelle. Ludwigs I. Gattin Therese (von Sachsen Hildburghausen, Mutter von acht Kindern), die 1854 an der Cholera starb, fand auch hier ihre letzte Ruhestätte. Ihr deutlich kleinerer und halb in die Wand eingelassener **Sarkophag** hat seinen Platz hinter dem ihres königlichen Gatten, der nach Vorbildern in Palermo geschaffen wurde. Sehr anrührend und eigen in ihrer Gestalt ist eine Skulptur der gekrönten Maria, die den Jesusknaben aus sich heraus ans Licht treten lässt.

Alter Botanischer Garten (II C5): Zwischen Elisen- und Sophienstraße legte Friedrich Ludwig von Sckell gemeinsam mit dem künftigen Gartendirektor Franz von Paula Schrank 1804/14 Münchens ersten botanischen Garten an, der als ›Alter Botanische Garten‹ bekannt wurde, nachdem um 1900 der weitaus größere Neue Botanische Garten beim Schloss Nymphenburg entstanden war. Erhalten blieben ein kleiner Erholungspark mit Skulpturen und der frühklassizistische, ursprünglich polychrom gestaltete Torbau, entworfen von Emanuel Joseph von Herigoyen.

Die bayerische Akademie der Wissenschaften hatte Goethe um einen Sinnspruch für das Eingangstor gebeten, der sich dabei seiner Suche nach der ›Urpflanze‹ auf der italienischen Reise erinnert haben mag. Am 5. September 1786 hatte er auf der Durchreise von Karlsbad nach Rom in München übernachtet. Seine lateinischen Verse danken dem bayerischen König für die Wiedervereinigung der Blumen: »FLORUM DAEDALAE TELLURIS GENTES DISSITAE / MAXIMILIANI IOS.(EPHI) R.(EGIS) NUMINE CONSOCIATAE MDCCCXII« (»Der Blumen zerstreute Gattungen der Bildnerin Erde / auf Geheiß des Königs Maximilian Joseph vereinigt 1812«). – Ein Ausstellungspavillon und ein Restaurant entstanden 1935/37 (nach hinterlassener Planung des verstorbenen Paul Ludwig Troost).

Zerstört ist der vielbewunderte ›Glaspalast‹, der zur Ersten allgemeinen deutschen Industrie-Ausstellung 1854 nach dem Vorbild von Sir Joseph Paxtons Crystal Palace der Londoner Weltausstellung von 1851 kurzfristig auf einem Teil des Gartengeländes errichtet wurde: eine langgestreckte rechteckige Halle mit zwei Geschossen und fünf Schiffen, 234 m lang und 67 m breit, ohne tragendes Mauerwerk. Die gesamte Bauzeit betrug nur sechs Monate. Die seinerzeit hochmoderne Glas-Eisen-Konstruktion von August Voit wurde für Ausstellungen, Konzerte und Industriepräsentationen genutzt. 1931 vernichtete ein Feuer den Glaspalast. Dies war zugleich ein schwerer Verlust für die deutsche Kunst, da auch ein Großteil der ausgestellten Gemälde verbrannten, Gegenwartskunst von 1930 und Meisterwerke einer Sonderausstellung deutscher Romantik (Carl Gustav Carus, Caspar David Friedrich, Carl

Rottmann, Philipp Otto Runge und andere). Statt eines Neubaus an gleicher Stelle entstand auf Hitlers Anordnung 1933–37 das ›**Haus der Kunst**‹ am Englischen Garten.

Nach Entwürfen von Paul Ludwig Troost wurde der Park 1935–37 neu gestaltet, mit Restaurant, kleinem Ausstellungspavillon und dem Neptunbrunnen von Josef Wackerle, der den antiken Meeresgott als muskelstarken Dreizackträger darstellt. Münchner Künstler sorgten nach dem Zweiten Weltkrieg für den Wiederaufbau des schlichten Pavillons.

Hauptbahnhof (II B5/C5; Bahnhofsplatz): Nur Spott hatte ein bayerischer Stationsaufseher für das erste Bahnhofsgebäude der privaten München-Augsburger Eisenbahn übrig: »Am Galgenberg beim Marsfeld draus / Steht a großes Bretterhaus. / I hab die Hütten a net kennt. / Die Leut', die habens's Bahnhof g'nennt.« Dieser erste, 1839 errichtete Holzbau brannte schon 1847 ab. Der Franke Friedrich Bürklein, der an der Münchner Akademie bei Friedrich von Gärtner Architektur studiert hatte, erhielt auf dessen Empfehlung hin 1846 den Auftrag für die Planungsarbeiten.

Auf der ehemaligen Schießstätte vor dem Karlstor (Stachus) wurde 1849 der neue ›Centralbahnhof‹ eröffnet, ein Kopfbahnhof mit großer hölzerner Empfangshalle und einem 20 m breiten, 111 m langen, hölzernen Tonnengewölbe über den Gleisen. Mit seinem kirchenähnlichen, romantisierenden Grundcharakter, den Rundbogenarkaden, der großen Fensterrose am Hauptgiebel und dem Glockentürmchen wirkte der Bau sehr biedermeierlich und galt als ›Basilika des Verkehrs‹.

Wirtschaftler und Techniker wie Joseph Ritter von Baader und Friedrich List hatten den rasch wachsenden Schienenverkehr schon vor der ersten deutschen Bahnstrecke Nürnberg–Fürth 1835 vorausgesehen. List erkannte das Eisenbahnnetz als »mächtigsten Hebel« für ein wirt-

schaftlich und politisch geeintes Deutschland. Um den
wachsenden Anforderungen gerecht zu werden, musste
der Münchner Hauptbahnhof immer wieder erweitert
werden, 1857–60, 1876–80, 1893, 1921. Die neue vierschif-
fige Bahnsteighalle von 1880 war 155 m lang. Damit war
Münchens Hauptbahnhof als zentraler Verkehrsknoten-
punkt nach Süden und Osten der größte im Deutschen
Reich, ebenso der erste, der mit elektrischer Beleuchtung
ausgestattet wurde. Er wurde zum Vorbild für den Frank-
furter Bahnhof und andere.

Mehrere Pläne, den bald wieder zu engen Bahnhof zu
Beginn des 20. Jh.s neu zu gestalten, zu verlegen oder in
einen Durchgangsbahnhof zu verwandeln, kamen nicht
zur Ausführung. Adolf Hitler verhieß 1937 der ›Hauptstadt der Bewegung‹ eine gigantomane Prachtstraße vom
Stadtzentrum nach Pasing, samt einem 200 Meter hohem
Obelisken als ›Denkmal der Bewegung‹ und einem riesigen Kuppelbau, der den neuen Bahnhof überwölben sollte. Tatsächlich wurde 1940 der erste Spatenstich bei der
Friedenheimer Brücke vollzogen, die Bauarbeiten aber bereits 1941 wieder eingestellt. An den Planungen wurde
weitergearbeitet. Sie schlossen ein von Hitler persönlich
gefördertes Projekt der ›Breitspurbahn‹ ein, mit mindestens drei Meter Spurbreite, das sich über ganz Europa und
bis an den Pazifik erstrecken sollte.

Ein Bombenangriff verwüstete 1944 mit rund 1000
Phosphorkanistern, Brand- und Sprengbomben Friedrich
Bürkleins biedermeierliche Bahnhofsfassade zusammen
mit dem Bahnhofsgelände. Vom Empfangsgebäude waren
nur noch Außenmauern erhalten. Die stählernen großen
Tonnengewölbe der Hallenschiffe über den Bahnsteigen
waren ausgeglüht und wurden erst 1949 demontiert. Fast
zehn Jahre blieben die Bahnsteige ohne Überdachung, nur
das Empfangsgebäude wurde 1946 in den Konturen des
Bürklein-Baus provisorisch hergerichtet. 1951 wurde das
Bahnhofshotel im Südtrakt restauriert, 1953 war der Um-

bau der nördlichen Schalterhalle abgeschlossen, schlicht und funktionell aus Stahlträgern mit großflächig hellen Wänden errichtet.

1948–53 wurde das Empfangsgebäude mit einer kubischen, dachhoch verglasten Halle als Mittelstück eines nüchtern langgestreckten, fünfstöckigen Riegels erneuert. Ein flaches Spannbetonvordach über dem Vorfeld des Bahnhofs erinnert in seiner gekurvten ›Nierentischform‹ bis heute an das Design des aufkommenden ›Wirtschaftswunders‹. Der 174 m lange Stahlskelettbau ist mit einer 21 m hohen vorgehängten, eloxierten Leichtmetallfassade konstruiert. Ab 1983 wurde das Innere in mehreren Abschnitten umgebaut, modernisiert und mit Gastronomie und Läden ausgestattet.

Doch die Pläne für einen Neubau, der bis zum Jahr 2012 abgeschlossen sein sollte, mussten der enormen Kosten wegen auf unbestimmte Zeit verschoben werden. Das Münchner Büro Auer & Weber hatte den vom Bayerischen Wirtschaftsministerium und der Deutschen Bahn 2002 ausgeschriebenen Wettbewerb gewonnen. Viel Glas sollte zusätzlichen Raum für Läden und Büros umfassen. Verworfen wurde 2008 der Bau der vieldiskutierten Hochgeschwindigkeits-Magnetbahn ›Transrapid‹ zum Flughafen.

Schwabing und Lehel

Jugendstil in Schwabing: Schwabing machte sich im ausgehenden 19. Jh. als Boheme-Viertel einen Namen, der eng mit der ansässigen Literaturszene verbunden war. Hier lebten Schriftsteller, Literaten und Schauspieler wie Frank Wedekind, Julius Bierbaum, Franziska Reventlow, Stefan George, Karl Wolfskehl und Albert Langen, Gründer und Verleger des *Simplicissimus*. In Schwabing ist auch die Architektur um 1900 noch präsent und lässt sich ausgehend von der ›Münchner Freiheit‹ entdecken. Das mehrstöckige Mietshaus **Leopoldstraße 77** (II F2) zeigt unter dem Jugendstilschwung seiner Dachkante reichen floralen Dekor, am kraftvollsten direkt an der Dachlinie mit einer Serie vertikal aufsprießenden Blattgewächses, weiß in schmale blaue Felder gestellt. Der Architekt des Hauses und prominenter Vertreter der deutschen Jugendstilarchitektur, Martin Dülfer, wohnte zeitweise selbst hier. Dülfer, der aus dem damals preußischen Breslau stammte, machte sich noch nicht dreißigjährig in München selbständig und reüssierte als Mitarbeiter von Friedrich von Thiersch beim Bernheimer Palais. Für die Bechtolsheim-Villa in Bogenhausen fand Dülfer den vollen Beifall der *Architektur der Gegenwart*, der damals meinungsführenden Architekturzeitschrift: »Jede Anlehnung an historische Stile« sei vermieden, »um dem Gebäude ein möglichst modernes Gepräge zu geben«. 1906 übersiedelte Dülfer nach Dresden und lehrte an der Technischen Hochschule. Im Haus Leopoldstraße 77 lebte auch die Tänzerin und Sängerin Bally Prell, an die eine dralle Bronzeskulptur vor dem Hause erinnert, und die sozialdemokratische Politikerin und Reichstagsabgeordnete Toni Pfülf.

In der **Marschallstraße** an der Ostseite der Münchner Freiheit präsentieren die Häuser Nr. 1b mit lachendem Clown und Nr. 20 mit Ornamenten vielfältige Jugendstilvariationen. In der **Haimhauser Straße** bezeugt neben anderen Jugendstilfassaden (Nr. 6 mit alter Ladenschild-Malerei) der Grundschulbau von Theodor Fischer (Nr. 23) mit seinen frischen, kindgemäß in Kratzputzdekor ausgeführten Tiergestalten die Zeit des Jugendstils. Am **Wedekind-Platz** trifft man auf den gleichnamigen Brunnen von Franz Filler (1959) mit lieblich koketter Nymphe, kommentiert mit den Versen Frank Wedekinds aus seinem Schauspiel *Alma oder So ist das Leben*: »Seltsam sind des Glückes Launen …«.

Die **Seidl-Villa** am Nikolaiplatz Nr. 1b, in schlossähnlichem Landhausstil erbaut und als ›Haus für Schwabing‹ mit Veranstaltungen zu Kunst und Literatur genutzt, lässt den Jugendstil am Gitterwerk von Balkons und Fenstern mit Weinblattranken und Vögeln erkennen. In der **Martiusstraße** prangen mehrere Häuser mit Jugendstildekor, entworfen von den Architekten Anton Hatzl (Nr. 1, 3, 4, 5, 7) und Franz Popp (Nr. 6). Hier wohnte in den letzten acht Jahren seines Lebens der Schriftsteller Max Halbe, der mit seinem Drama *Jugend* 1893 dem Jugendstil seine deutsche Bezeichnung gab (statt *art nouveau* oder *modern style*). Erst drei Jahre später folgte Georg Hirth mit der Zeitschrift *Jugend*.

Auch in der Gedon- und der Ohmstraße finden sich Bauten von Martin Dülfer. Dem repräsentativen Mietshaus **Gedonstraße 4/6** gab Dülfer einen ans Barock erinnernden, aber mit seiner wellenförmigen Kurvatur doch jugendstiltypischen Frontgiebel und eine mit ihrer feingliedrigen Ornamentmalerei kostbar anmutende Fassade. Im Kontrast dazu spiegelt unmittelbar benachbart die glasgrün schimmernde Fassade des viermal größeren Bürokubus der Münchener Rückversicherungs-Gesellschaft (Baumschlager & Ebele, 1999–2001). Im Hause Nr. 4 wohnte von 1906–33 Ludwig Quidde, Autor der Schrift *Caligula – eine Studie über Cäsarenwahn*, einer bissigen Satire auf Kaiser Wilhelm II. Als führender Kopf der deutschen Pazifisten erhielt Quidde 1927 den Friedensnobelpreis. Die ruhige **Ohmstraße** ist reich an Jugendstilbauten, mit Martin Dülfers Häusern Nr. 13, 15, 17 samt dem zugehörigen Eckhaus Königinstraße 85, alle aus den Jahren 1905–07, und mit den kurz darauf von Otho Orlando Kurz und Eduard Herbert entworfenen Häusern Nr. 20 und 22.

Eines der frühen Münchner Jugendstilhäuser an der **Leopoldstraße** (II F2) war das erste Luxusmietwohnhaus der Stadt (**Nr. 6**, 1896–97), gemeinsam mit dem weniger

luxuriösen Nachbarhaus (**Nr. 4**). Die Struktur der von
Martin Dülfer entworfenen und nach 1945 wiederhergestellten Fassade erinnert mit den kolossalen Säulen und
dem dreiachsigen Mittelrisalit an ein barockes Palais. Walter Heymel richtete hier zusammen mit seinem Freund
Rudolf Alexander Schröder und mit Otto Julius Bierbaum
die Redaktionsräume der Zeitschrift *Die Insel* ein. 1899
gegründet, war ›Die Insel‹ ein Forum der Literatur und
Kernzelle des heutigen Insel-Verlags. Nach drei Jahren
wurde ihr Erscheinen eingestellt. Westlich der Leopoldstraße warten einige der schönsten erhaltenen Jugendstilfassaden, neben anderen Stilrichtungen. So ist das ehemalige Palais Bissing, **Georgenstraße Nr. 10** (II E2–3), mit
seinem zweistöckigen Runderker und dessen bunter Me-
daillonmalerei doch eher der traditionellen süddeutsch-
schweizerischen Fassadengestaltung zuzurechnen. Architekt war der Schweizer Ernst-Robert Fiechter (1903). Bei
der Restaurierung der Kriegsschäden (1979–80) wurden
auch die Medaillonporträts von Schiller, Raffael, Donatel-
lo und Sophokles erneuert.

In der **Friedrichstraße Nr. 9–11** (II E2; Ecke Konrad-
straße) erbaute Martin Dülfer 1898/99 das fünfstöckige
Haus mit zahlreichen Erkern und Balkonen, Dachreitern
und Ornamentfeldern. Es war das erste Mietswohnhaus
Münchens dieser Größenordnung. Überaus stattlich präsentiert sich am Rande des Leopoldparks das Haus **Friedrichstraße Nr. 18** (1903–04), von Max Langheinrich entworfen, einem Dülfer-Schüler, der zu einem der ideen-
reichsten Architekten des Jugendstils wurde. In eine der
16-Zimmer-Wohnungen – damals bald in wachsender
Zahl angeboten – zog die Redaktion des *Simplicissimus*,
ebenso deren norwegischer Mitarbeiter Olaf Gulbransson,
der als Zeichner und Karikaturist rasch international bekannt wurde.

Prächtige bunte Reliefpfauen stolzieren an der Fassade
des Hauses **Franz-Joseph-Straße Nr. 19** (II E2). Noch

In Schwabings Jugendstil-Architektur prangt die
Ainmillerstraße Nr. 22

aufwändiger glänzt Münchens wohl berühmteste Jugend-
stilfassade **Ainmillerstraße Nr. 22,** erbaut 1898–1900 an
der Nordseite des Habsburger Platzes von dem Architek-
tenpaar Henry Helbig und Ernst Haiger. Das reiche
Pflanzenornament in Grün und Gold zieht zwischen ver-
tikalen roten Farbbahnen die Fenster des ersten und zweiten Stocks optisch zu den Bogenfenstern des dritten hinauf und führt zugleich den Blick zu drei Reliefmedaillons
mit Köpfen, die droben unter goldenen Haarhauben den
Besuchern entgegenschauen. Diese Fassade wirkt ebenso
festlich wie originell und hebt das Haus aus der Straßen-
zeile hervor. Über dem Eingang sind unter den Ästen eines Apfelbaums Adam und Eva in paradiesischer Nackt-
heit zu sehen.

Auch das Nachbarhaus in der **Ainmillerstraße Nr. 20**
hat seinen Jugendstilreiz, doch noch interessanter ist der
Vergleich des ›Adam-und-Eva-Hauses‹ mit einem anderen
Werk desselben Architektenpaares, in der **Römerstraße
Nr. 11,** das ein Jahr später mit einer deutlich ägyptisieren-
den Variante des gleichen Ornamentschemas erbaut wur-

de. Das Pflanzenornament ist hier nur um das Eingangsportal gelegt, die Hauptfassade konzentriert sich auf den
Farbklang von Rot und Gold. Unter dem flach halbrun-
den Giebel tragen die goldgeschmückten Köpfe unverkennbar altägyptische Züge.

Literaturfreunde verweilen am Jugendstilhaus **Römerstraße Nr. 16**: Hier fanden private Schwabinger Künstlerfeste statt, inszeniert von dem Dichter und Literaturwis-
senschaftler Karl Wolfskehl und seinem Freund Stefan
George, dem der wohlhabende Wolfskehl 1893 hier eine
Dachwohnung überlassen hatte. Beide stammten aus dem
Rheinland, George, Jahrgang 1868, begann sich nach Reisen durch Deutschland, Frankreich und die Niederlande
als Heilsbringer zu inszenieren und sammelte seit 1893
Anhänger seiner elitär idealistischen Lebenslehre um sich.
Georges *Blätter für die Kunst* wurden mit eigener Schrift
und dem Jugendstil-Buchschmuck Melchior Lechters ge-
druckt.

Sehenswerte Jugendstilfassaden stehen noch in der Ho-
henzollern-, Viktor-Scheffel-, Clemens- und Destouches-
straße, ebenso auch in West-Schwabing jenseits der Kur-
fürsten- und Nordendstraße, in der Isabella- und Agnes-
straße, in der Teng-, Bauer- und Zentnerstraße. In der
Maxvorstadt finden sich schöne Beispiele in der Schellingstraße!

Erlöserkirche (II F1; Ungerer Straße 13 / Münchner
Freiheit): Die Erlöserkirche, die fünfte protestantische
Kirche Münchens, wurde 1900/01 errichtet. Sie war die
erste der neun Kirchen, die Theodor Fischer baute, und
gilt als Markstein in der Entwicklung des protestantischen
Sakralbaus. Der stattliche, burgähnliche Baukörper mit
hohem Turm und Anbauten füllt den Raum bis zur Straße
fast aus, die vorgesetzte kleine Eingangshalle mit ihrem mittelalterlich anmutenden Bogenportal, den flankierenden Säulen und den Reliefs über den Kapitellen lässt kaum
an Jugendstil denken. Die dekorativen kleinen Kreisfor-

men an den Portalbögen und die medaillonhaften Kreu-
zeszeichen am Kleeblattbogen des Vordachs sind sparsam
eingesetzte Jugendstilmotive. Deutlicher wird der Zug
zum Jugendstil im Inneren. Die flache Decke über dem
Gestühl reicht bis zur Apsis, auf drei Seiten sind Emporen
angebracht. Stämmige niedere Rundbogen gliedern unten,
höhere oben den Raum. Die Kapitelle sind sowohl mit
den kurzen Säulen wie mit dem Bogen verbunden und mit
Reliefs geschmückt. Diese bleiben in den Stein eingebettet
und treten nicht aus der Fläche hervor. Ein bis zur Decke
reichender Bogen zieht den Blick zur Apsis, in der wiederum Bögen den Raum gliedern. Das Apsis-Fresko stellt
keine christlichen Heiligen, sondern die Gemeinde dar:
Das Leben der Gemeinde unter dem Schutz Gottes, zwischen Erd- und nahem Himmelsreich blühen Kastanien-
bäume weiß und rot. Linda Koegel malte das Fresko
1903/04, gestiftet hat es Prinzregent Luitpold. Formkraft
des frühen Jugendstils zeigt sich beispielhaft an dem von
Theodor Fischer entworfenen Taufstein aus poliertem
gelb-ockerfarbenen Marmor: alles Kantige, Eckige ist zugunsten pflanzlicher, organischer Knospenform vermieden. Wenige farbige Ornamentbänder, Zeichen und Figuren schmücken als Glasmalerei einzelne Fenster und rahmen das Halbrund der Apsis. Bei der Restaurierung 1938
wurde manches vereinfacht.

Bis weit nach dem Zweiten Weltkrieg hat sich die Erlöserkirche als Blickfang von der Leopoldstraße her behauptet. Ab 1963/64 aber war der später deutlich verklei-
nerte, schwarze Hochhauskubus des **Hertie-Kaufhauses**,
entworfen von Rolf Schütze und Franz Hart, nicht zu
übersehen. Inzwischen drängt sich das Doppelscheiben-
Hochhaus **Highlight Munich Business Towers** (Architekt Helmut Jahn von Murphy/Jahn, Chicago, 2004) als
Dominante in den Nordhorizont Schwabings. Unterwegs
auf der Leopoldstraße zwischen Franz-Joseph-Straße und
Hohenzollernstraße bilden die *Business Towers* eine über-

große graue Wand hinter dem weißen Turm der Erlöserkirche.

Englischer Garten. (F2/G2–F4/G4). 1789 erließ Kurfürst Karl Theodor ein Dekret, den Hirschanger, das jahrhundertelang als fürstliches Jagdrevier genutzte Gelände
vor den Toren der Stadt, für einen öffentlichen Park frei-
zugeben. Karl Theodor griff damit eine Idee seines Bera-
ters Graf Rumford (eig. Benjamin Thompson) auf, der
von Amerika nach London und von dort nach Bayern ge-
wechselt war und hier 1788 zum Kriegsminister avancierte. Die Militärgärten, die er für die Soldaten zur Beschäfti-
gung und zur Erholung anlegen ließ, sollten »nicht nur al-
leine zum Vorteil und Ergötzung des Militärs, sondern
auch zum allgemeinen Gebrauch als ein öffentlicher Spaziergang dienen«.

Der Englische Garten ist heute eine 5,3 Kilometer lange, von Straßen durchzogene Grüninsel längs der Isar und
im südlichen Teil des Eisbachs. Die Prinzregentenstraße
bezeichnet die südliche Grenze, die Gartenwirtschaft ›Au-
meister‹ und der Föhringer Ring die nördliche. Zwar setzen sich die parkgrüne Hirschau, der Isarkanal und die
Isarauen noch weiter nach Norden fort, gehören aber bei
Freimann und den Fernsehstudios der ARD bereits zum
›Landschaftsschutzgebiet Obere und Mittlere Isarau‹. Mit
370 Hektar zählt der Englische Garten zu den größten
Parkanlagen in einer europäischen Millionenstadt, größer
als der Central Park in New York. Ein Rundgang durch
den Südteil des Englischen Gartens vom Südende der Königinstraße beim festungsartig umbauten US-Generalkon-
sulat bis zum **Kleinhesseloher See** und zurück am Schwabinger Bach dauert etwa eine Stunde.

Anlage und Bedeutung des Englischen Gartens sind auf
seinen Schöpfer Friedrich Ludwig von Sckell zurückzu-
führen. Sckell, 1750 in Weilburg an der Lahn geboren,
stammte aus einer Gärtnerfamilie. Schon sein Vater war
Hofgärtner beim Fürsten von Nassau-Weilburg und wur-

de von Kurfürst Karl Theodor, als er noch in der Pfalz regierte, nach Schwetzingen berufen. Dort stand sein Sohn Ludwig ihm bereits zur Seite. Sckell ging nach Bruchsal und Zweibrücken, war 1772 in den Tuileriengärten in Paris und im Park von Versailles tätig und wurde 1773 als 23-Jähriger von Karl Theodor nach England geschickt, um dort den neuen, vom Barockgarten völlig verschiedenen Landschaftsgarten zu studieren. Sckell lernte in England Lancelot Brown, den bedeutendsten englischen Landschaftsarchitekten des 18. Jh.s, kennen, der die Natur und ihr organisches Wachstum beispielhaft respektierte, statt Hecken und Bäume zu beschneiden. Brown, der in England rund 200 Landschaftsparks gestaltete, hatte den Beinamen ›Capability‹ erhalten, gemäß seiner gärtnerischen Grundregel, die naturgegebenen Möglichkeiten (*capabilities*) der Pflanzen zu nutzen.

In diesem neuen, englischen Stil schuf Sckell Gärten unter anderen 1780–85 im Schönbusch bei Aschaffenburg für den Kurfürsten von Mainz, er entwarf 1784 den Herzogsgarten bei der Burg Trausnitz in Landshut und 1785–88 die Anlagen um den Favorite-Barockgarten bei Mainz. 1789 berief ihn Kurfürst Karl Theodor zum Gestalter des Englischen Gartens in München, anfangs noch unter der Leitung des Grafen Rumford. Binnen weniger Jahre gewann der Park Kontur und konnte im Frühjahr 1793 für Münchner und auswärtige Besucher geöffnet werden. Das Gelände wurde in seinen natürlichen Gegebenheiten akzentuiert und zu sanft gewellten Wiesen mit einzelnen Bäumen und Baumgruppen und einem Waldrand, der den Park von der Außenwelt abgrenzt, geformt. Der Chinesische Turm, der Apollotempel und andere Parkbauten waren bereits errichtet.

Nach einem badischen Intermezzo folgte Sckell 1803 dem erneuten Ruf nach München, zum ›Hoflustgärtner‹ ernannt. Unter Karl Theodors Nachfolger Kurfürst Maximilian IV. Joseph wurde er Gartenbaudirektor der Pfalz

Englischer Garten
- Südlicher Teil -

Zur U-Bahn

...straße

Tierärztliche Fakultät

Kinder-spielplatz

Prinz-Karl-Palais

Berliner Mauer

Königin-

Kinder-spielplatz

Liegewiese

Orientierungs-tafel

Reitweg

Schönfeldwiese

Schwabinger Bach

Baumspenden-Gedenkstätte

Orff-Hain

Seins-heim-Wiese

Restaura...

Japanisches Teehaus

Burg-friedens-säule

Monopteros

Ökonomieh...

Haus der Kunst

Wasser-fall

Karl-Theodor-Wiese

Eisbach

Stein-bank

Apollo-Hain

Kinder-spielplatz

Prinzregentenstraße

Rumford-Denkmal

Sport-gelände

Hirschanger

Oettingen-

straße

Lerchenfeldstraße

Eisbach

Widenmayer-

straße

ISAR →

Max-Joseph-Brücke

N

0   100 m

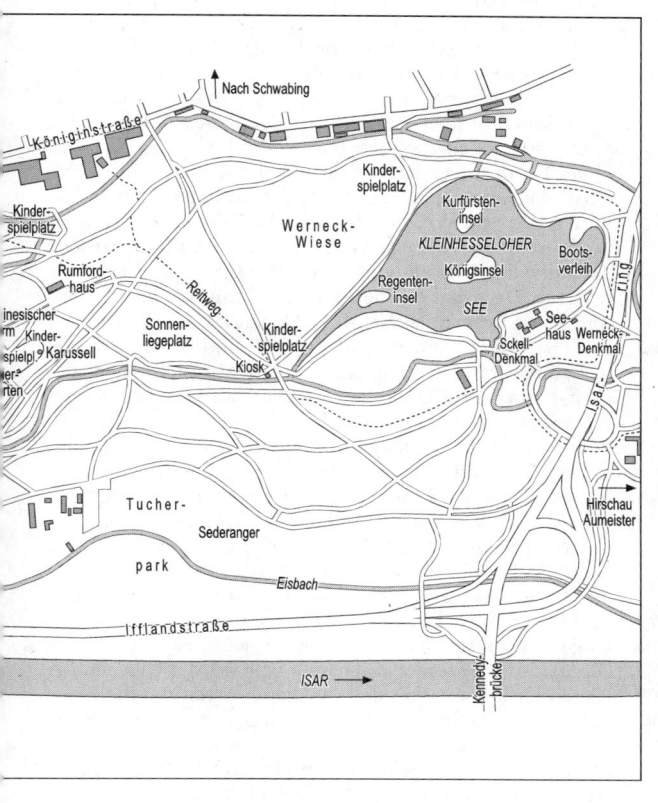

und ganz Bayerns, 1804 schließlich Bayerischer Hofgartenintendant. Sckell gestaltete den Nymphenburger Schlosspark zum Landschaftspark um und war zusammen mit dem Architekten Carl von Fischer auch an der Stadtentwicklung Münchens nach der ›Entfestigung‹, dem Abbruch der Stadtmauern, beteiligt. Sein Wissen dokumentierte Sckell in den *Beiträgen zur bildenden Gartenkunst*.

Der von Sckell gestaltete Südteil des Englischen Gartens bietet heute folgende Bauten und Anlagen: an der Königinstraße ein kleines Teilstück der **Berliner Mauer**, inmitten des erst 1972 angelegten Teichs das zu den Olympischen Spielen im gleichen Jahr gestiftete **Japanische Teehaus**, das 1795/96 von Franz Jakob Schwanthaler entworfene Denkmal für den Grafen Rumford, mit der Inschrift: »Lustwandler steh! Dank stärket den Genuss!«, eine nach den Sturmschäden 1988 und 1990 errichtete Baumspenden-Gedenkstätte und schließlich den **Carl-Orff-Hain**, der 1985 anlässlich des 100. Geburtstags des Komponisten angelegt wurde.

Gleichsam als Symbol des Englischen Gartens behauptet sich Leo von Klenzes 1836/37 errichteter **Monopteros** auf bescheidener Höhe über dem breiten Wiesengrund, ein markanter kleiner Rundtempel, der an der Stelle des ersten hölzernen, als Apollotempel im Apollo-Hain bekannten Monopteros von 1838 steht. Jahrzehntelang wurde das Projekt diskutiert, bis 1831 der Hügel mit dem Schutt der ehemaligen Festungswälle um einen Ziegelkern aufgeführt und darauf über zehn ionischen Säulen das hölzerne, kupfergedeckte Dach gebracht wurde. Ursache der langen Diskussion war der anhaltende Streit um die Frage nach der Polychromie der antiken griechischen Tempel. Leo von Klenze ließ Gebälk und Deckenkassetten des Monopteros farbig bemalen. An die Karl-Theodor-Brücke grenzt der Apollo-Hain mit dem Halbrund einer Steinbank, die gleichfalls Leo von Klenze entwarf. In der Schwaige mit Orangerie und Wirtschaftsgebäuden befindet sich seit 2001 die von Oswald Senoner entworfene Bronzebüste Ludwig von Sckells. Das nahe **Rumford-haus** wurde nach Vorgaben Graf Rumfords von Johann Baptist Lechner 1790/91 als Offizierskasino erbaut. Der ebenfalls nahe hölzerne **Chinesische Turm,** 1789/90 erbaut und 25 Meter hoch, wurde 1944 zerstört, 1951 erneuert. Ziel der meisten Besucher ist der große Biergarten zu Füßen des Turms. An seinem Rand steht ein kleines, 1913 von dem Bildhauer Erlacher und dem Dekorationsmaler August Julier geschaffenes Karussell, das damals das fast hundertjährige Vorgängermodell ersetzte.

Weiter nördlich liegt der Kleinhesseloher See mit seinen drei Inseln und beliebten Booten. Das gastliche ›**Seehaus**‹ am Ufer stammt von Gabriel von Seidl, der gegenwärtige Bau aus den Jahren 1982–85 von Ernst Hürlimann und Josef Wiedemann. Im Umkreis erinnern zwei Denkmäler an die Gartenschöpfer: Auf einer kleinen Anhöhe nahe dem Ostufer steht das Denkmal für **Reinhard Freiherr von Werneck**, eine Stele mit seitlichen Steinbänken, entworfen von Leo von Klenze. Werneck hatte nach Graf Rumfords Abschied von 1798 bis 1804 die Ausgestaltung des Englischen Gartens bestimmt, seine Erweiterung mit der Hirschau ermöglicht und den Kleinhesseloher See anlegen lassen. Auf einer Landzunge befindet sich das gleichfalls von Klenze entworfene, von Ernst von Bandel ausgeführte **Sckell-Denkmal,** eine Säule mit Pinienzapfen als Symbol für Leben, Fruchtbarkeit und Reichtum.

Bayerisches Nationalmuseum (II F5/G5; Prinzregentenstraße 3): König Maximilian II. interessierte sich für Philosophie und Geschichte, er lud die berühmten ›Nordlichter‹ (von Liebig, von Ranke, W. H. Riehl u. a.) ein, an bayerischen Universitäten zu lehren, er erkannte die Bedeutung der Naturwissenschaften für Wirtschaft und Wohlstand des Landes und verstand, dass die Kenntnis von Kunst und Kunsthandwerk zur Bildung des Volkes, an der ihm so sehr lag, unentbehrlich ist. Für die Künste hatte Maximilians Vater, König Ludwig I., mit den beiden Pinakotheken Großes geleistet. Doch blieb für Maximilian II. noch die Gründung eines ›Bayerischen Nationalmuseums‹, dem er in einem Brief vom 30. Juni 1855 selbst diesen Namen gab. Zunächst sollte es vor allem die Sammlungen der Wittelsbacher aufnehmen. Eine Urkunde bezeichnet es als »Anstalt zur Aufbewahrung der interessantesten vaterländischen Denkmäler und sonstiger Überreste vergangener Zeiten«.

Der Museumsbau an Friedrich Bürkleins neuer Prachtstraße, der Maximilianstraße, wurde nach Plänen von Eduard Riedel geschaffen und konnte 1867 geöffnet werden, ausgestattet auch mit einer Galerie von 143 Monumental-Wandgemälden mit Szenen bayerischer Geschichte. Die rasch wachsenden Sammlungen sprengten den bayerisch-wittelsbachischen Rahmen und machten einen Neubau notwendig. Gabriel von Seidl schuf 1894–98 den größeren Neorenaissancebau an der Prinzregentenstraße mit opulenter Fassade und doppelläufigem Treppenhaus. Die Ausstellungsräume legte Seidl in Größe und Gestaltung entsprechend den Exponaten an. So überrascht der Rundgang über drei Stockwerke nicht allein mit den so vielfältigen Ausstellungsstücken, sondern auch mit immer neuen Raumstilen. Im Jahr 1900 öffnete sich das Bayerische Nationalmuseum zum zweiten Mal dem Publikum.

Noch vor dem Ersten Weltkrieg kamen weitere Säle und ein Werkstättentrakt nach Norden hinzu. 1937 konnte ein neuer Flügel im Südosten angefügt werden (Architekt German Bestelmeyer). Zugleich wurde zugunsten einer Straßenverbreiterung allerdings der Forum-Vorhof reduziert, die Grünanlagen und auch Adolf von Hildebrands Hubertusbrunnen entfernt, der heute im Pavillon am Ende des Nymphenburger Kanals steht. 1977 beschloss die Bayerische Staatsregierung die Gesamtsanierung des Gebäudes und die Neuordnung der Sammlungen. 2008 war der Westflügel noch in Arbeit.

Schack-Galerie (II G5; Prinzregentenstraße 9): Die Schack-Galerie an der Prinzregentenstraße liegt östlich vom Bayerischen Nationalmuseum, nah der Isar und dem Friedensengel. Mit seinen in die Fassade eingebundenen Kolossalsäulen strahlt der Bau Repräsentations- und Machtanspruch aus. Tatsächlich fungierte er ursprünglich in Doppelfunktion für Politik und Kunst: Hier zog 1909 die Preußische Gesandtschaft (zuvor in der Maxvorstadt, Türkenstraße) und 1911 dann die Schack-Galerie ein (zuvor im Galerieflügel in der Reitmorstraße).

Graf Adolf Friedrich von Schack, 1815 bei Schwerin geboren und 1894 in Rom verstorben, war in jungen Jahren Diplomat und Geheimer Legationsrat in Berlin, später Poet, Kunst- und Literaturhistoriker. Früh faszinierte ihn die Welt des Mittelmeers. König Maximilian II. lud ihn zu seiner ›literarischen Tafelrunde‹ ein. Seit 1855 lebte Graf Schack in München und trug eine der größten deutschen Privatsammlungen seiner Zeit zusammen. Seine Absicht war es, »bis dahin in beispielloser Weise vernachlässigte und durch die Ungunst des Publikums an den Rand des Untergangs geführte Künstler … zur verdienten Anerkennung zu bringen«. Als preußischer Staatsbürger stiftete er 1876 seine vielbewunderte Kunstsammlung Kaiser Wilhelm II., der die Sammlung in München beließ. Hitler übereignete sie dem bayerischen Staat. Die Sammlung umfasst vor allem süddeutsche Meister von der Romantik über den Realismus bis zum Symbolismus von Carl Rottmann und Moritz von Schwind bis zu Franz von Lenbach, Hans von Mareés und zu dem Schweizer Arnold Böcklin.

Adolf von Hildebrand hatte 1903/09 Entwürfe geliefert, sich aber dann aus dem Projekt zurückgezogen, als Ernst Eberhard, Hofbaumeister des preußischen Kaisers Wilhelms II., eigene Vorstellungen entwickelte. Diese wurden von Max Littmann 1907–09 übernommen und in der dominanten Gesandtschaftsfassade und im Galerieflügel der Reitmorstraße umgesetzt.

Während des Dritten Reiches nahm der ›Reichsstatthalter‹ Franz Ritter von Epp das Gebäude als Amtssitz in Beschlag. Die Schack-Sammlung wurde auf Anordnung Hitlers 1939 in die Bayerischen Staatsgemäldesammlungen eingegliedert. Nach Kriegsende war die Sammlung des Grafen Schack wieder in der Prinzregentenstraße zu sehen, da das Gebäude nicht schwer geschädigt war. Bis 1993 teilte die Schack-Galerie das Haus mit der Bayerischen Staatskanzlei und war auch Sitz des Ministerpräsidenten. Im Vorgriff auf das hundertjährige Jubiläum im Herbst 2009 wurde das Gebäude renoviert.

Haus der Kunst (II F4; Prinzregentenstraße 1): Der ›Glaspalast‹ am Alten Botanischen Garten war in einer Juninacht 1931 durch einen verheerenden Brand zerstört worden. Das Bayerische Kultusministerium erteilte daraufhin sehr rasch dem Architekten Theodor Fischer den Auftrag für einen Ersatzbau an gleicher Stelle. Heftiger Protest der Münchner Architekten gegen dieses Verfahren bewog das Ministerium zur Ausschreibung eines Wettbewerbs. Hitler entschied dennoch für den Entwurf Paul Ludwig Troosts (von 1932) und für den Bauplatz in der Randzone des Englischen Gartens. Als ›Haus der Deutschen Kunst‹ wurde der neoklassizistische Bau 1937 mit der ›Großen deutschen Kunstausstellung‹ eröffnet. Die skandalöse Ausstellung ›Entartete Kunst‹ wurde zeitgleich im Galeriegebäude am Hofgarten gezeigt. Bis 1944 fanden jährlich die ›Großen deutschen Kunstausstellungen‹ als Verkaufsausstellung statt.

Nach dem Zweiten Weltkrieg wurde das ›Haus der Kunst‹ von der US-Armee als Offizierskasino und Basketballhalle benutzt, seit 1949 pilgerten die Kunstfreunde zu den Bildern der zerstörten Pinakotheken, die im ›Haus der Kunst‹ provisorisch ausgestellt wurden. Die junge Generation sah zum ersten Mal Hauptwerke der als ›entartet‹ verfolgten Meister, von Emil Nolde und Ernst Ludwig Kirchner, Franz Marc und Oskar Kokoschka, Paul Klee und Max Beckmann. Nur beiläufig fiel auf, dass die Säle gigantomanisch überhöht, die Bildformate in ihrer Überzahl für bescheidenere Raumdimensionen geschaffen sind.

Das Haus der Kunst ist im Wesentlichen in seiner ursprünglichen Baugestalt erhalten geblieben. Nur vor dem Säulenportikus mit seinen 21 Achsen wurde 1971 bei der Untertunnelung des Prinz-Carl-Palais die Freitreppe zugunsten der Straßenverbreiterung reduziert, seither führen die Stufen zwischen den Säulen hinauf. Nachdem 1957 die Alte Pinakothek und seit 1981 die Neue Pinakothek wieder geöffnet sind und seit in der Pinakothek der Moderne auch die Staatsgalerie moderner Kunst wieder ein eigenes Haus hat, finden im Haus der Kunst große und kleinere Ausstellungen statt. Eine gern als Prominententreff bezeichnete Institution ist das Lokal ›P1‹ im Osttrakt. Das seit 2002 im Westtrakt bespielte ›Theater im Haus der Kunst‹ wurde 2007 geschlossen. Im Sommer zeigt alljährlich die ›Große Münchner Kunstausstellung‹ Werke überwiegend Münchner Künstler.

Prinz-Carl-Palais (II E4/E5; Franz-Josef-Strauß-Ring 5): Obwohl das Palais mehrfach vergrößert, auch untertunnelt und in seiner Ausrichtung gedreht wurde, gilt das 1806 fertiggestellte ›Prinz-Carl-Palais‹ immer noch als Musterbeispiel klassizistischer Architektur. Carl von Fischer hatte für das Palais zwei Schauseiten entworfen, die Hauptfassade nach Osten zum Englischen Garten und die Südfassade zum Hofgarten. 1830 wurde an der Frühlingsstraße ein langgestreckter Anbau angefügt. Anlässlich der Eröffnung von Hitlers Haus der Kunst wurde 1937 die Von-der-Tann-Straße verbreitert, weshalb der Anbau wieder abgerissen, das ›Gästehaus des Staats‹ zugleich aber umgebaut und erweitert wurde. 1971–80 folgten weitere Anbauten. Die damals heftig diskutierte Nutzung als Bayerische Staatskanzlei mit neuem Flügel an der Von-der-Tann-Straße wurde zugunsten des Neubaus am Platz des Bayerischen Armeemuseums aufgegeben.

Die vielfältigen Nutzungen des Baus spiegeln die politische und gesellschaftliche Entwicklung Münchens wieder. Ursprünglich war das Palais für Pierre de Salabert, einen Benediktiner-Abbé und ehemaligen herzoglich-zweibrückischen Finanzminister, bestimmt, der aber bereits im folgenden Jahr verstarb. König Maximilian I. Joseph erwarb daraufhin 1807 das ›Palais Royal‹ und hinterließ es König Ludwig I., der es seinem Bruder Carl übergab. Prinz Carl ließ 1826 die heute noch erhaltene elegante Innenausstattung des Kernbaus von Jean-Baptiste Métivier ausführen, vor allem im Marmorsaal und im Blauen Salon. Intarsienfußboden, vergoldete Türflügel, Stuckgirlanden und Deckengemälde bezeugen hohe ästhetische Ansprüche. Als Prinz Carl 1875 starb, richtete das Finanzministerium im oberen Stock des Seitenflügels eine Dienstwohnung für den Finanzminister, das Erdgeschoss für den Obersten Rechnungshof ein. Im historischen Kern des Palais residierte bis 1918 die Gesandtschaft der österreich-ungarischen k. u. k. Monarchie, in der Räterepublik, also 1918/19, abgelöst vom ›Sozialisierungskommissär‹. Seit 1924 diente der Bau als **Dienstwohnung des Bayerischen Ministerpräsidenten**. 1937 folgte die Erweiterung (Architekten Fritz Gablonsky und Pläne von Paul Ludwig Troost) zum staatlichen Gästehaus mit einer zweigeschossigen, mit unverputzten Ziegeln ausgemauerten Halle. Im Krieg erlitt das Palais nur wenige Beschädigungen.

Seit 1947 hatten die Bürger erstmals und nur für wenige Jahre Zutritt zum Palais, als im Erdgeschoss die Staatliche Antikensammlung ihre Schätze ausstellte. Im Obergeschoss zog die 1948 gegründete Bayerische Akademie der Schönen Künste ein. Beide Nutzungen endeten 1971. Nach der vierjährigen, von Hans Heid geleiteten Renovierung 1971–75 wurde es wieder zusätzlicher Amtssitz des Bayerischen Ministerpräsidenten, der hier zu Empfängen einlädt. Für den Ministerpräsidenten steht ein eigenes Zimmer zur Verfügung.

Der umgebende Parkbereich (›Finanzgarten‹) grenzt beim Ausgang zur Galeriestraße an Reste der Befestigungsanlage aus dem 17. Jh. Auf einem kleinen Hügel, dem Überrest einer ehemaligen Bastion, befindet sich eine künstliche Grotte. Hinter massivem Eisengitter steht dort seit 1962 der Heinrich-Heine-Brunnen mit einer Quellnymphe-Skulptur von Toni Stadler, daneben die Skulptur des Heinrich-Heine-Freundes Fjodor Tjutschew, »der Russland als Diplomat, München und der Menschheit als Dichter und Philosoph diente«. Am Fuß des Hügels ist 2007 als Geschenk der Provinz Shandong (Volksrepublik China) eine überlebensgroße Konfuzius-Statue aus lichtgrauem Stein anlässlich der 20-jährigen Partnerschaft Bayern–Shandong errichtet worden.

Beim Bau der Staatskanzlei 1990–93 konnte der Köglmühlbach revitalisiert, das Parkareal vor der östlichen Schauseite des Palais erweitert und um eine Fontäne bereichert werden. Der Kontrast zu diesem grünen Schlossidyll ist die Blickperspektive von der Prinzregentenstraße her, von hier zeigt sich das Juwel Prinz-Carl-Palais über einem schwarzen Tunnelloch.

Bayerische Staatskanzlei (Franz-Josef-Strauß-Ring 1): Kein anderes Gebäude war in der zweiten Hälfte des 20. Jh.s in München so umstritten wie der Neubau der Bayerischen Staatskanzlei. Stadtplaner, Denkmalpfleger und Architekten, der Deutsche Werkbund Bayern, die Akademie der Schönen Künste, ein internationales Architekten-Symposion und Bürger protestierten gegen die Standortwahl am Hofgarten und Residenz und den Entwurf von Diethard Johannes Siegert, der den ausgeschriebenen Architekten-Wettbewerb 1982 gewonnen hatte.

Aus den ersten Jahren der Bundesrepublik stammen Pläne, an Stelle des 1901–05 nach Entwürfen von Ludwig Mellinger und Gottfried Kurz gebauten, im Zweiten Weltkrieg großenteils zerstörten Bayerischen Armeemuseums ein Sendegebäude für den Bayerischen Rundfunk zu er-

Münchens umstrittenster Neubau: die Bayerische Staatskanzlei

richten. Bald aber überwog wohl im Ministerrat wie auch im Landtag der Wunsch, den Neubau der Staatskanzlei möglichst nahe an der Wittelsbacher Residenz zu platzieren, sodass bereits 1962 der bayerische Ministerrat beschloss, den Neubau der Staatskanzlei an dieser Stelle zu errichten. Der Beschluss wurde 1980 erneuert. Dabei sollte der zentrale Kuppelbau des Armeemuseums als Zeugnis der Vergangenheit einbezogen und ein Teil des Baus dem ›Haus der Bayerischen Geschichte‹ überlassen werden.

Als 1985 bei Ausschachtungen Arkaden aus der Zeit Kurfürst Albrechts und Reste eines **Brunnenhauses** von Leo von Klenze dort entdeckt wurden, wo der Seitenflügel zum Englischen Garten hin geplant war, konnte der breite Widerstand gegen den preisgekrönten Entwurf nicht länger ignoriert werden. Schließlich verzichtete der Bauherr auf die geplanten Seitenflügel, sagte die Erhaltung der wiederentdeckten Arkaden zu, versprach eine Minde-

rung der Baumasse und eine hofgartengemäße Optik. Die
Front der Staatskanzlei zum Hofgarten sollte eine vorge-
hängte Glasfassade erhalten und dadurch luftiger und
leichter wirken. Diethard Johannes Siegert überarbeitete
seinen Entwurf, sodass 1989 mit dem Bau begonnen werden konnte, 1993 war er fertiggestellt.

Die Wandlung zur äußeren Gestalt eines überdimensio-
nierten Gewächshauses lässt die Staatskanzlei zum Hofgarten hin nicht so wuchtig erscheinen, kann ihr aber den
Charakter eines Riegels nicht nehmen. Die Glasfront wird
in ihrem Zentrum von dem fast unveränderten Portikus
des ehemaligen Armeemuseums sowohl unterbrochen wie
auch dominiert. Die sechs mächtigen erhaltenen Kolossalsäulen des Königlich Bayerischen Armeemuseums über
der Freitreppe bezeugen zusammen mit der hohen Kuppel
den imperialen Herrschaftsanspruch, den die monumentale Armeemuseums-Architektur ausstrahlt. Dagegen wirkt
das **Kriegerdenkmal am Fuß** der Freitreppe inmitten des
langgestreckten Ehrenhofs leidbewusst und ernst, ohne
heroische Übersteigerung des Soldatentods. Die Krypta
unter großer flacher Steinplatte wurde in den 1920er-Jah-
ren geschaffen, nach Entwürfen von Thomas Wechs und
Eberhard F. Finsterwalder. Zwischen den tragenden Stein-
blöcken führen Stufen hinab zu der Skulptur des *Toten
Soldaten* von Bernhard Bleeker, 1924.

Die Arkaden verbinden heute den Nordabschluss der
Staatskanzlei mit dem Hofgarten. Sie stammen aus dem Al-
bertinischen Garten, der sich nach Norden zum ›Hirschanger‹, dem herzoglichen Jagdgebiet und späteren ›Englischen Garten‹, erstreckte. Der Arkadengang gehörte wohl
zu einem 1565–67 erbauten Sommerhaus der Herzogin
Anna. Heute stehen die wiederhergestellten Arkaden in einer dekorativen Reihe als nördlicher Abschluss der Staatskanzlei und des Ehrenhofs.

Garten- und Landschaftspflege sind der Frontseite der
Staatskanzlei und dem benachbarten Prinz-Carl-Palais mit

dem baumbestandenen Grünstreifen samt freigelegtem
Kögelmühlbach zugute gekommen, sodass der langgestreckte, über dem Sockelgeschoss vier Stock hohe Baukörper sich von dem stark befahrenen Altstadtring deutlich absetzt. Damit war auch Raum für eine eigene
Vorfahrt zum heutigen Eingangsportal unter breit vorkra-
gendem transparenten Schutzdach gewonnen, der ursprünglichen Rückseite des Armeemuseums.

Bogenhausen

Friedensengel (III G5; Prinzregentenstraße über dem östlichen Isarufer): Das Dorf Bogenhausen wurde 1892 von
München eingemeindet und sollte zu einem gutbürger-
lichen Stadtteil entwickelt werden. Bereits 1891 war die
›Prinzregententerrasse‹ in der Blickachse der Prinzregentenstraße mit Brunnenbecken und Freitreppen hinauf zum
Hochufer der Isar fertiggestellt worden. Allerdings fehlte
ihr noch ein repräsentativer Abschluss. Da traf es sich,
dass der Leiter des neu geschaffenen Stadterweiterungs-
büros, der Architekt Theodor Fischer, auf ein Angebot
der Prinzregent-Luitpold-Stiftung stieß.

   Die Vorgeschichte begann im neu erbauten Viertel Haidhausen. Nahe dem Ostbahnhof und um den Wörthplatz
hatten nach dem Deutsch-Französischen Krieg 1870/71
mehrere Straßen die Namen von Orten erhalten, an denen
bayerische Truppen gesiegt hatten. Ein dort ansässiger
Wachsfabrikant stellte 1893 den Antrag auf ein Siegesdenkmal, das zum 25-jährigen Jubiläum 1896 von der Stadt genehmigt wurde, aber mangels konkreter Standort- und
Kostenvorgaben zunächst in Vergessenheit geriet. Die
Prinzregent-Luitpold-Stiftung erklärte sich 1894 zur finan-
ziellen Leistung bereit, und der Architekt Theodor Fischer
legte erste Entwürfe für ein Friedensdenkmal vor. Zwar

schwebte dem Verwaltungsrat der Stiftung eher ein Sieges- als ein Friedensdenkmal vor, doch sah er dessen Standort nicht notwendigerweise in Haidhausen. Das wiederum kam Theodor Fischer gelegen, dem es darum ging, den neuen Stadtteil Bogenhausen zu erschließen. So wurde Ende 1895 das Friedensmonument mit Zustimmung des Prinzregenten beschlossen.

Den nur für in München ansässige Künstler ausge- schriebenen Wettbewerb gewannen drei junge Absolven- ten der Kunstgewerbeschule und Kunstakademie: Hein- rich Düll, Josef Heilmaier und Georg Pezold. Heilmaier hatte 1893 als ersten größeren Auftrag bereits eine *Eirene*, eine Friedensgöttin, für die Bekrönung des Rathauses sei- nes Heimatdorfs Isen geschaffen. Später war er in Nürn- berg tätig. Arbeiten von Düll und Pezold sind in Mün- chen die Brunnenfigur *Rotkäppchen und der Wolf* am Kosttor, die Bauplastik mit Segelschiffen und Fortuna am Kaufhaus Oberpollinger in der Neuhauser Straße und der Obelisk im Luitpoldpark.

1896, zum 25-jährigen Jubiläum des Friedensschlusses mit Frankreich am 10. Mai 1871, wurde der Grundstein gelegt. Erst 1899 war das Denkmal vollendet samt der quadratischen Halle um den Unterbau der Säule. Diese nach den je zwei antikisierenden Jünglingsgestalten an den vier Seiten so genannte ›Koren-Halle‹ zeigt ein reiches Bildprogramm mit Mosaiken und Rundmedaillons, könig- liche und kaiserliche Hoheiten der Hohenzollern und der Wittelsbacher, dazu den Reichskanzler Otto von Bis- marck, den Generalfeldmarschall und preußischen Heer- führer Helmuth Karl Bernhard Graf von Moltke und den preußischen General und Minister Albrecht Theodor Emil Graf von Roon und andere Generäle. Die Mosaiken erin- nern mit ihrem Farbenzauber an Gemälde Franz von Stucks und der Sezessionskunst.

Auf seiner 23 m hohen, kannelierten Säule zeigt der En- gel trotz seines 3,5-Tonnen-Gewichts Leichtigkeit, er ist

ein golden glänzender, luftiger Genius, der über dem
Laubgrün der Isar zum Schwebeflug abzuheben scheint.
Als Vorbild gilt eine 1823 in Pompeji gefundene Nike
(griech.: Siegesgöttin) im Museo Archeologico Nazionale
in Neapel. Der Bronzeguss stammt von Ferdinand von
Miller d. Ä. In der erhobenen rechten Hand hält der Engel
den Ölzweig, in der linken das Palladion als Symbol einer
Schutzgöttin.

Im Krieg unbeschädigt, musste die absturzbedrohte
Engelsfigur 1981 restauriert werden. Dabei wurden Stand-
bein und Flügel erneuert. 1993 wurde das Friedensdenkmal insgesamt saniert und die Flügel steiler aufgestellt.

Villa Stuck (III G5; Prinzregentenstraße 60): Franz von
Stuck, Müllersohn aus dem bayerischen Tettenweis, Maler
und Bildhauer des Symbolismus und des Jugendstils, Mitgründer der ›Münchner Secession‹, seit 1895 Akademie-
professor und als Künstler schon fast ein Malerfürst, ließ
sich 1897–99 nach eigenen Entwürfen die neoklassizistische Villa erbauen. Stuck, der nicht als Architekt ausgebildet war, hatte offensichtlich die antiken Bauten Italiens
studiert. Anders als König Ludwig I., der von den Bauten
des klassischen Griechenland begeistert war, faszinierte
Stuck die Architektur des klassischen Roms.

Kräftige Gesimse und Eckrisalite gliedern den kubischen Baukörper, kannelierte Säulen tragen den Portalvor-
bau. Von hohem Pfeiler blickt die römische Wölfin dem
Besucher entgegen, die überlebensgroßen Dachskulpturen
stellen Herkules, Venus und den Kriegsgott Mars dar. Der
Atelierbau links zur Ismaninger Straße wurde 1913 im
gleichen Stil angebaut.

Der Zweite Weltkrieg fügte den Gebäuden schwere
Schäden zu. Stucks Erben fehlten nach Kriegsende die
Mittel zur nachhaltigen Restaurierung. Dank der Initiative
des Unternehmers Hans Joachim Ziersch und seiner Frau
Amelie konnte die Villa in den 1960er-Jahren gerettet wer-
den. Der ›Stuck-Jugendstil-Verein‹ gründete sich, Haus

und Kunstsammlung wurden als Stiftung der Stadt München übergeben. Seit 2005 präsentieren sich Räume und Kunstwerke und auch der lange vernachlässigte Garten in neuem Glanz. In den Stockwerken werden Ausstellungen geboten, neben Gemälden und Skulpturen auch Kunsthandwerk, Gläser und Keramiken. Die Empfangsräume und Salons konnten großenteils mit der Originalausstattung von Franz Stuck wiederhergestellt werden, mit den Möbeln, für die Stuck auf der Pariser Weltausstellung 1900 mit der Goldmedaille ausgezeichnet wurde, mit monumentalen Hauptwerken wie dem *Wächter des Paradieses* (Goldmedaille der Glaspalast-Ausstellung 1889), mit einer Fassung der *Sünde* und mit meisterlichen Jugendstilskulpturen wie der *Tänzerin*. Damit vermittelt die Villa den authentischen Eindruck eines prominenten Münchner Künstlerhauses im ausgehenden 19. Jh.

Prinzregentenstadion (Prinzregentenstraße 80): Bis 1930 konnten die Bewohner des Nobelviertels Bogenhausen nur in der Isar schwimmen, ein Freibad fehlte noch. Der Unternehmer Friedrich Krantz, Besitzer eines großen Grundstückes in bester Lage nahe dem Prinzregententheater, projektierte dort um 1930 eine sommers als Freibad, winters als Eisbahn zu nutzende Sport- und Erholungseinrichtung, zumal die nach dem Brand des Glaspalastes am Alten Botanischen Garten (1931) angelegte Natureisbahn großen Zulauf verzeichnete. Der Münchner Eislaufverein von 1883 erklärte dem Neubauprojekt seine Unterstützung. Die Kunsteisbahn, die erste ihrer Art in Deutschland, sollte 60 × 36 m messen und später auf 5000 qm vergrößert werden, das Schwimmbecken der Sommerbadeanstalt war auf 50 × 20 m ausgelegt.

Im Februar 1933 begannen die Aushubarbeiten für das Prinzregentenstadion ohne Baugenehmigung und unter Protest der Anwohner, sodass ein Baustopp verhängt wurde. Diesen Amtsbeschluss setzte Hitler sogleich außer Kraft. Der Präsident des Münchner Eislaufvereins, Joseph

Sieg, hatte die Zusage des ›Führers‹ erwirkt, sodass der
Bau noch 1933 eingeweiht werden konnte. Der *Völkische
Beobachter* lobte das »neue europäische Sportzentrum«
und die Privatinitiative des Gründers.

Im Unterschied zu den rundum dominierenden Neore-
naissance- und Neobarockfassaden wirkte das ›Prinze‹ architektonisch ungewohnt modern. Zur schlichten, kubisch
glatten Außenfront passte das Restaurant mit seinem bau-
haustypischen Balkon wie auch die Innenfassade mit ihren
breiten Fenstern und ihrer ›Schiffsarchitektur‹, den Re-
linggeländern und den Bullaugenöffnungen. Bald galt das
neue Sommerbad als elegant und wurde ein Treffpunkt
nicht nur zu Sportveranstaltungen und Festen. Die Stadt
erstattete dafür dem noch im Defizit stehenden Eigner
einen Teil der laufenden Kosten. Der Betrieb wurde erst
im Spätsommer 1944 eingestellt, als Propagandaminister
Goebbels den ›totalen Krieg‹ verordnete und alle Theater
und Unterhaltungsstätten schließen ließ. Der Zweite Weltkrieg zerstörte rund ein Viertel der Stadionbauten.

Dennoch konnte 1946 zur Eislaufsaison wiedereröffnet
werden. Professionelle Eisrevuen und sonntägliche öffentliche Eistanzabende, Amateursport und Badevergnügen
vertrugen sich wie zuvor. Erst 1956 zog sich Friedrich
Krantz zurück, die Stadt übernahm das Stadion. Vierzig
Jahre später überstiegen die Unterhaltskosten die Möglichkeiten der Stadt. Nach langen Diskussionen kam es
2001 zum Abriss, auch ein großer Teil des schattenspen-
denden Baumbestandes wurde abgeholzt. 2005 öffnete der
Neubau, die 50-m-Bahn ist verkürzt worden, ein *Well-
ness*-Bereich hinzugekommen.

Prinzregententheater (III H5; Prinzregentenstraße 82):
Als 1900 der Stadtbaumeister Theodor Fischer den
Münchner Stadterweiterungsplan erarbeitete, kam die Idee
für ein neues Theater in dem kulturell noch unterversorg-
ten Dorf Bogenhausen gerade recht. Vorgetragen wurde
sie von Ernst von Possart, dem Chef des königlichen Hof-

theaters. Er stellte sich über dem Hochufer der Isar ein Opernhaus vor, das Richard Wagner gewidmet sein sollte, ähnlich wie es einst der junge König Ludwig II. geplant hatte. Prinzregent Luitpold stimmte dem werbewirksamen Namen ›Prinzregententheater‹ zu. Die Investoren ließen Schienen und Wagen für eine Pferdetrambahn für den Transport des Publikums auch von der Münchner Altstadt und vom Lehel bereitstellen. Eine ›Prinzregenten GmbH‹ gab Aktien aus.

Als Architekt kam Max Littmann zum Zuge, Partner im Unternehmen Heilmann & Littmann, mit dem er bereits Kaufhäuser, Kliniken am Sendlinger Tor und nach den Entwürfen Franz Stucks dessen Villa gebaut hatte. Stuck-Villa und Prinzregententheater zeigen verwandte neoklassizistische Stilformen. Anders als Franz von Stuck, der die strengere Rechteckform bevorzugte, setzte Littmann bei seinem neuen Theater jedoch den gefälligeren Rundbogen für die Fenster ein. Die Statuen von Heinrich Waderé auf der Balustrade der Vorhalle und an der Attika symbolisieren Musik, Gesang, Tragödie und Komödie. Im Zuschauerraum, der wie ein antikes Amphitheater mit mäßig ansteigenden Sitzreihen gute Bühnensicht erlaubt, ließ er eine Neorenaissancedecke von Julius Mössel und Karl Selzer mit den typischen grotesken Schmuckformen ausmalen (sie blieben erhalten, da sie 1938 nicht zerstört, sondern übermalt wurden), sechs Bogenabschnitte nehmen an der Decke die geschwungene Form der Sitzreihen auf. Die Figuren an den Fassaden und teils auch im Gartensaal stehen dem Jugendstil nahe.

Der Gartensaal wurde 1938 unter der NS-Herrschaft verändert, das Gebäude im Krieg schwer beschädigt. Doch schon 1945 gab es hier erste Konzerte. Bis zur Wiedereröffnung des Nationaltheaters 1963 fand Münchens Opernleben fast ausschließlich im Prinzregententheater statt. In den anschließenden Jahrzehnten war in dem Haus wegen mangelndem Brand- und Betriebsschutz lediglich

Probenbetrieb erlaubt. Erst Ende der 1980er-Jahre wurde der Gartensaal mit seinem gemalten Blätterdach wieder hergestellt und durfte auf der verkleinerten Bühne wieder Theater stattfinden. 1996 konnte das Prinzregententheater nach umfassender Renovierung neu eröffnet werden.

Jugendstil – Maria-Theresia- und Holbeinstraße (III G5/H5): Der weiße Putzdekor an Rundturm und Erker mutet mit expressivem, naturnahem Schwung seiner Lineatur wie Gras an, das sich im Wind bewegt. Das war 1898 völlig neu, als mit der **Villa Bechtolsheim**, Maria-Theresia-Straße Nr. 27, die Münchner, vielleicht sogar die deutsche Jugendstilarchitektur begann. Martin Dülfer konzipierte die Villa als schlichten Bau. Sie zeigt ihre Schönheit im Detail, mit dem dekorativen, schmiedeeisernen Gitter am Eingangstor und am seitlichen Balkon und mit dem im Durchmesser etwas kleineren Turmaufsatz. Geschwungene Jugendstilornamente kehren in der Innenarchitektur von Treppenhaus und verglasten Türen wieder, das schmiedeeiserne Treppengeländer zeigt elegante Blattwerkformen und Sonnenblumenmotive. Das Ornamentdekor der Bechtolsheim-Villa schuf Richard Riemerschmid, einer der kreativsten Münchner Jugendstilkünstler, Mitbegründer der ›Vereinigten Werkstätten für Kunst und Handwerk‹ in München (1898), Mitbegründer des Deutschen Werkbundes (1907), Direktor der Kunstgewerbeschule München (1913) und Leiter der Kölner Werkschulen (ab 1926).

Der Historismus stand allerdings um 1900 noch in voller Blüte und auch ein Architekt wie Dülfer scheute in den folgenden Jahren nicht vor Bauherren zurück, die Neobarock und Neorenaissance bevorzugten. Auf der anderen Seite war das Interesse am Jugendstil in München geweckt, Dülfer klagte schon 1905 öffentlich über Nachahmer und Diebstahl seines geistigen Eigentums. Die **Holbeinstraße** ist eine der schönsten Jugendstilstraßen Münchens mit neun großen Mietshäusern aus dem ersten

Jahrzehnt des 20. Jh.s. Vorgärten mit ihren steinernen Umrandungen, Fensterumrahmungen, Balkone, Erker und Giebel zeigen vielfältige Jugendstilmotive. Besonders auffällig ist der Mosaikdekor der Fassaden, die von dem Architektenteam Sigmund Waidenschlager und Max Kirschner sowie von Lorenz Kirschner gestaltet wurden, zum Beispiel **Nr. 3**. Etliche Wohnungen der Holbeinstraße haben das Ausmaß großer Villen und bieten mit 500 qm Fläche zehn oder mehr Zimmer. Vom Krieg verschont finden sich auch originale Treppenhäuser, Wohnungstüren und Raumausstattungen, so z. B. im Haus **Nr. 8**.

Weitere Jugendstilhäuser finden sich in der Possartstraße, besonders schöne in der Lucile-Grahn-Straße und in der Nigerstraße, weitere auch im Verlauf der Maria-Theresia-Straße südlich von der Bechtolsheim-Villa.

Hildebrandhaus / Monacensia Bibliothek (III G5; Maria-Theresia-Straße 23, Siebertstraße 2): Adolf von Hildebrand, einer der führenden deutschen Bildhauer des ausgehenden 19. Jh.s, siedelte 1897 anlässlich seiner Arbeit am Wittelsbacher Brunnen nach München über, nachdem er zwei Jahrzehnte lang seinen Wohnsitz im ehemaligen Kloster San Francesco di Paolo bei Florenz gehabt hatte. Der Wohnortwechsel war erforderlich geworden, da zu jener Zeit nur Künstler mit festem Wohnsitz in München für solche umfangreichen Aufträge den Zuschlag erhielten. Prinzregent Luitpold verlieh Adolf von Hildebrand 1904 den persönlichen Adel, König Ludwig III. ihm 1913 den erblichen. Hildebrands Wohn- und Atelierhaus über dem Steilhang der Isar entwarf 1894/95 der Künstler selber, mit insgesamt fünf Ateliers für sich und zwei seiner Töchter, die ebenfalls Bildhauerinnen waren. Opulente Repräsentationsräume wie im Lenbachhaus oder in der Stuckvilla fehlen. Hildebrand fühlte sich zeit seines Lebens in Deutschland nicht wohl, mochte weder das ›Geheimratstum‹ in Berlin noch das ›Theaterhafte‹ in München.

Barock heiter mit großzügigen Fensterbögen mutet der
T-förmige Dreiflügelbau an. Im Hof auch burgartig geprägt, mit eingefügtem Treppenturm, Zwiebelhaube und
ehemals grünen, heute dunkelbraunen Fensterläden wirkt
er insgesamt entschieden moderner als der damals so be-
liebte dekor- und figurenreiche Münchner Neobarock.
Statt prunkender Selbstdarstellung erscheinen sparsam ge-
setzte Reliefs an den Außenwänden und eine großzügige
Terrasse zum Isarhochufer hin. Innen begegnet eine funk-
tionelle Raumaufteilung mit gerundeten Wänden und alten, wertvollen Möbeln. Im hohen Lesesaal der 1996 hier
eingezogenen Bibliothek erinnern Hildebrand-Reliefs –
zum Beispiel ein Mädchenkopf – und der Ausblick in die
Kronen von Ahorn- und Kastanienbäumen an das Ideal
des Erbauers, ›Architektur und Natur, Kunst und Arbeit‹
zu verbinden. Hildebrands Freund, der prominente Architekt Gabriel von Seidl, setzte 1895 dessen Zeichnungen
und Modelle in exakte Bauvorlagen um. Zusammen mit
seinem Büro übernahm Seidl 1897–98 die Bauleitung für
das Hildebrandhaus.

Bis in die 1930er-Jahre blieb das Anwesen im Besitz der
Familie Hildebrand. 1933 musste der Religionsphilosoph
und Hitler-Gegner Dietrich von Hildebrand emigrieren.
Das Hildebrandhaus wurde an Elisabeth Braun verkauft,
eine evangelisch getaufte Jüdin, die 1941 deportiert und
ermordet wurde. Gemäß Brauns Testament fiel das Haus
an die Evangelisch-lutherische Landeskirche, als Mieter
zogen Künstler ein, auch mit ihren Familien. Seit Ende
der 1960er-Jahre wechselten die Eigentümer. Dank dem
Bayerischen Denkmalschutzgesetz von 1973 gelang es der
Münchner Stadtregierung, den Abriss zugunsten eines Bü-
roneubaus zu verhindern und das Haus zu erwerben. Drei
Jahre lang wurde das Haus renoviert und nach Plänen von
Enno Burmeister zur ›Monacensia-Bibliothek‹ umgebaut.
Die Präsenzbibliothek zur Literatur-, Stadt- und Verlags-
geschichte Münchens samt Literaturarchiv mit Hand-

schriftenabteilung geht auf den Münchner Bibliotheksdirektor Hans Ludwig Held und das Jahr 1921 zurück. Der Fundus aus 280 literarischen Nachlässen mit 350000 Autographen, Manuskripten und Tagebüchern von Frank Wedekind bis zu Oskar Maria Graf, von Ludwig Thoma bis zu den Geschwistern Erika, Klaus und Elisabeth Mann bietet den Grundstock für die Ausstellungen. Literaturabende und Diskussionsrunden erneuern den kreativen Geist der Jahre um 1900.

Herzogpark und Thomas-Mann-Villa (III H3; Poschingerstraße 1): Der Herzogpark, benannt nach dem aus einer Wittelsbacher Seitenlinie stammenden Herzog Max, liegt nördlich der Bogenhausener Brücke zwischen der Isar und der Montgelasstraße. Graf Maximilian Montgelas, der Modernisierer Bayerns, war seit 1796 Berater, seit 1799 Minister des Kurfürsten und späteren Königs Maximilian I. Joseph. Aufgrund seiner beträchtlichen Vollmachten konnte Montgelas 1802/03 den ›Edelsitz Steppberg‹ rechts der Isar erwerben. Zusätzlich zu seinem Stadtpalais am Promenadeplatz ließ er sich nördlich der ›Wasserkuranstalt Brunnthal‹ in der Nachbarschaft zur Bogenhausener Dorfkirche ein zweites Palais errichten.

Kurz nach dem Erwerb des Grundstücks beschloss die zuständige ›Landesdirektion‹ den Bau der zweiten Münchner Isarbrücke an dem für Graf Montgelas äußerst günstigen Standort unterhalb des Dorfes Bogenhausen. Dadurch erhielt Montgelas von seinem Palais am Promenadeplatz eine direkte Verbindung durch den Englischen Garten zu seinem Landsitz. Zugleich wurde die Isar reguliert und damit eine der vordringlichsten Aufgaben des ›Churfürstlichen Geheimen Central-Wasser- und Strassenbau-Bureaus‹, das Montgelas gegründet hatte, realisiert. Die Isar erhielt damals ein 93 Meter breites Bett zugewiesen, heute misst es etwa 60 Meter. Die Isarregulierung schützte den Englischen Garten vor Überschwemmungen, der Isardamm auf der Bogenhausener Seite die

Grundstücke am Fuß des Isarhochufers und damit auch jene des Grafen Montgelas.

Die Parkgestaltung ging von Graf Montgelas und seinem 40 Hektar umfassenden Landbesitz aus. Montgelas ließ Friedrich Ludwig von Sckell einen Landschaftsgarten entwerfen, der sich vom steilen Isarufer bis zu den Auen direkt am Fluss hinzog. Reste des großen Montgelas-Parks finden sich heute im Garten des Bundesfinanzhofs an der Montgelasstraße / Ismaninger Straße. Der Sohn des Gründers, Graf Maximilian Joseph Montgelas, verkaufte nach dem Tod des Vaters 1838 den Bogenhausener Besitz an Herzog Max in Bayern, der sich des Parks annahm. Er nutzte ihn für Spaziergänge und als Spielplatz für seine Kinder und schätzte die Produkte der hinzuerworbenen Landwirtschaft aus dem Ökonomieanwesen am Wege nach Oberföhring. Als Herzog Max 1888 verstarb, erbten seine Witwe, später sein Sohn Karl Theodor den Park, der sonntags auch für Münchner Bürger zugänglich war.

Die Erschließung des Herzogparks für Münchner Bürger begann mit der Eingemeindung des Dorfs Bogenhausen in das Münchner Stadtgebiet (1892) und wurde mit der Gründung der ›Terrain-Aktiengesellschaft Bogenhausen-Gern in München‹ im April 1900 besiegelt. Die Gründungsmitglieder, Herren von Adel oder militärischem Rang, begannen das rechte Isarufer um Bogenhausen aufzukaufen. Schon im Mai gelang es ihnen, das Gelände des Herzogparks mit der erforderlichen Einwilligung des ›Königlichen Familienstatuts‹ zu erwerben. Direktor der Gesellschaft war der Architekt Martin Dülfer, der bereits mit der Villa Bechtolsheim erfolgreich in Bogenhausen tätig geworden war. Die herzogliche Familie ihrerseits nutzte die Wertsteigerung ihres Herzogpark-Besitzes als Mitgift ihrer Tochter Marie Gabrielle für ihre Ehe mit Erbprinz Rupprecht. Wie sich die Herzogpark-Erschließung dann doch zum Missfallen und Verdruss der prominenten Bauherren in die Länge zog, hat Thomas Mann in einem seiner kleineren Werke eindrücklich geschildert. In *Herr und Hund*, 1919 erschienen, findet sich Enthusiastisches über den Herzogpark – »Das ist kein Wald und kein Park, das ist ein Zaubergarten nicht mehr und nicht weniger« –, aber auch unwirsche Sätze, über die inzwischen in Konkurs gegangene »Handelssozietät«.

1893 war der 18-jährige Thomas Mann aus Lübeck nach München gezogen, 1901 publizierte er hier den Familienroman *Buddenbrooks – Verfall einer Familie*, für den er 1929 den Nobelpreis für Literatur erhielt. 1905 heiratete er Katia Pringsheim, mit der er sechs Kinder hatte. 1913 ließ er sich den Bau eines Einfamilienhauses im Anwesen Ecke Föhringer Allee und Poschingerstraße genehmigen und zog im folgenden Jahr in die herrschaftliche Villa ein. Als die Nationalsozialisten an die Macht kamen, kehrte Thomas Mann von einer Lesereise ins Ausland nicht nach München zurück, emigrierte von der Schweiz in die USA und kehrte 1952 schließlich in die Schweiz zurück. Im gleichen Jahr besuchte Thomas Mann ein letztes Mal die Poschingerstraße, das im Krieg beschädigte Haus war zum Teil bereits abgerissen. Der noble Charme des Herzogparks mit Baumgrün und gepflegter Ruhe hat überdauert. Die Thomas-Mann-Villa wurde 2005 von dem Bank-Chairman Alexander Dibelius in der Außenarchitektur nach den ursprünglichen Plänen im gleichen Grundstück etwas näher zum Isarhang wieder aufgebaut, jetzt mit Haustechnik, Schwimmbad und auf dem Dach mit Solarmodulen. Der Thomas-Mann-Förderkreis kann die Villa für Veranstaltungen nutzen.

HypoVereinsbank (I D5; Arabellastraße 13/Am Tucherpark 16): Die Bayerische Hypotheken- und Wechselbank errichtete 1975–81 für ihr Verwaltungszentrum ein Hochhaus von unverwechselbar spektakulärer Gestalt. Bis heute prägt die technoide Konstruktion aus vier unterschiedlich hohen Rundpfeilern und den zwischen ihnen eingehängten Bürogeschossen die Münchner Stadtsilhou-

ette im Nordosten. Die Architekten Walter und Bea Betz
setzten das stark gegliederte Hochhaus an die Gelenkstelle
zweier Flügelbauten, die ihrerseits bis zu fünf Stockwerken aufsteigen. In 45 m Höhe sind die Turmpfeiler und
die Bürogeschosse miteinander durch starke Ringklam-
mern verbunden. Ein ›Technik-Geschoss‹ trägt die oberen
Stockwerke sowie auch die an ihm aufgehängten unteren.
Die Aluminiumverkleidung der Röhren verstärkt die Optik eines überdimensionalen, 114 Meter hohen technischen
Geräts.

1999 fusionierte die Bayerische Hypotheken- und
Wechselbank mit der Bayerischen Vereinsbank unter dem
neuen Namen ›HypoVereinsbank‹. Danach schloss sich
die Übernahme durch die italienische Unicredit-Bank an.
Das Verwaltungsgebäude wurde 1994/97 und 1999 um
Bürofläche und Veranstaltungshalle erweitert. Der amerikanische Lichtkünstler Dan Flavin stattete die Haupttreppe mit kräftigen, farbigen, immer wieder wechselnden
Lichtinstallationen aus.

Sammlung Goetz (Oberföhringer Straße 103): Das
Areal der Sammlung Goetz präsentiert sich als Ensemble
aus kleinem Parkgrün und dem kubischen Ausstellungs-
haus der Sammlung Goetz, als Komposition aus gepflegter Natur und kompromisslos klarer Architektur. 1989
von der Hausherrin Ingvild Goetz beim Baseler Architek-
tenduo Herzog & de Meuron in Auftrag gegeben, konnte
das Haus 1993 eröffnet werden. Der Bau zeichnet sich
durch seine ebenmäßige Kastenform mit breiten lichtspen-
denden Glasbändern unter den Decken aus, zudem durch
schmal bemessene Treppen, hohe, gleichfalls schmale Türen, die weiß gestrichenen oder mit naturhellen Hölzern
verkleideten Wände und den mit naturhellen Hölzern be-
deckten Boden. Durchblicke und Perspektiven bestätigen
die Liebe zur Geometrie. Mit den einfachen und ruhigen
Formen tritt der museale Raum nicht in Konkurrenz zu
den ausgestellten Kunstobjekten. Die Ausstellungen zei-

gen im Wechsel wichtige Aspekte der Sammlung Goetz, von der Arte povera über britische und amerikanische Künstler bis zu jungen deutschen Künstlern wie Andreas Hofer und Thomas Zipp.

Zu der Sammlung gehört zudem ein großer Filmbestand. 2004 wurde das Museum um den Medienbereich BASE 103 erweitert, ohne das Bauwerk äußerlich zu ändern. Für die filmisch erzeugten Welten schuf der Münchner Architekt Wolfgang Brune aus einem ehemaligen Lagerbereich im Untergeschoss eine Abfolge von einem dunklen und einem hellen Raum sowie dem großen Medienraum.

Haidhausen und Isarvorstadt
Vom Maximilianeum zum Gärtnerplatz-Theater

Maximilianeum (I G6; Max-Planck-Straße 1): Das Maximilianeum bezeichnet die Studienstiftung Maximilianeum, das Bauwerk Maximilianeum und den Sitz des Bayerischen Parlaments. Die Idee einer Eliteschule stand am Anfang. Söhnen armer wie reicher Eltern sollte sie offenstehen, »talentvollen bayerischen Jünglingen«, die für den höheren Staatsdienst von Nutzen sein könnten. König Ludwigs Sohn Maximilian plante die Gründung einer solchen Schule schon als Kronprinz, vier Jahre nach der Abdankung seines Vaters begann der Unterricht für die ersten Stipendiaten noch provisorisch in einer Wohnung in der Amalienstraße im Universitätsviertel. 1876 – fast zwanzig Jahre nach Baubeginn – durften die Eliteschüler dann in den pompösen Neubau einziehen. Ludwig II. hat damals die Stiftungsurkunde für die 26 Stipendiaten umfassende Studienstiftung unterzeichnet.

Einen »großen nationalen Bau« wollte König Maximilian II. als Blickpunkt von der Maximilianstraße auf der Isar-

Im königlichen ›Maximilianeum‹ treffen sich der bayerische
Landtag und Eliteschüler

höhe sehen, und er finanzierte ihn aus seiner Privatschatulle.
Erste Entwürfe von Eduard Metzger 1840 gefielen nicht, sodass 1850 ein internationaler Wettbewerb ausgeschrieben
wurde. Tradition und Moderne sollten darin Eingang finden,
die Neugotik wie auch Elemente anderer historischer Stile
mit neuen Materialien und neuer Technik vereint werden.
Auf 100 Einladungen folgten nur 17 Einsendungen. Friedrich Bürkleins Einsendung gewann 1854 nicht den ersten
Preis, doch wurde ihm der Bau des Maximilianeums zugesprochen. Seine Vorschläge für die ›Neue Königsstraße‹, die
erst seit 1858 offiziell ›Maximilianstraße‹ hieß, trugen ihm im
gleichen Jahr die Oberaufsicht auch für dieses Projekt ein.
Der Grundstein wurde 1857 gelegt. Die Erdarbeiten am Isarhang erwiesen sich als sehr schwierig, sodass 1864 erst die
Sockelzone des Mittelbaus fertiggestellt, die Gesamtanlage
dann 1874 unter König Ludwig II. vollendet werden konnte.
Im Zuge der Arbeiten hatte König Maximilian II. die von
Bürklein entsprechend der Maximilianstraße geplanten
Spitzbögen durch Rundbögen ersetzen lassen.

Dem Ergebnis hat man phantomhafte Großartigkeit nachgesagt. Das damals Zeitgemäße erscheint tatsächlich mit zunehmendem Abstand immer mehr als eine Architekturphantasie im Vorgriff auf die Ludwigschlösser. An den Hang der Isarhöhe gebaut, gewinnt die 150 m lange, über eine große Rundmauer gestellte Fassade durch ihre Gliederung mit hohem, dreiachsigem Mittelrisalit und die seitlichen Türme eine theatralisch märchenhafte Wirkung. Diese wird nochmals verstärkt durch die seitlich angefügten offenen, ebenfalls zweistöckigen Arkaden. Skulpturen auf der Attika, Mosaiken in der Attikazone (erst 1902 eingefügt, da die ursprünglichen Fresken der Witterung nicht standhielten) und die Büsten in den Tondi über den Erdgeschossarkaden zeigen Staatsmänner, Philosophen und Erfinder.

Im Innern beeindruckt das dreiläufige Treppenhaus. Historiengemälde und Grisaille-Allegorien der Tugenden schmücken Säle und Gänge. Hauptraum ist der Plenarsaal des Bayerischen Landtags mit Presse- und Zuschauerbühnen. Das Bayerische Parlament hatte ab 1818 bis zu seiner Abschaffung im Hitler-Reich seinen Platz in der Prannerstraße, im ehemaligen Palais Seeau, seit 1885 in einem Neorenaissanceneubau an gleicher Stelle. Dieses Gebäude brannte 1943 vollständig aus.

Ein Jahr nach Hitlers Machtergreifung war am 30. Januar 1934 das Bayerische Parlament aufgelöst worden. Nach den ersten freien Landtagswahlen Mitte 1946 tagten die Abgeordneten in Notunterkünften, unter anderem im Theater am Brunnenhof der Residenz. Unterdessen wurde im teilzerstörten Maximilianeum umgebaut. 1949 konnte das Bayerische Parlament ins Maximilianeum einziehen. 2000 lagen Erweiterungspläne des Architektenbüros Behnisch und Sabatke vor, die einen gläsernen Sitzungssaal auf dem Dach des historischen Bauwerks vorsahen. Statt dieses aufwändigen Entwurfs wurden die rückwärtig schon 1959 und 1965 angefügten nüchternen Gebäude nochmals erweitert (Architekturbüro Staab), auch der Plenarsaal wurde modernisiert.

Den bayerischen Abiturienten der Studienstiftung, die 1946 in die gleichfalls rückwärtige ehemalige ›Pagerie‹ umziehen mussten, kommt die Erweiterung zugute. Seit 1980 gehören ihr dank der ›Wittelsbacher Jubiläumsstiftung‹ auch zehn Studentinnen an, seit dem Jahr 2000 annähernd 50 Stipendiaten.

Müller'sches Volksbad (I F7; Rosenheimer Straße 1): Das Müller'sche Volksbad, 1897–1901 von dem Pfälzer Carl Hocheder erbaut, besticht schon durch seine Lage am südlichsten Punkt des Hochufer-Parkgeländes an der Isar, zwischen Ludwigsbrücke, dem schon 1315 erwähnten Kirchlein **St. Nikolai** (Innere Wiener Straße 1) und der benachbarten Altöttinger Kapelle, die 1678 als Loreto-Kapelle gegründet und seither mehrmals umgebaut wurde. 1894 stiftete der Benediktbeurer Bautechniker und Bauunternehmer Karl Bernhard Müller seiner Heimatstadt München mehrere Häuser, mit der Auflage, aus dem Erlös dieser Immobilien ein Volksbad für das ›unbemittelte Volk‹ zu errichten. Dies entsprach den Bestrebungen des ausgehenden 19. Jh.s, abseits von Flüssen und Seen Bademöglichkeiten auch für den Mittelstand und das einfachere Volk zu schaffen.

Über der langgestreckten Fassade des Bades direkt am Isarkai erhebt sich der mit Reliefs, Balkon und Nebentürmchen aufgemauerte dekorative Turm in reizvollem Kontrast zu der modernen Glas- und Ziegelfront des Kulturzentrums Gasteig. Mischen sich am Turm und an den Fassaden barocke Elemente mit denen des Jugendstils, glänzt im Inneren des Gebäudes der reine Jugendstil, von den Kabinentüren und dem schmiedeeisernen Treppengitter bis zu der großen gewölbten Schwimmhalle. Eine Spezialität der Gründerzeit-Badekultur ist das kreisrunde Römisch-Irische Schwitzbad, das mit antikisierenden Säulen und hoher Kuppel in den Bau integriert ist. Schöne Details wie die elegant geschwungenen Lampen und die farbigen Glasfenster blieben erhalten.

Muffatwerk und Muffathalle (I F7; Zellstraße 4): Hinter dem Hauptgebäude des Müller'schen Volksbades steht Münchens erstes durch Wasserkraft angetriebenes Elektrizitätswerk, das Muffatwerk. Es hat seinen Platz neben den älteren Pumpenanlagen des ›Brunnhauses auf der Kalkofeninsel‹, zu dem 1837 ein Seitenarm des Auer Mühlbachs abgeleitet worden war. Seit 1833 hatte Franz Karl Muffat das Brunnhaus mit Saug- und Druckpumpen zur Wasserversorgung Münchens eingerichtet. Seit 1867 unterstützte eine Dampfmaschine das Pumpwerk. Daraus entstand 1893–94 Münchens erstes städtisches Elektrizitätswerk, ein kombiniertes Wasser- und Dampfkraftwerk mit hohem Kesselhaus. Der elektrische Strom wurde anfangs für Straßenlaternen und Straßenbahnen erzeugt. Der gleichzeitig obelisk-ähnlich errichtete hohe Schornstein, der ›Muffat-Kamin‹, gilt als Wahrzeichen der Gesamtanlage (1988–89 restauriert): Seinen Namen erhielt das Muffatwerk nach den Brüdern Muffat, dem Stadtbaurat Franz Karl Muffat und dem Historiker und ›Reichsarchivrat‹ Karl August Muffat. 1973 wurde das Muffatwerk aufgelassen. 1990 beschloss der Stadtrat, die Maschinenhalle zur Umnutzung als Kulturprojekt umzubauen. Seit 1993 ist die **Muffathalle** ein geschätzter Szeneplatz u. a. für Konzerte, Multivisionsshows, Theater, Kino, Lesungen.

Kulturzentrum am Gasteig (I F7/G7; Rosenheimer Straße 5): Hoch über dem Isarhang erhebt sich seit 1984 der ›Gasteig‹, benannt nach seiner Lage auf der Gasteighöhe. ›Aufdringlich‹ und ›klobig‹ hat man den roten Backsteinbau gescholten, der viele kulturelle Funktionen zu erfüllen hatte und viele Einrichtungen umfasst. Der Konzertsaal für 2400 Plätze ist die Heimstatt der Münchner Philharmoniker, die nach der Zerstörung der Münchner Tonhalle (ehemals Kaimsaal, von Martin Dülfer erbaut) im Jahr 1944 erst wieder 1953 im Herkulessaal der Residenz regelmäßig Konzerte geben konnten. Daneben gibt es den Carl-Orff-Saal, den kleinen Konzertsaal, die größte Freihandbibliothek Europas, das Richard-Strauß-Konservatorium, die Volkshochschule, die ›Black Box‹ mit ihrer Bühne für Vorträge und Lesungen, dazu die Jugendbibliothek, Ausstellungssäle und Restaurants. Jährlich findet im Gasteig-Zentrum die ›Münchner Bücherschau‹ statt, auch das Münchner Filmfestival, Lesungen, Fotoausstellungen, Kongresse und eine Vielzahl von Konzerten. Zur Isar hin spiegelt hoch am Bug des Bauwerks die kristalline Fenstervertikale diese funktionale Fülle: Der Gasteig ist ein Zentrum kreativer Arbeit und unmittelbarer Begegnung mit Musik und Literatur.

Schon 1970 wurde ein Ideenwettbewerb für das Kulturzentrum ausgeschrieben. 1975 musste ein denkmalgeschütztes spätklassizistisches Armenhaus aus dem 19. Jh. dem Neubau weichen. 1985 vollendete das Architektenteam Raue, Rollenhagen, Grossmann, Lindemann den multifunktionalen Bau nach siebenjähriger Bauzeit. Die beträchtliche Baumasse präsentiert sich dank den großzügigen Verkehrsflächen und dem Lichthoffoyer mit seinem gläsernen Dach in Übersichtlichkeit und Offenheit.

Deutsches Museum (I E7/F7; Museumsinsel 1): Zwei Fluss-Inseln haben als Museumsstandorte in Deutschland Weltruhm erlangt: die Spree-Insel am Kupfergraben in Berlin-Mitte und die Isar-Insel in München bei der Ludwigsbrücke. In Berlin legte bereits 1822 Friedrich Schinkel mit dem ›Alten Museum‹ den Grundstein für ein großartiges Kunst- und Kulturmuseenensemble. In München wurde 1903 die Gründung des ersten großen deutschen Technik- und Industriemuseums beschlossen, das dem Münchner Ingenieur Oskar von Miller und seiner starken Überzeugungs- und Durchsetzungskraft zu verdanken ist.

Oskar von Miller, 1855 in München geboren und dort 1934 gestorben, war ein Sohn des gefeierten Erzgießers

Das Deutsche Museum auf der Isar-Insel:
Zehn Jahre lang soll es restauriert und umgebaut werden

Ferdinand von Miller, ein hochbegabter Techniker und Ingenieur, dessen besonderes Interesse u. a. den gerade erst entdeckten Nutzungsmöglichkeiten der Elektrizität galt. Als 26-Jähriger besuchte Miller die Pariser Elektrizitätsschau von 1881. Im Jahr darauf organisierte er die Münchner ›Elektro-Festspiele‹ mit elektrisch illuminiertem Ballett im Glaspalast und mit elektrisch betriebenem Wasserfall. Bayerische Industrielle ermöglichten ihm Studienaufenthalte in Frankreich, England und in den USA. In New York zeigte ihm Thomas Alva Edison seine Laboratorien. Zurück in Europa, bot ihm der Berliner Ingenieur und Unternehmer Emil Rathenau 1882 eine Direktorenstelle bei der ›Deutschen Edison-Gesellschaft für angewandte Elektrizität‹ in Berlin an. Binnen seiner sechsjährigen Tätigkeit entwickelte Miller den Kleinbetrieb mit knapp einem Dutzend Mitarbeitern zur ›Allgemeinen Elektricitäts-Gesellschaft‹, dem späteren Großunternehmen AEG.

Miller kehrte 1888 in seine Heimatstadt München zurück und gründete ein eigenes Unternehmen ›Ingenieurbüro Oskar von Miller‹. Gegen Widerstände von offizieller Seite gelang ihm 1889 der Durchbruch zu einer technischen Sensation: der ersten Starkstromleitung von Lauffen am Neckar nach Frankfurt am Main. In den folgenden Jahrzehnten baute er Elektrizitätswerke und Staudämme, von Straßburg bis zum Baltikum, von Siebenbürgen bis in die Schweiz. Er wurde als ›Napoleon der Elektrizität‹ bezeichnet. Ihm traute man es zu, die verwegene Idee eines großen Technikmuseums zu verwirklichen.

Anlässlich der Jahresversammlung des Vereins Deutscher Ingenieure 1903 in München erwirkte Oskar von Miller beim königlich bayerischen Staatsminister Max von Feilitzsch die Erlaubnis, die erste Zusammenkunft zu seinem Museumsprojekt in den Sitzungssaal des Innenministeriums zu berufen. Damit hatte das Projekt bereits offiziellen Charakter. Miller selbst war Vorsitzender der Bayerischen Sektion des Ingenieur-Vereins und wandte

sich an Wissenschaftler, Techniker und prominente Persönlichkeiten: »... es dürfte daher wohl zu erwägen sein,
ob nicht, wie für die Meisterwerke der Kunst und des Ge-
werbes, auch für die Meisterwerke der Wissenschaft und
Technik eine Sammlung in Deutschland angelegt werden
sollte, wie dies bereits in Frankreich und England ... mit
großem Erfolg geschehen ist.«

»Kommende Geschlechter begeistern ... den Ruhm des
deutschen Vaterlands mehren« – so hochgestimmt warb
Oskar von Miller für das »Deutsche Museum von Meisterwerken der Naturwissenschaft und Technik«. Über die
nationalen Grenzen hinaus sollte es die wissenschaftlich-
technische Durchdringung aller Lebensbereiche verständ-
lich machen. Allerdings müsse es sich von einer gewöhnli-
chen Industrieausstellung »wie ein Nationalmuseum von
einem Gewerbemuseum« unterscheiden. Als sich wenige
Tage später die Geladenen in der Theatinerstraße 21 im
Sitzungssaal der Obersten Baubehörde einfanden, präsentierte Oskar von Miller ihnen bereits den Entwurf des
Museumsbaus von Gabriel von Seidl samt den Statuten
des zu gründenden Fördervereins, der unverzüglich ins
Leben gerufen wurde. Kronprinz Ludwig und Kaiser Wilhelm II. übernahmen das Protektorat und die Stadt München stellte als Baugelände jene Isarinsel zur Verfügung,
die bis dahin als ›Kohleninsel‹ bekannt war. Die Königlich Bayerische Eisenbahn sagte kostenfreie Transporte
zu. Die Bayerische Akademie der Wissenschaften und andere Sammlungen stifteten deutsche und ausländische
Ausstellungsobjekte. Kaiser Wilhelm II., dem an Einver-
nehmen mit dem Bundesstaat Bayern gelegen war, reiste
1906 an die Isar, um gemeinsam mit dem bayerischen
Thronerben Ludwig und dem Prinzregenten Luitpold den
Grundstein für das Deutsche Museum zu legen. Nicht
zuletzt die Wissenschaftler selbst unterstützten Oskar
von Millers Idee. So stiftete Conrad Röntgen das Gerät,
mit dem er 1895 die kurzwelligen elektromagnetischen

X-Strahlen entdeckt hatte. Zu Millers ersten Ankäufen
zählte das Fluggerät, mit dem Otto Lilienthal im gleichen
Jahr den künftigen Luftverkehr vorbereitete. Im ›Alten
Nationalmuseum‹ an der Maximilianstraße konnten 1906
erstmals Exponate des ›Deutschen Museums‹ ausgestellt
werden.

Der Neubau auf der ehemaligen ›Kohleninsel‹ ließ auf
sich warten. Bis 1885 hatte hier das Bayerische Militär
eine Kaserne belegt. Anschließend wurde die Insel als
Ausstellungsgelände und Vergnügungspark genutzt, so
auch von der ›Auer Dult‹, dem beliebten Münchner Früh-
jahrs- und Herbstmarkt, der sich vom Mariahilfplatz bis
auf die Insel hinüber zog. Zudem lag für das zentrumsna-
he Areal ein Siedlungsplan des Stadtbauarchitekten Theodor Fischer vor. Erst 1908 konnte mit den Bauarbeiten
begonnen werden. Gabriel von Seidl, von dem der erste
Entwurf stammte, hatte den Wettbewerb für den Museumsbau gewonnen. Nach Gabriel von Seidls Tod 1913
setzte sein Bruder Emanuel Seidl den Bau fort, der aber
selbst 1919 starb. Oswald Ewald Bieber übernahm die
Bauleitung in den Not- und Hungerjahren nach dem Ersten Weltkrieg. 1925 konnte dann der erste Bauabschnitt
eröffnet werden. Die Eröffnungsreden wurden direkt vom
neuen Medium Rundfunk übertragen. In den 1920er- und
frühen 30er-Jahren wuchs der Komplex, der Saalbau für
Kongresse, die Bibliotheks- und Verwaltungsgebäude entstanden. Erweiterungen wurden auf dem nördlichen Isarufer geplant, wo heute das Deutsche Patentamt steht. Der
Zweite Weltkrieg zerstörte 1944 vier Fünftel der Muse-
umsbauten und etwa ein Fünftel der Ausstellungsobjekte.

Der Wiederaufbau dauerte bis etwa 1970, seither folgten
Um- und Anbauten. Die Eröffnung von Zweigmuseen
schaffte mehr Ausstellungsraum für neue Themen in den
Bauten auf der Münchner Museumsinsel. Seit 1995 zeigt
das ›Deutsche Museum Bonn‹ als Zweigmuseum etwa
hundert Höhepunkte der deutschen Forschungs- und

Technikentwicklung nach 1945. Nach dem Umzug der München-Messe 1998 nach Riem konnten sich Eisenbahn- und Automobil-Abteilungen in drei historischen Messehallen auf der Theresienhöhe als ›Deutsches Museum Verkehrszentrum‹ etablieren. Die ›Flugwerft Schleißheim‹ bietet als Zweigmuseum seit Anfang der 1990er-Jahre mehr als 60 Flugobjekte: von der historischen Werfthalle aus dem Jahr 1918 bis zum Düsenjet, Senkrechtstarter und zur Flugsimulation am Computer.

In seiner über hundertjährigen Baugeschichte ist das Deutsche Museum zugleich auch das Denkmal seiner beständigen Entwicklung. Die Pläne, die Gabriel von Seidl zum Wettbewerb von 1905 einreichte, prägen über Zerstörung und Wiederaufbau hinweg den vierflügeligen Block des ›Sammlungsbaus‹: etwa 100 Meter lang erhebt er sich vierstöckig, um zwei lichtspendende Binnenhöfe gruppiert, mit eher sparsam geschmückten Fassaden. Damit unterscheidet sich dieser Bau deutlich von den zeitgleichen üppigen Neobarock- und Neorenaissancefassaden Münchner Repräsentationsbauten, u. a. auch von Seidls eigenem Bau des ›Bayerischen Nationalmuseums‹.

Zur Landmarke wurde der 68 Meter hohe Turm an der Ostseite. Seine blockhafte Gestalt wird durch einen Balkon mit antikisierenden Säulen und durch die teils farbigen meteorologischen Messinstrumente entnüchtert, einem Hygrometer an der Ostseite, einem Thermometer und Barometer an der Nordseite und einem Windmesser an der Südseite. Die beiden Kuppeln auf den kleineren, flankierenden Türmen am Nordflügel dienen als Nebensternwarten zur Hauptsternwarte über dem ›Ehrensaal‹ und betonen die Symmetrie der Anlage. Der mächtige Bau ruht auf Bohr- und Rammpfählen, die 10–12 m tief in den Schwemmkiesgrund getrieben sind und bis hinab zu dem aus Sand und Mergel bestehenden Flinzgestein reichen. Als eines der ersten Bauwerke in Bayern und in Deutschland ist der Bau in Eisenbeton ausgeführt.

Anfang der 1930er-Jahre konnte zur Ludwigsbrücke hin der **Kongress- und Bibliotheksbau** vor das Rundportal und die Empfangshalle des Seidl-Baus gesetzt werden. Diesen Erweiterungsbau hatte Seidl bereits geplant. 1928 legte Reichspräsident Hindenburg den Grundstein für diesen von Professor Freese entworfenen und von German Bestelmeyer ausgeführten wiederum vier Stockwerk hohen Bau. Die 1932 eröffnete Bibliothek wurde nach Oskar von Millers Konzept zugleich als eine Sammlung von Dokumenten zur Geschichte von Naturwissenschaften und Technik angelegt und bewahrt u. a. über 20 000 Autographen (Briefe, Manuskripte, Tagebücher) von Wissenschaftlern und Technikern und Hunderte von historischen Urkunden.

Nächst der Ludwigsbrücke erhielt der Kongresssaal des Deutschen Museums seinen Platz (German Bestelmeyer, 1929–35). Nach dem Zweiten Weltkrieg wurde er als damals größter Saal Münchens für Konzerte und als Filmtheater genutzt. Auch nach dem Umbau zum ›Forum der Technik‹ (1991–93) und zum ›Forum am Deutschen Museum‹ (2003) blieb der nun zweigeteilte Saal im Kongressbau erhalten.

Eine Hälfte wird für die hier 1992 erstmals in Deutschland gezeigten ›Imax‹-Großbild-Vorführungen genutzt, die andere Hälfte seit 1993 für das neue Planetarium. Die strenge Fassade mit ihren schmalen Fensterschlitzen gliedert sich in Bereiche mit Naturstein und glatt verputzten Flächen. Kleine Adler zieren die Giebelecken der Fassade. Mit diesen ›Akroterien‹ (Giebelfiguren) könnte Bestelmeyer an Schinkels ›Altes Museum‹ in Berlin erinnern.

Das Deutsche Museum ist mit über 50 verschiedenen Ausstellungsbereichen auf rund 50 000 qm Ausstellungsfläche weltweit eines der größten. Den etwa 1,3 Millionen jährlichen Besuchern erschließen sich die Ausstellungsobjekte mit moderner Technik und Medien, mit Modellen, Texttafeln und Experimentierbereichen. Dafür ist beson-

ders reichlich im Untergeschoss im ›Kinderreich‹ gesorgt.
Den Erwachsenen eröffnet das ›Besucherlabor‹, das sich in
das ›Zentrum Neue Technologien‹ (ZNT) einfügt, praxis-
nahe Einblicke. Die Ausstellung ›Deutscher Zukunfts-
preis‹ ist ein Gemeinschaftsprojekt mit dem Bundespräsi-
dialamt und dem Stifterverband für die deutsche Wissenschaft. Eine Generalsanierung des rund 80 Jahre alten
Hauses mit neuen Depots und Modernisierung der Sammlungen steht an.

Theater am Gärtnerplatz (I E7; Gärtnerplatz 3): »Mei-
ner Hauptstadt darf der Besitz eines würdigen Volksthea-
ters nicht länger vorenthalten bleiben«, dekretierte König
Ludwig II., kaum dass er 1864 die Nachfolge seines Vaters
angetreten hatte. Mit dieser königlichen Unterstützung
brachten Theatergründer und Bauherren, Geschäftsleute,
Staatsbeamte und Schriftsteller die notwendigen Mittel für
das ›Münchner Aktien-Volkstheater‹ zusammen, für das
bereits 1864 der Grundstein gelegt wurde. Motivation für
den 1865 eröffneten Bau war nicht nur die Liebe zum
Theater, sondern auch das Ziel, die Attraktivität des neu
entstehenden Gärtnerplatzviertels zu steigern. Hier wurde
erstmals in München in großem Maßstab privates Kapital
in mehrstöckige Mietshäuser investiert.

Franz Michael Reifenstuel konnte aufwändig und
prunkvoll bauen. Den runden Zuschauerraum mit vier
Rängen unter gewölbter Decke und Prosceniumsloge
setzte er in einen der Kreisform des Platzes angepassten,
tortenstückförmigen Grundriss. Die klare dreiachsige
Gliederung der Hauptfassade mit klassischem Giebelfeld
und das dahinter liegende deutlich höhere Bühnenhaus
nehmen die Grundformen des ein halbes Jh. zuvor errichteten Nationaltheaters auf. Bescheidener als dort fällt
der Schmuck der Giebelfelder aus, die Zahl der Plätze
mit 1600 gegenüber 2100 dort ist aber immer noch sehr
hoch. Vor der Eingangshalle erinnern zwei klassizistische
Bronzebüsten an Leo von Klenze und Friedrich von

Gärtner. Bald nach der Eröffnung geriet das neue Theater in Finanzprobleme, 1868 kam es zum Bankrott. Nach mehreren raschen Besitzerwechseln konnte dank der Unterstützung des jungen Königs Ludwig II. 1872 das Haus als ›Königliches Volkstheater‹ wiedereröffnet werden.

Künstlerische Erfolge – in leichtem Operettenton, mit Opern und Dramen – wie auch finanzielle Krisen hatten die Intendanten der folgenden hundert Jahre zu feiern und zu überstehen. Zum hundertsten Jubiläum 1965 wurde das Staatstheater am Gärtnerplatz als »führendes Instrument im Konzert der Münchner Kulturinstitutionen« gewürdigt. Nach etlichen Umbauten wurden 1999 das Foyer und der Zuschauerraum restauriert, dabei wurden auch das große Deckengemälde Eugen Napoleon Neureuthers und die Bühnentechnik erneuert. Das Theater erfreut sich ungebrochener Beliebtheit, mit einer Programmpalette von der Operette bis zu experimentellem Theater, von Offenbach bis Strawinsky.

Thalkirchen / Sendling

Tierpark Hellabrunn (Tierparkstraße 30): Im Vergleich zu anderen Städten wie Berlin, Frankfurt a. M., Köln und Hamburg kam München erst relativ spät zu einem Tierpark. 1911 eröffnete der Tierpark Hellabrunn, gelegen im Landschaftsschutzgebiet der Isarauen. Emanuel von Seidl, Bruder des Architekten Gabriel von Seidl, entwarf unter dem steil ansteigenden Hochufer die ersten Gehege und sorgte für eine möglichst naturnahe Gestaltung auch der Wassergräben und Einfriedungen. Aus jener Zeit stammt das **Elefantenhaus**, das nicht nur zoologisch, sondern auch technisch-architektonisch interessant ist, da Seidls große, aus Beton und Glas gefertigte Kuppel als die weltweit erste freitragende Konstruktion dieser Art gilt. 1928 setzte sich das Konzept des ›Geozoos‹ durch, mit dem der Spaziergang durch den Park zu einer Wanderung von Kontinent zu Kontinent wird.

1945 konnte der in Teilen vom Bombenkrieg schwer geschädigte Tierpark wieder eröffnet werden. Zu Beginn der 1970er entwarf Jörg Griebel einen Langzeit-Generalbebauungsplan mit Schwerpunkt auf ein möglichst artgerechtes Lebensumfeld der Tiere. Zu den besten Beispielen zählt die 1980 erbaute **Großvoliere**: Bis zu 18 Meter hoch überspannt ein dünnmaschiges Edelstahlgewebe eine Fläche von 5000 qm und ermöglicht so annähernd eine Freilandbeobachtung der Vogelarten (Architekt J. Griebel, Beratung Frei Otto). Architekten und Gärtner wirkten beim ›Urwaldhaus‹ zusammen, das mit einem Rundgang durch tropische Vegetation fasziniert. Neuere Attraktionen sind das Nashornhaus (Kochta und Lechter, 1989/90), das Riesenschildkrötenhaus und Insektarium (Herbert Kochta, 1997), das Menschenaffenhaus (Herbert Kochta, 1998/2000) und das ›Orang-Utan-Paradies‹ (Loenhart & Mayr, 2007). Mit seinen 480 Arten und mehr als 4800 Tieren gilt Hellabrunn als größter Tierpark Europas.

Alter Südlicher Friedhof (Thalkirchner Straße, Kapuzinerstraße, Pestalozzistraße): Hinter den hohen ziegelroten Mauern liegen der Alte und der Neue Südliche Friedhof. Da aber bereits seit 1944 auch auf dem neueren, 1850 eingeweihten Teil nicht mehr bestattet wird, bezieht sich der Name ›Alter Südlicher Friedhof‹ immer mehr auf das gesamte langgestreckte Gelände zwischen dem Sendlinger ›Klinikum Innenstadt‹ und dem Glockenbachviertel. Der Südliche Friedhof ist der älteste der Münchner Friedhöfe außerhalb der Stadtmauern, Herzog Albrecht ließ ihn 1563 im Pestjahr 1563 einrichten, als die innerstädtischen Friedhöfe nicht mehr ausreichten. Vermutlich wurden arme und unbekannt Verstorbene bereits früher vor dem Sendlinger Tor bestattet.

Eine von Herzog Albrecht V. 1576 gestiftete Friedhofskapelle kam im Dreißigjährigen Krieg zum Abriss, an deren Stelle erst 1681 das heutige Kirchlein **St. Stephan** mit
einem Dachreitertürmchen am nördlichen Friedhofsein-
gang geweiht wurde. Der Renaissancestuck mit Rosetten
und Rauten aus dem 17. Jh. ist noch erhalten, die Tonne
des Langhausgewölbes musste nach Bombenschäden des
Jahres 1944 erneuert werden. Jüngst restauriert, zeigt die
Kirche St. Stephan auch drei Barockaltäre.

Seit 1789 war der Südfriedhof für hundert Jahre Münchens Haupt- und Zentralfriedhof, nachdem Kurfürst
Karl Theodor Bestattungen innerhalb der Stadtmauern
verboten und die Aufhebung aller Gräber in der Stadt angeordnet hatte. Der markante Arkadenhalbkreis im Süden
des alten Teils, der dem Friedhof den Umriss eines Sarges
gibt, entstand bei einer der Erweiterungen 1830. Eine qua-
dratische offene Halle schafft mit 16 gemauerten Säulen
den Übergang zu dem gleichfalls quadratischen, höher
ummauerten neuen Teil, den 1844 Friedrich von Gärtner
gestaltete. Den im Zweiten Weltkrieg zerstörten Friedhof
stellte Hans Döllgast Mitte der 1950er-Jahre wieder her.

Münchens Südfriedhof ist als romantisch-musealer Ort
zu erleben. Grabsteine und Grabmonumente erzählen
eine mehr als hundertjährige Geschichte. Ihre letzte Ruhestätte fanden hier in hoher Zahl Künstler, Architekten,
Poeten, Ärzte, Forscher und Erfinder, Historiker und
Theatergrößen, die das königliche München prägten. Familien wie die dall'Armi, von Aretin, von Branca und Ritter von Maffei wählten hier ihre Grabstätten. Viele Künstler liegen auf dem Alten Südlichen Friedhof begraben, so
die Maler Karl Rottmann, Wilhem Kobell, Moritz von
Schwind, Carl Spitzweg – und die Münchner Architekten
Friedrich von Gärtner, Leo von Klenze und Gabriel von
Seidl. Auch der Philosoph Franz von Baader, der Chemiker Justus von Liebig, der Physiker Joseph von Fraunho-
fer, der Münchner Arzt Joseph von Lindwurm.

Bavaria, Ruhmeshalle und Bavariapark (Theresienhöhe): ›Erfinder und Erbauer‹ der bayerischen Ruhmeshalle über der Theresienwiese war Leo von Klenze, so besagt es die Inschrift am Sockel der Bavaria. Die Tafel nennt König Ludwig I. nur als Stifter, obgleich dieser bereits als Kronprinz die Idee eines solchen Ruhmestempels verfolgte (Vorschlag Sckells 1807 für den Englischen Garten). Die lichte griechische Säulenhalle für Büsten bayerischer Geistesgrößen und Künstler, Generale, Ärzte und Ingenieure entsprach Ludwigs Wert- und Bildungskonzept. 1825 wurde bereits das Areal am Hang über der Theresienwiese und auch für den Park hinter der Ruhmeshalle erworben. 1835 fand schließlich der offizielle Entwurfswettbewerb statt, den Leo von Klenze, der zugleich mit dem Bau der ›Walhalla‹ über der Donau beschäftigt war, gegen Friedrich von Gärtner, Josef Daniel Ohlmüller und Georg Friedrich Ziebland gewann. Klenze plante einen dreiflüge-

Eine Idee Leo von Klenzes: die Bronze-Bavaria vor der Ruhmeshalle

ligen Portikus mit 48 dorischen Säulen. Vor dunkelroten
Wänden sollten die weißen Büsten der ruhmreichen Bayern stehen, mit Namen, Beruf und Nennung des Bildhau-
ers. In den Metopen des steinernen Gebälks sind zumeist
Berufe symbolisch dargestellt, in den beiden Giebelfeldern
an den Stirnseiten der Halle die Hauptprovinzen des
damaligen Franken: Altbayern und Rheinpfalz, Schwaben und Franken. Bis 1853 dauerte die Arbeit an Bau und
Ausstattung an. Die 1944 stark zerstörte Halle wurde
1964–72 wieder aufgebaut. Fast anderthalb Jahrhunderte
nach der Einweihung der Ruhmeshalle wählte der Bayerische Ministerrat 1997 die Autorin Lena Christ und die
Schauspielerin Clara Ziegler als erste Bayerinnen, die in
die Ruhmeshalle aufgenommen wurden.

Blickpunkt der gesamten Anlage ist die 18,5 Meter hohe
erzgegossene Bavaria, die Klenze als Teil seines Ruhmes-
hallen-Entwurfs erfand. Vergleichbare Ideen hatten nach
den Befreiungskriegen gegen Napoleon in Norddeutsch-
land Georg Friedrich Schinkel und Ernst von Bandel mit
dem Denkmal für Hermann den Cherusker, den Germa-
nenfürsten, verfolgt. Allerdings kam Bandels Entwurf erst
1875 bei Detmold zur Ausführung. Für die Bavaria fand
Leo von Klenze 1837 in dem Bildhauer Ludwig von
Schwanthaler und den Erzgießern Johann Baptist Stigl-
maier und Ferdinand Miller d. Ä. die geeigneten Partner.
An Stelle der geplanten klassizistischen Frauenfigur form-
te Schwanthaler dem Zeitgeschmack entsprechend die Bavaria in urtümlicherer Gestalt, eine germanische Kraftfi-
gur mit Löwe, Bärenfell, lorbeerumwundenem Schwert
und Siegeskranz. Die Figur besteht aus fünf separat gegos-
senen Teilen, deren Zusammenbau den ganzen Sommer
1850 benötigte. In der Schutzpatronin Bayerns führt eine
schmale Wendeltreppe bis in den Kopf hinauf. Aus vier
kleinen offenen Vierecken kann man über die Theresienwiese auf München, auf die Alpengipfel bis zur Zugspitze
und ins Grün des Bavariaparks blicken.

Der Bavariapark mit altem Baumbestand, Rasenflächen und einigen Skulpturen vom Beginn des 20. Jh.s (u. a. *Frau auf einem Einhorn*, 1907/08 von Hermann Hahn) hat seit dem Umzug des Messegeländes nach Riem 1998 seine Schönheit zurückgewonnen. Zwischen Park und Ganghoferstraße entstand binnen weniger Jahre ein attraktives, durchgrüntes neues Wohngebiet. In drei der ehemaligen Messehallen zeigt das ›Deutsche Museum Verkehrszentrum‹ seit 2003 die dramatische Entwicklung von Straßen- und Schienenverkehr.

Nymphenburg, Blutenburg

Schloss Nymphenburg und Parkburgen: Nymphenburg ist ein Gesamtensemble aus Architektur und Landschaft. Als Sommerresidenz, die im 18. Jh. eine Hofhaltung von rund 1000 Menschen und 500 Pferden ermöglichte, ist Nymphenburg eine imposante hochbarocke Schlossanlage, eine der größten in Deutschland. Zugleich finden sich im Parkgelände mit den sogenannten Parkburgen – Pagodenburg, Badenburg und Amalienburg – drei der intimsten, zierlichsten Lustschlösser des Rokoko.

Henriette Adelaide von Savoyen war 1652 erst 15-jährig aus Turin nach München gekommen, als Braut des wenig älteren, zu melancholischer Einsilbigkeit neigenden Kurprinzen Ferdinand Maria. Sie wollte sich mit dem strengen Zeremoniell der Münchner Residenz nicht abfinden, verpflichtete italienische Dichter und französische Schauspieler an den Hof an der Isar, gab der italienischen Barockoper *dramma per musica* eine Stätte und tanzte selbst in den allegorischen Balletten die Soli. Schloss Nymphenburg schenkte Ferdinand Maria seiner Gattin anlässlich der Geburt des Thronfolgers Max Emanuel (1662), auf den das Kurfürstenpaar zehn Jahre gewartet hatte. Die

Aus einer Landvilla (1675) entstanden Schloss und Park
Nymphenburg

etwa sieben Kilometer von der Residenz entfernte Hof-
mark und Schwaige (bayerische Bezeichnung für Guts-
und Wirtschaftshof) Kemnath eignete sich mit Eichen-
gehölz und Weideland in idealer Weise für eine *maison de
plaisance* mit Park und Jagdrevier. Sie erhielt den Namen
›Castello delle Ninfe‹, ›Borgo delle Ninfe‹, Nymphenburg.

1664 begann Agostino Barelli, der Schöpfer der Hauptkuppel der Theatinerkirche, mit dem Bau des ›Castello‹,
den Enrico Zucalli ab 1674 fortführte und 1675 vollendete. Die Kurfürstin Henriette Adelaide ließ sich eine
kubusförmige Landvilla errichten, an die die breiten repräsentativen Freitreppen 1677–79 angebaut wurden. Dieser über vier Stockwerke angelegte Kubus blieb bei allen
folgenden Erweiterungen der zentrale Kernbau. Henriette
Adelaides Sohn Max Emanuel erweiterte ab 1701 Nymphenburg zum Schloss. An Barellis Kubus ließ Max Emanuel von Antonio Viscardi zwei Flügel und Galerien anfü-
gen und inmitten der Freitreppe drei Bögen ausbrechen,
»dass man mit Gutschen durchfahren könne«. Im Spanischen Erbfolgekrieg nahmen 1704 Österreichische Truppen München ein, Max Emanuel lebte von 1704 bis 1715
in den belgischen Niederlanden und in Frankreich im
Exil. 1715 zurückgekehrt, beauftragte er seinen neuen
Hofbaumeister Joseph Effner, den er in Paris hatte studieren lassen, mit weiteren Flankenbauten, der neuen Hauptfassade und des Ehrenhofes.

In rascher Folge entstanden unter Effners Leitung
1716–19 nach französischen und belgischen Vorbildern im
Hauptschloss **Comödiensaal** und **Orangerie**, im Park zuerst die oktogonale **Pagodenburg**, ausgestattet mit Chi-
noiserien wie Lackmöbeln und – mangels ostasiatischen
Porzellans – mit holländischen Kacheln. Mit seiner **Badenburg** im Westteil des Parks stellte Max Emanuel den
europaweit bewunderten Bauherrn von Versailles in den
Schatten. König Ludwigs XIV. Prunkbad maß bei einer

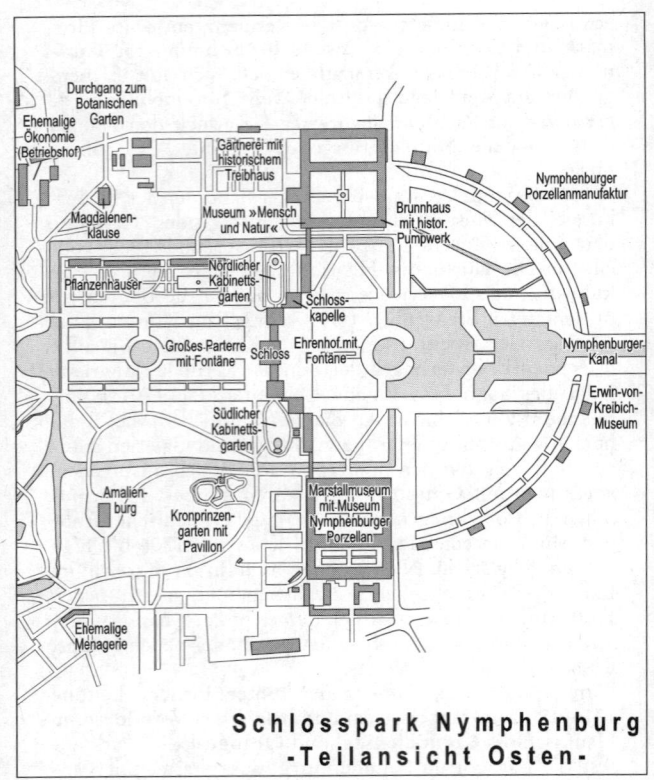

Schlosspark Nymphenburg
-Teilansicht Osten-

Tiefe von knapp einem Meter kaum drei Meter im Durchmesser. In der 1718/19 von Effner erbauten Badenburg strömte das Wasser warm oder kalt in ein Marmorbecken von acht Meter Länge und sechs Meter Breite. Das aus einem ›Brunnhaus‹ hergeleitete Wasser wurde in spiralförmigen Röhren von einem gemauerten Ofen im Keller erhitzt. Mit Spielzimmer, Gartensaal, über eine Wendeltreppe zur Badehalle erreichbarem Schlafzimmer und einer Galerie für Musik war ›alles zur allerraffiniertesten Wollust‹ eingerichtet. Zur Meditation entstand 1725–28 die **Magdalenenklause**, die sich Kurfürst Max Emanuel von Joseph Effner nördlich vom Gartenparterre als künstliche Ruine und Grotte mit Refektorium und Altar entwerfen ließ.

1722 feierte Max Emanuels Sohn, der spätere Kurfürst Karl Albrecht, Hochzeit mit der Tochter Kaiser Josephs I., Maria Amalia. Ihr ließ er 1734–39 die **Amalienburg** bauen, das anmutigste Parkschlösschen in der langen Baugeschichte der Wittelsbacher. Architekt und Innenarchitekt war der Wallone François Cuvilliés, zweitjüngstes von sechs Kindern einer armen Familie, als 13-Jähriger in Max Emanuels Dienst getreten. Vom Hofzwerg avancierte Cuvilliés als 30-Jähriger zum Hofbaumeister und wurde der »geist- und formenreichste Dekorateur, den das deutsche, ja das europäische Rokoko hervorbrachte« (Wolfgang Braunfels). Der nur eingeschossige Bau der Amalienburg ist unter flacher Kuppel um einen kreisrunden Spiegelsaal angelegt, mit je zwei Salons rechts und links in einer Flucht (Blaues Kabinett, Ruhezimmer, Jagdzimmer, Fasanenzimmer). Nebenräume wie die Küche und die auch mit Gewehrschränken ausgestattete Hundekammer flankieren das Halbrund zum zurückgesetzten Spiegelsaal, der auf der Rückseite des Jagdschlösschens aus der Raumflucht hervortritt, sodass sich reizvolle Durchblicke und lichterfüllte Räume ergeben. Eine schmale Treppe führt aufs Dach zur runden Plattform mit schmiedeeisernen Gittern. Geglückte

Raumproportionen, schwungvolle Fensterumrahmungen, vergoldetes Schnitzwerk und versilberte Stuckornamente bestimmen die heitere Raumausstattung. Kostbare Pflanzenornamente wachsen ins Weiß der Kuppel hinauf, silbern strecken sich im Blattornament menschliche Gestalten und Putti und erfreuen sich des bukolischen Lebens. In den silbergerahmten Spiegeln vervielfältigt sich der sensibel beschworene Glanz einer heilen Natur.

Anfang des 18. Jh.s fand die erste Ausweitung des ursprünglich südlich des Hauptbaus nach italienischem Muster angelegten kleinen Gartengevierts statt. Mit einem zentralen Bassin, Springbrunnen, großer Fontäne, Broderien (Blumenrabatten), Statuen, Heckentheater, Labyrinth und Kegelspielbahn entstand ein großes barockes Gartenparterre, wie es sich bis heute vom Schloss zum Parkgelände erstreckt. Der Le Nôtre-Schüler Charles Carbonet schuf zusammen mit Dominique Girard und Joseph Effner den rund 210 Hektar umfassenden **Nymphenburger Schlosspark,** einen Boskett-Park (Parkwald) mit Alleen und Kanälen, die sich rechtwinklig oder diagonal zu geometrischen Mustern formten und Ausblicke in die umgebende, noch fast unbebaute Landschaft ermöglichten. Seit 1730 wurde der Park ummauert, 1792 von Kurfürst Karl Theodor dem Publikum geöffnet.

Der Stilwandel des 19. Jh.s bereitete dem vielgerühmten französischen Barockpark ein Ende. Die neuempfundene Schönheit der Natur, wie sie sich im englischen Landschaftsgarten zeigte, verdrängte das höfische Ritual des Promenierens auf klar begrenzten Wegen. 1801 legte Friedrich Ludwig Sckell seine Pläne zur Umgestaltung vor. Schnurgerade Kanäle wurden in natürliche Wasserläufe verwandelt, kleine Hügel und Talgründe angelegt, Seen bei der Pagodenburg und der Badenburg geschaffen. So entstand eine Ideallandschaft, die zu einer aufgeklärten, konstitutionellen Monarchie besser passte als die reglementierte Parkordnung der absolutistischen Herrscher.

Kanäle, Seen und Fontänen: An Wasser fehlte es nicht. Der **Pasing-Nymphenburger-Kanal** aus dem Jahr 1701 zweigt in Pasing Wasser von der Würm ab und führt durch Obermenzing, auf Teilstrecken durch Grünflächen wie in einem Landschaftspark mit Fußgängerbrücken. Von Westen her durchströmt der Kanal mit imposanter Kaskade und als Symmetrieachse den Nymphenburger Park und umfließt das Schloss. Östlich vom Schloss setzt sich der Kanal 1730 zum Halbkreis der Rondellbauten hin mit einem großen Bassin und Fontäne fort. Zwischen der Nördlichen und der Südlichen Auffahrtsallee reicht der Wasserlauf des Schlosskanals weiter östlich bis zur Waisenhausstraße. Der Kanal endet dort am **Hubertusbrunnen** mit markant patinagrüner Hauptkuppel und vier Nebenkuppeln. Ursprünglich wurde der Brunnen als Geschenk der Stadt München für Prinzregent Luitpold zum 85. Geburtstag 1906 konzipiert, von Adolf Hildebrand gestaltet und vor dem Bayerischen Nationalmuseum aufgestellt, schließlich 1937 bei Umbau der Prinzregentenstraße abgebrochen. Erst 1954 wurde das Brunnenhaus am Endpunkt der Auffahrtsallee in Nymphenburg wieder aufgestellt, mit Bronzefiguren Hildebrands in den Ecknischen: Bogenschütze, Wurzelweib, Jäger und junge Jägerin (Diana). Im Arkadenrund des Wasserbeckens steht im Zentralraum ein Bronzehirsch mit Hubertuskreuz. Der hl. Hubertus wird als Schutzheiliger des Wittelsbacher Hausordens und der Jäger verehrt, wodurch der Hubertusbrunnen im Osten des Schlossareals stimmigen Abschluss oder Beginn des Nymphenburger Schlossensembles bildet. Der weitaus längere, schon 1701 zum Ablauf des Würmwassers angelegte **Nymphenburg-Biedersteiner-Kanal** reicht bis zur Isar. Diese Maßnahme Kurfürst Max Emanuels erwies sich zu den Olympischen Spielen 1972 als sehr nützlich. Es erlaubte dem Schöpfer des Olympiaparks, Günther Grzimek, den Kanal zum Olympiasee aufzustauen.

Prunkraum im Schloss Nymphenburg ist der in Weiß und Gold erstrahlende ›Steinerne Saal‹. Das riesige Deckengemälde, 1755–57 nach Plänen Cuvilliés' von den Rokokomeistern Johann Baptist Zimmermann und seinem Sohn Michael ausgeführt, zeigt im Zentrum die thronende Flora, die römische Göttin der Blüte, wie sie von Nymphen verehrt wird. Wohnräume, Audienzzimmer und Lackzimmer grenzen an den Steinernen Saal an. Unter der Vielzahl der Gemälde befinden sich auch Veduten von Wittelsbacher Schlössern und eine Schönheitengalerie mit Porträts Versailler Hofdamen (um 1715). Der Königsbau-Pavillon südlich vom Mittelpavillon birgt die Schönheitengalerie Ludwigs I. mit 36 Porträts von Joseph Stieler (ursprünglich in der Münchner Residenz) und das Geburtszimmer Ludwigs II. Zwei ältere Schönheitengalerien finden sich im Mittelpavillon nördlich vom Steinernen Saal: die ›Kleine Schönheitengalerie‹ mit neun Damenporträts und eine zweite mit sechs Porträts, alle vom Hof in Versailles, gemalt von Pierre Gobert (um 1715).

Im südlichen Flügel wurde 1952 das **Marstallmuseum** eingerichtet (früher am Marstallplatz bei der Residenz), mit Krönungswagen, ›Herkulesschlitten‹, Ludwigs II. ›Nymphenschlitten‹ und seinem nicht benutzten Hochzeitswagen, dazu noch andere Prunkkarossen und Paradewagen, Kutschen und Schlitten, Gemälde und Zeichnungen. Der Oberstock des Marstallmuseums zeigt die **Nymphenburger Porzellansammlung Bäuml**, mit rund 1200 Objekten vom Barock bis zum Jugendstil und Art deco. Sie geht zurück auf Albert Bäuml, der um 1900 die 1747 gegründete Manufaktur geleitet hat.

Im **Schlossrondell** führt der großzügig weit bemessene Halbkreis der ›Kavaliersbauten‹ um Grün- und Wasserflächen auf die hellen, ziegelrot überdachten Fassaden des Schlosses und den Ehrenhof zwischen Marstall und Orangeriebau zu. Die zehn zweigeschossigen Kavaliersbauten, die für die mit Verwaltung und Unterhalt des Schlosses betrauten Persönlichkeiten errichtet wurden, sind von Joseph Effner entworfen und von 1728 bis 1758 erbaut worden. Heute finden sich dort u. a. das kleine Erwin-von-Kreibig-Kunstmuseum, ein Krankenhaus der barmherzigen Brüder, der Sitz der Carl-Friedrich-von-Siemens-Stiftung (gegenüber dem Traditionsgasthaus ›Schwaige‹ im Marstallgebäude), ein Schülerinnenwohnheim und seit 1761 die **Nymphenburger Porzellanmanufaktur**, heute mit Ausstellungs- und Verkaufsraum unter der Regie des Wittelsbacher Ausgleichsfonds.

Nördlich vom Ehrenhof des Schlosses, spiegelbildlich zum Marstall im Süden, war von Effner ein Vierflügelbau mit zwei Innenhöfen vorgesehen. Bereits 1716 entstand ein **Pumpwerk** für die Rondellfontäne, die 1806 von dem genialen Joseph von Baader durch eine verbesserte, noch heute funktionsfähige Anlage ersetzt wurde (durch Gitter vom Vorraum aus sichtbar). Den Orangeriebau entwarf Ignaz Anton Gunetzrhainer 1723–24, im Oberstock wurden im Hubertussaal Komödien aufgeführt. 1730 folgte der Klostertrakt mit Klosterkirche, zuerst von Kapuzinern, dann von der ›Congrégation de Notre Dame du Sacré Cœur‹, zuletzt von den ›Englischen Fräulein‹ bezogen. Im ehemaligen Klostertrakt befindet sich heute das ›**Museum Mensch und Natur**‹. In dessen Entree erinnern einige Nachbildungen von Höhlenmalereien mit prähistorischen Jagdszenen noch an den 1938/39 gefassten Plan, hier das Deutsche Jagdmuseum einziehen zu lassen. Dies war die dreiste Vision des Münchner Stadtrats und ehemaligen Hoteldieners Christian Weber, der seit dem Marsch auf die Feldherrnhalle (1923) und der gemeinsamen Festungshaft in Landshut ein Freund Hitlers war: man möge »das Schloss Nymphenburg nebst dem Schlosspark und allen Zubehörungen dem Deutschen Jagdmuseum unentgeltlich zu Eigentum übertragen«. Experten des Denkmal- und Heimatschutzes widersprachen, doch 1937 hatte Weber, selbst leidenschaftlicher Jäger, bereits den Einzug des

Jagdmuseums in den Orangerie- und Klosterbau durchgesetzt und die Bauarbeiten begannen.

1990 zog das Museum Mensch und Natur in den
ehemaligen Klosterbau (Maria-Ward-Straße 1b) ein. Die
Staatlichen Naturwissenschaftlichen Sammlungen ergän-
zen damit eigenständig und attraktiv die Technik-Samm-
lungen des Deutschen Museums auf der Isarinsel. Schwer-
punkte sind die Evolution des Planeten Erde, Pflanzen
und Tiere sowie die Biologie des Menschen, Mensch und
Umwelt. – In den drei Mittelgebäuden des Schlosses hat
die Familie der Wittelsbacher bis heute Wohnrecht be-
halten.

Neuer Botanischer Garten. Vom Stadtzentrum am
Karlsplatz/Stachus wurde Münchens Botanischer Garten
1914 an den westlichen Stadtrand in die unmittelbare
Nachbarschaft von Schloss Nymphenburg verlegt. Gestaltet vom Landschaftsarchitekten Peter Holfelder auf einer
Fläche von 240 000 qm, entwickelte sich der Neue Botanische Garten zu einem der größten und landschaftlich attraktivsten in ganz Europa. Ähnlich wie im Nymphenburger Park legte Holfelder das Parkzentrum im Sinne der
Barock- und Rokokogärten symmetrisch mit einer Sichtachse zwischen dem Rosengarten und dem rokokohaften
Parkcafé im Süden und dem Gebäude der botanischen In-
stitute im Norden an. Heitere Majolikafiguren aus der
Gründungszeit des Parks wurden in der Nymphenburger
Porzellanmanufaktur von Josef Wackerle geschaffen.

Vom Frühling bis zum Herbst blüht es im ›Ornament-
garten‹. Annähernd die Hälfte der Parkfläche wird vom
Arboretum, dem Baumpark, eingenommen, der die geo-
graphisch-klimatisch bedingten Besonderheiten der Baum-
arten vor Augen führt. Ein Felsen- oder Steingarten ist für
die Bergflora aller Kontinente eingerichtet. Beim Zugang
vom Nymphenburger Schloss blühen im Frühjahr und
Frühsommer mehr als 150 Rhododendronarten. Nördlich
vom Café kann man die in Deutschland geschützten

Pflanzen sehen, benachbart finden sich die ökologischen und genetischen Forschungsabteilungen. Besondere Attraktion sind die zahlreichen Gewächshäuser: Allein im Orchideenhaus gibt es rund 2000 Arten, im Palmenhaus findet man u. a. die Seychellenpalme, deren bis zu 18 kg schwerer Samen der größte aller Pflanzen ist. Das 1974 erneuerte Palmenhaus bewahrt noch die Grundform aus dem Jahre 1910, gewann aber dank der schlankeren Stützen, Träger und Rahmen aus feuerverzinktem Stahl an Helligkeit. Die Stahl- und Glaskonstruktion ruht nicht länger auf Stützmauern, sondern ist im Boden gegründet.

Münchens Botanischer Garten dient der Wissenschaft und dem pflanzen- und blütenliebenden Publikum. Etwa 400 000 Besucher kommen jährlich, 14 000 Pflanzenarten werden hier gepflegt. Enge internationale Zusammenarbeit besteht mit der Schweizerischen Orchideenstiftung im Botanischen Institut der Universität Basel und mit dem ›National Arboretum‹ in Korea.

Herz-Jesu-Kirche (Lachnerstraße 8): Nachdem 1994 die provisorisch aus Holz aufgeführte Vorgängerkirche abgebrannt war, hatte das Erzbischöfliche Ordinariat zusammen mit der Pfarrei Herz-Jesu einen offenen Architektenwettbewerb ausgeschrieben. Der erste Preis wurde dem jungen Architektentrio Markus Allmann, Amandus Sattler und Ludwig Wappner (München) zugesprochen. Sie entwarfen ein quaderförmiges Raum-in-Raum-Modell, eine innere Hülle aus Holzlamellen, die zum Altar hin immer mehr Helligkeit einströmen lässt, und eine äußere Hülle aus Glas, die zum Altar zunehmend weniger transparent erscheint, um diese Zone vor Blicken von außen abzuschirmen. Zwischen dem Außenbau und dem Innenkubus führt ein Kreuzweg, gestaltet mit Fotografien der Via Dolorosa in Jerusalem im Jahr 2000 von Matthias Wähner. Die 14 m hohe, blaue gläserne Frontseite ist in der Mitte vollständig als Portal zu öffnen. Die Torflügel tragen in tiefblauer Schrift Sätze aus der Passionsgeschich-

te des Johannesevangeliums, ein Werk von Alexander Be-
leschenko. Der Innenraum ist geometrisch klar struktu-
riert und bewusst bildarm gehalten. Getrennt vom Kir-
chenkubus steht der Glockenturm in Form eines schlichten, schlanken Metallrahmens.

Schloss Blutenburg (Seldweg 15, Abzweig von der
Verdistraße; Parken günstiger am Bertha-von-Suttner-
Weg): Am stimmigsten nähert man sich dem ehemaligen
Jagdschloss der bayerischen Herzöge durch das Wiesental
der Würm, östlich der Pippinger Straße. Seit der Gesamt-
renovierung 1979–83 präsentiert es sich auf der Würm-
insel wieder wie ein spätmittelalterlicher Herrenhof, von
Wasser und der alten Wehrmauer samt Torturm umgeben.

Aus dem 13. Jh. wurden Reste eines Wohn- oder Wehr-
turms gefunden. Länger als fünf Jahrhunderte gehörte das
Schloss den Wittelsbachern. Um 1430/40 nutzten es Herzog Albrecht III. und seine Gattin Agnes Bernauer, später ließ Herzog Sigismund das Wasserschloss zur heutigen Größe ausbauen und 1488 die Schlosskirche errichten.
Kurfürstin Henriette Adelaide, die im nah gelegenen
Schloss Nymphenburg lebte, bewohnte die Blutenburg,
ebenso König Maximilian I. Joseph. Im 17. Jh. übernahm
Freiherr von Berchem die Anlage, der 1681 das baufällig
gewordene Schloss wiederherstellen und Wall und Graben
in eine Gartenanlage umgestalten ließ. Von ihm stammt
die bis heute erhaltene barocke Gestalt der vier Türme mit
polygonalem Obergeschoss.

Für Kunstfreunde ist dennoch die Blutenburger
Schlosskirche **Zur Heiligsten Dreifaltigkeit** das wichtigste, nämlich »ein in seltener Reinheit erhaltenes Ensemble
sakraler Kunst der Spätgotik auf ihrer höchsten Qualitäts-
ebene, mit kostbaren Altären des Jan Polack und aus-
drucksvollen Skulpturen des ›Blutenburger Meisters‹« (Johannes Erichsen). 1488 möglicherweise nach Jörg von
Halsbachs Entwurf von der Bauhütte der Frauenkirche
erbaut, zeigt die verputzte Backsteinkirche ein einschiffi-

ges Langhaus mit Spitzbogenportal und auf dem steilen
Dach einen barocken Giebelreiter (um 1680). Das Netzgewölbe unter dem geweißelten Mauerwerk ist in einem
warmen Gelbton gehalten. Farbige Fenster, gotisches
Schnitzwerk, ein altes steinernes Taufbecken und vor allem die Tafelbilder von Jan Polack, darunter am Hochaltar
ein dramatisch kontrastreicher ›Gnadenstuhl‹, zeichnen
die kleine Kirche aus. Auch die nahe gelegene mittelalter-
liche Dorfkirche St. Georg in Obermenzing (beim Alten
Wirt) zeigt noch spätgotische Malereien.

Seit 1827 als Staatsgut geführt, gehört die Blutenburg
der Bayerischen Schlösserverwaltung an, genutzt für
Burgschänke, Märkte, Ausstellungen und Lesungen. Hier
hat die ›Internationale Jugendbibliothek‹ der 1945 mit den
US-Truppen nach Deutschland zurückgekehrten Jüdin
Jella Lepman ihre Heimstatt gefunden. 1983 zog diese einzigartige Spezialbibliothek für Kinder- und Jugendlitera-
tur (zuvor im Prinz-Carl-Palais und in der Kaulbachstra-
ße) in die Blutenburg ein. Dafür wurde ein Kellermagazin
für eine halbe Million Bücher unter dem Schlosshof geschaffen. Es gibt auch ein Michael-Ende-Museum, ein
Erich-Kästner-Zimmer, eine Walter-Trier-Galerie und einen James-Krüss-Turm.

Moosach, Milbertshofen, Freimann

Olympiapark (zwischen Landshuter Allee und Lerchenauer Straße): Für die 1972 in München veranstalteten
Olympischen Spiele wurde das ehemalige Oberwiesenfeld,
vor dem Ersten Weltkrieg Exerzierfeld, 1925–39 Münchens erster Flughafen, in eine Erholungs- und Sportland-
schaft verwandelt. Olympiahalle, Olympiaschwimmhalle
und Olympiastadion sind mit einem Zeltdach überspannt,
das zu den Wahrzeichen Münchens zählt. Frei Otto, ge-

Für den Sport, auch für die Erholung: der Olympiapark

boren 1925, errichtete zusammen mit dem Büro Günter Behnisch und Partner 1968–72 auf zwölf zwischen 50 m und 80 m hohen und 36 kleineren Pylonen eine freischwebende Dachhaut aus 74 800 qm Acrylglas, die wie ein Netzwerk die Anlage leicht und luftig überspannt. Es war die bis dahin größte Zeltdachkonstruktion nach den von Frei Otto entwickelten Leichtbauprinzipien zugbeanspruchter Flächentragwerke. Seine biomorphe, der Natur abgeschaute Bauweise entwickelte er mit Drahtmodellen, die in Seifenlauge getaucht von Seifenblasen überspannt wurden. Sein Münchner Zeltdach beurteilte Frei Otto selbst als noch viel zu massiv. Die Architekturzeitschrift *Häuser* zeichnete es jedoch als wichtigstes deutsches Gebäude aller Zeiten aus.

Für das Grün sorgte Günther Grzimek (1915–86), studierter Garten- und Landschaftsgestalter, der in Ulm Gartenamts-Leiter und ab 1965 in Kassel Professor an der Kunsthochschule war, zugleich aber 1968–72 den Münchner Olympiapark plante, als eine »optimale Grünversorgung für alle Schichten der Bevölkerung«. Grzimek war die Ästhetik wichtig, doch kein Selbstzweck. Vielmehr strebte er eine Parklandschaft an, in der sich jeder wohl fühlen konnte. Damit setzte er in den späten 1960er-Jahren Maßstäbe. 1972–81 hatte Grzimek den Lehrstuhl am ›Institut für Landschaftsarchitektur‹ der TU München inne.

Seit 1972 wurde im Olympiastadion jahrzehntelang eine Vielzahl von Fußballmeisterschaften und Spiele des FC Bayern ausgetragen. Dem vom FC Bayern 2000/01 geforderten Umbau des Olympiastadions setzten sich Denkmalschutz, Architekt Günter Behnisch und ein Bürgerbegehren entgegen, sodass der FC Bayern zur Fußballweltmeisterschaft 2006 in die neu errichtete Allianz-Arena umzog.

Olympiastadion und Olympiapark zählen seit 1998 zu den schützenswerten Baudenkmälern. Das einstige Ober-

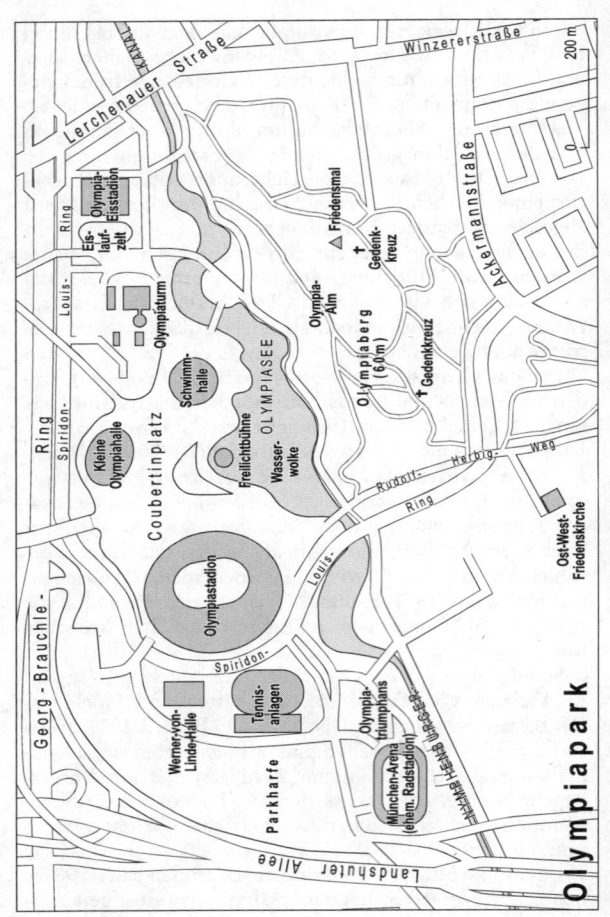

Olympiapark

wiesenfeld, Exerziergelände für die königlich-bayerische
Kavallerie und Landeplatz der ersten Zeppeline, wurde zu
einem fast drei Quadratkilometer großen Freizeitpark mit
künstlich angelegten Hügeln und dem zur Wasserland-
schaft verbreiterten Nymphenburger Kanal. Opern- und
Popkonzerte finden hier statt, gesellschaftliche wie reli-
giöse Veranstaltungen und im Teatron Freilufttheater. Wo
1972 mehr als 10000 Olympioniken einzogen, wohnen
seither Tausende von Münchnern.

Südlich vom ›Olympiaberg‹ steht die kleine Ost-West-
Friedenskirche, 1954 im Eigenbau nach dem Muster or-
thodoxer Kreuzkuppeln von Timofej Prochorow (›Väter-
chen Timofej‹, um 1894–2004) aus Bauschutt geschaffen,
daneben überdauern seine Wohnung und ein Minimuseum
mit Bildern vom Flughafen Oberwiesenfeld und vom Bau
des Kirchleins. Von der Stadt angekauft, bleibt »Münchens
berühmtester Schwarzbau« erhalten.

Den Münchner Opfern des Zweiten Weltkrieges wurde
auf dem sechzig Meter hohen Ruinenschuttberg ein Be-
tonkreuz errichtet, an gleicher Stelle steht als Friedenszei-
chen die ›Schuttblume‹ des Münchners Rudolf Belling.
Zum Gedenken an die Opfer der während der Olympischen Spiele 1972 gegen israelische Sportler gerichteten
palästinensischen Terroranschläge schuf Fritz Koenig
nördlich des Georg-Brauchle-Rings an der Hanns-Braun-
Brücke einen zehn Meter langen schwebenden steinernen
Balken.

Den besten Rundblick auf die multifunktionelle Grün-
anlage des Olympiaparks hat man aus annähernd 200 m
Höhe vom **Olympiaturm**, einem bereits 1965–69 erbauten, insgesamt 291 m hohen Turm mit Drehrestaurant,
Aussichtsplattformen und drei Stockwerken für Kommu-
nikationstechnik.

BMW Welt und BMW Museum (Am Olympiapark 1):
Platziert zwischen dem technoiden ›Vierzylinder‹ des
BMW-Verwaltungszentrums und den hochgespannten

Architektur Jahrgang 2007: Teilansicht ›BMW Welt‹,
beim Olympiapark

Zeltdächern des Olympiageländes strahlt der Neubau der 2007 eröffneten ›BMW Welt‹ mit kühnen Kurven, Bogenlinien, Rundungen, Schwellungen und Schrägen seine Dynamik aus. Die steile, lichttransparente Spindel suggeriert mit der schrägen Rautenrasterung der Verglasung, dass das langgestreckte Dreieck des multifunktionellen Gebäudes spiralförmig in Bewegung geraten könnte. Die Schöpfer des Ensembles, das Wiener Architekturbüro Coop Himmelb(l)au, fühlen sich dem Dekonstruktivismus verpflichtet, dessen Temperament in dem phantasievoll erdachten Bauwerk zu spüren ist. Als derzeit optisch spektakulärster Kommerztempel ist er von Auftraggebern und Architekten als »eine neue Interpretation von öffentlichem Platz« angelegt, an dem die privatwirtschaftlichen Interessen mit denen der Kunden und Besucher in Übereinstimmung gebracht werden sollen. Die permanente Automobil- und Technikschau wird von *events*, Jazzkonzerten, Kongressen und Festen begleitet. Die Architektur öffnet sich mit Rampen, Treppen und Fahrstühlen dem Publikum. Der 130 m breite, 180 m lange und 30 m hohe Bau kommt mit vergleichsweise wenig Raumabgrenzungen und Türen, Zwischenböden und Innenwänden aus, bietet viele und interessante Durchblicke. Nur Souvenirladen, Buchladen und Restaurants grenzen sich voneinander ab.

Die wichtigste BMW-Welt-Zeremonie, die Übergabe des neuen Wagens an den Kunden, findet öffentlich statt. Das Podest, auf dem die Wagen auf ihre Käufer warten, wird mit dem Kundenbetreuer über eine Galerietreppe von oben erreicht, mit bestem Blick auf den 100 m hohen ›Vierzylinder‹ auf der anderen Straßenseite. Das erworbene Modell rotiert langsam im Scheinwerferlicht auf einer Drehscheibe, wird vorgeführt, dem Käufer übergeben, der schließlich seinen BMW über die Rampe hinunterfährt.

Das benachbarte BMW Museum (Lerchenauer Straße / Ecke Georg-Brauchle-Ring), 1966 gegründet, entwarf Karl Schwanzer in Gestalt einer von sechs Stützen gehaltenen, nach oben gewendeten silbrigen Schale aus Leichtbeton. 2008 wurde das vom Unterstock bis zum Oberrand der Schale neugestaltete Museum wieder eröffnet. Zwischen teils weiß, teils bläulich durchleuchteten Glaswänden präsentiert sich die automobile Produktion von den schlichten Gefährten aus der Mitte des 20. Jh.s bis zu den Hightechstudien heute, unterwegs zu maximierter Ausstattung bei minimiertem Energieverbrauch und Immissionsanteil. Zusätzlich wird eine Werkbesichtigung auf einem Laufsteg über den Robotern und Mechanikern angeboten. Ein 2007 erbauter Besucherweg führt durch die Produktionshallen.

Allianz-Arena (München-Fröttmaning): Wie ein überdimensionierter Schwimmring liegt Münchens Weltmeisterschaftsstadion an der Schwabinger Autobahnausfahrt nach Norden und setzt den Zeltdächern des Olympiastadions eine weiche Rundform entgegen. Der 2005 nach dem Entwurf des Schweizer Architektenbüros Herzog & de Meuron realisierte Neubau mutet trotz der Größe leicht an. Den Architekten ist hier die Quadratur des Kreises geglückt, umfasst doch die Rundform ein rechteckiges Stadion mit 66 000 Sitzen. Drei nach oben hin immer steilere Ränge gewähren auch von den obersten Sitzreihen unter dem Dach in 50 m Höhe optimale Sicht. Die Dachkonstruktion kann zurückgefahren werden. Zu den Besonderheiten der in einem Chiemgau-Dorf entwickelten Außenmembran gehört es, dass die gesamte Stadionhülle je nach Bedarf in den Vereinsfarben des Bayern-Clubs oder der Sechziger rot-weiß oder blau-weiß erscheint. Für die deutsche Nationalmannschaft erstrahlt es in Weiß. Mit ihren Farbspielen ist die Arena zu einem neuen München-Wahrzeichen geworden.

Messe München (Messegelände): Münchens Flughafen Riem war noch keine 60 Jahre alt, als er ausgedient hatte. 1939 wegen des Krieges ohne zivilen Flugdienst in Betrieb genommen, wurde er 1945 zu 70 Prozent zerstört. 1949

Die Alpengipfel begrüßen die Besucher der ›Messe München‹

früher als alle anderen deutschen Flughäfen als Verkehrs-
flughafen wiedereröffnet, wuchs er bis Ende der 1980er-
Jahre auf über 10 Millionen Fluggäste pro Jahr und war
nach Frankfurt der zweitgrößte Flughafen der Bundesrepublik Deutschland. 1992 konnte der neue Flughafen im
Erdinger Moos bei Freising eingeweiht werden, der Franz-
Josef-Strauß-Flughafen ›MUC 2‹. Das Gelände des Riemer
Flughafens aber wurde für die Messe München frei, deren
vom Anfang des 20. Jh.s stammendes, ursprünglich nur 25
Hektar großes Ausstellungsgelände schon lange zu klein
geworden war.

Der Grundstein für die Neue Messe München wurde
1995 gelegt, 1998 öffneten die Hallen des ersten Bauabschnitts. Zuvor waren Messe und der gesamte neue Stadtteil ›**Messestadt Riem**‹ in einem Wettbewerb ausgeschrieben worden, den Realisierungswettbewerb gewann das
dänische Architektenbüro Bystrup, Bregenhoj & Partner,
Kopenhagen. Das Areal der Messestadt, in West-Ost-

Richtung etwa 2,5 km umfassend, in Nord-Süd-Richtung etwa 2 km, teilt sich in drei Streifen. Im nördlichen Bereich stehen die Messehallen samt Freigelände, im mittleren der Wohnteil mit Infrastruktur und im südlichen der **Riem-Park** samt Riem-See. 2005 fand hier die Bundesgartenschau statt. Bei den Messehallen liegt ein kleiner Messe-See. Hier thematisieren zwei Kunstobjekte von Stephan Huber Bayerns Nähe zu den Alpen: 29 Kunststeinberge präsentieren sich in einem zwölf Meter hohen Regal am südlichen Teil des Sees, die großen Flüsse und Seen der Alpen sind in einer fünf Meter hohen Vitrine in Gestalt von blauen Neonumrissen am nördlichen Teil des Sees zu sehen.

Die 17 Messehallen bieten 180 000 qm Ausstellungsfläche, das Freigelände noch einmal soviel. Ein Gigabit-Ethernet steht mit Tausenden von Anschlüssen zur Verfügung. Das Internationale Congress Center München (ICM) bietet für Veranstaltungen aller Art 18 Säle. Ein Blockheizkraftwerk, eine der weltweit größten Photovoltaik-Anlagen (2,6 Megawatt) auf den Hallendächern und große Grünflächen dokumentieren den ökologischen Anspruch. Münchens Messe zählt mit denen von Hannover, Frankfurt a. M., Köln und Düsseldorf zu den führenden deutschen Messeplätzen, weltweit zu den zehn wichtigsten. Bauwirtschaft, Umwelttechnologie, Getränketechnologie, Transport und Logistik, Automatisierung und Robotik, Neue Technologien und Elektronik sowie die Sportartikelmesse ISPO sind einige der attraktivsten Themen. (www.messe-muenchen.de)

Museen in München

Münchens Museumslandschaft zählt heute zu den weltweit reichsten. In ihren Anfängen geht sie zurück auf die kurfürstliche Gemäldegalerie 1783 am Hofgarten. Doch erst mit dem Bau der Alten Pinakothek von 1836 legte König Ludwig I. den Grundstein für die Münchner Kunstmuseen, die drei glücklichen Konstellationen zu verdanken sind: erstens dem Sammlereifer mehrerer Familienzweige der Wittelsbacher und der Zusammenführung ihrer schon damals hochgerühmten Kunstschätze in Mannheim, Zweibrücken und Düsseldorf mit denen in München; zweitens dem enormen Impetus Ludwigs I., der München zur ›Kunststadt‹ machte und selbst nochmals große Summen für Ankäufe aufbrachte, seine Kunstagenten nach Italien und Griechenland schickte, aber auch die Heidelberger Sammlung ›altdeutscher‹ Meisterwerke der Brüder Boisserée nach München brachte; drittens der bayerischen Museumspolitik seit dem Zweiten Weltkrieg, die sich nicht mit dem Wiederaufbau der zerstörten Wittelsbacher Museen begnügte, sondern der alten wie der gegenwärtigen Kunst Raum gab, bis hin zum Bau der ›Pinakothek der Moderne‹.

In der folgenden Auswahl aus mehr als hundert Münchner Museen sind vor allem die Kunst- und Architekturmuseen berücksichtigt. Museen, die bereits im Hauptteil des Bandes vorgestellt werden, sind nur mit einem Kurzeintrag aufgenommen.

Die großen Museen sind in der Regel von Dienstag oder Mittwoch bis Sonntag von 10 bis 17 Uhr geöffnet. Die Neue Pinakothek hat ihren Ruhetag am Dienstag.

Alte Pinakothek (Barer Straße 27): eine der bedeutendsten und ältesten Gemäldegalerien der Welt mit Werken europäischer Meister vom 14. bis 18. Jh. Siehe S. 160. (www.pinakothek.de)

Archäologische Staatssammlung, Museum für Vor- und Frühgeschichte (Lerchenfeldstraße 2): Zeugnisse der Besiedlung Bayerns von der Altsteinzeit bis ins Mittelalter. Das 1973–75 entstandene Gebäude gilt als erster moderner Museumsbau Bayerns. Die Architekten Wertz, Ottow und Partner errichteten in Skelettbauweise einen Zwei-Etagen-Museumstrakt aus sechs, um zwei Innenhöfe arrangierten Kuben, dazu ein Verwaltungs- und Werkstättengebäude, dem auch das Foyer des Museums, der Eingangsbereich und eine Halle für Wechselausstellungen zugehört. Insgesamt fügt sich die moderne Architektur gut proportioniert in das städtebaulich zentrale Umfeld zwischen dem südöstlichen Randbereich des Englischen Gartens, dem nahen Komplex des Nationalmuseums und den gründerzeitlichen Bauten der Oettingenstraße ein.

Ersten Anstoß für die Archäologische Sammlung gab 1759 die Gründung der Bayerischen Akademie der Wissenschaften, aus der die ›Centralstelle für Untersuchung und Aufsammlung der im ganzen Lande gefundenen urgeschichtlichen Altertümer‹ hervorging (erst 1807, Bayern war gerade Königreich geworden). 1867 dem Bayerischen Nationalmuseum angegliedert, wurde die ›urgeschichtliche‹ Sammlung seit 1885 als eigene Abteilung der Paläontologischen Sammlung (Gründung 1843) verwaltet. Die Zerstörung der ›Alten Akademie‹, wo die Sammlung während der Hitler-Herrschaft untergebracht war, brachte auch ihr Verluste. 1949 wechselte sie ins ›Studiengebäude‹ des Bayerischen Nationalmuseums.

Die ›Archäologische Staatssammlung‹ gliedert sich in vier chronologisch abgegrenzte Bereiche: Vorgeschichte (in zwei Abteilungen), Römerzeit und frühes Mittelalter. Sie reicht damit von der Altsteinzeit bis ins Reich Karls des Großen, zugleich von den Zeugnissen des alltäglichen Lebens bis zu einem ›Blick in den Götterhimmel der Kelten, Römer und Germanen‹. Verbunden ist das Haus an der Lerchenfeldstraße mit einem bayernweiten Netzwerk von Zweig- und Partnermuseen. Im Münchner Nahbereich zählt dazu das ›Burgmuseum Grünwald‹ – eines von mehr als einem Dutzend archäologischen Museen. (www.archaeologie-bayern.de)

Bayerisches Nationalmuseum (Prinzregentenstraße 3): über Bayern weit hinausgreifende Sammlungen zu Kunst, Kunsthandwerk und Volkskunde – Schatzhaus der bayerischen und europäischen Kulturgeschichte. Siehe S. 189. (www.bayerisches-nationalmuseum.de)

BMW-Museum (Petuelring 130): Die Dauerausstellung präsentiert Autogeschichte und »Visionen« vom Auto. Siehe S. 247. (www.bmw-museum.de)

Deutsches Museum (Museumsinsel 1): weltweit eines der größten und meistbesuchten technisch-naturwissenschaftlichen Museen. Siehe S. 216. (www.deutsches-museum.de)

Deutsches Museum Verkehrszentrum (Theresienhöhe 14a): Der Umzug der ›Messe München‹ von der Theresienhöhe nach Riem hinterließ die fast hundertjährigen Ausstellungshallen I, II, III, entworfen und gebaut 1907–08 von Wilhelm Bertsch, dem auch die Gesamtplanung der Messearchitektur anvertraut war. 1999 übergab die Stadt diese drei Hallen an das Deutsche Museum, für ein Forum für neue Technologien. Als Stahlbeton-Skelettbauten errichtet, waren die Messehallen zu Anfang des 20. Jh.s überaus fortschrittlich und stabil (die Halle III damals in ganz Europa die größte). Wegen ihres historischen Stellenwerts stehen sie unter Denkmalschutz. Für die neue Nutzung waren aufwändige Restaurierungs- und Rückbauarbeiten nötig. Zum 100-jährigen Gründungsjubiläum des Deutschen Museums 2003 konnte darum nur ein kleiner Teil des neuen Verkehrszentrums eröffnet werden, dem erst 2006 das ganze Museum, mit der beträchtlichen Ausstellungsfläche von 12 000 qm folgte. Die Sammlung gliedert sich in drei Teile: Stadtverkehr, Reisen, Mobilität und Technik. (www.deutsches-museum.de)

Deutsches Theatermuseum (Galeriestraße 4, Hofgartenarkaden): Die Münchner Hofschauspielerin Clara Ziegler (1844–1909), die ihre ersten Erfolge in ihrer Heimatstadt erreichte und dann jahrzehntelang auf Gastspielreisen mit großen dramatischen Rollen reüssierte, gründete die ›Clara-Ziegler-Stiftung‹, aus der 1910 das erste und bis heute führende deutsche Theatermuseum hervorging. Die Villa der Schauspielerin in der Königinstraße diente nach ihrem Tod von 1910 bis 1944 als Domizil der Sammlung; die rechtzeitige Auslagerung der wichtigsten Bestände vor der Zerstörung des Hauses im Zweiten Weltkrieg rettete sie vor der Vernichtung. Der aktuelle Sammlungsbestand umfasst über eine Million Objekte, darunter 700 000 Programmhefte deutschsprachiger Aufführungen, 100 000 Exemplare von Theaterzeitschriften, wissenschaftlicher Literatur, Manuskripten, Partituren und Libretti, dazu Autographen, historische Schallplatten und andere Tonträger. Daneben existiert eine Sammlung von Bühnenbildmodellen, rund 3 Millionen Theaterfotos und Zeichnungen. Mehrmals jährlich finden Einzelausstellungen statt. (www.stmwfk.bayern.de/kunst/museen/theatermuseum.html)

Glyptothek (Königsplatz 3): Hauptwerke griechischer und römischer Antike. Siehe S. 166. (www.antike-am-koenigsplatz.mwn.de/glyptothek)

Jüdisches Museum München (Sankt-Jakobs-Platz 20): Die Dauerausstellung »Stimmen – Orte – Zeiten« beleuchtet in sieben Installationen die jüdische Geschichte und Kultur in München. Wechselausstellungen. Siehe S. 130. (www.juedisches-museum-muenchen.de)

Kunstsammlung des Herzoglichen Georgianum (Professor-Huber-Platz 1). Die Kunstsammlung kam zusammen mit dem 1494 ergänzend zur Landesuniversität in Ingolstadt von Herzog Georg dem Reichen gegründeten

Priesterseminar 1826 nach München. Friedrich von Gärtner bezog das neue Gebäude im Norden der noch entstehenden Ludwigstraße wie das spiegelbildlich entsprechende Sankt-Joseph-Stift nördlich der Veterinärstraße in
das architektonische Konzept der Ludwig-Maximilians-
Universität ein. Priesterseminar Georgianum, Universität,
Sankt-Joseph-Stift entstanden zwischen 1835 und 1840 als
Gesamtwerk. Der Winkelbau des Georgianums weist darum entsprechende Architekturmerkmale auf, ein Erdgeschoss und über hohem Sockel zwei repräsentative Obergeschosse mit Rundbogen und Rundfenstern, in den
Obergeschossen die Fenster in Dreiergruppen. Ein viertes,
schlichter gestaltetes Geschoss, mit einem Schmuckfries,
reicht zu Gesims und Attika hinauf. Zur Gartenseite hin
befindet sich in der Seminarkapelle *Coena Domini*, ein romanisches Kruzifix aus der Pfarrkirche von Leuterschach
bei Marktoberdorf.

Das Museum entstand aus einer Lehrsammlung für die
künftigen Priester. Es umfasst Beispiele deutscher Malerei
und Skulptur vom 11. bis zum 20. Jh., außerdem Kultgeräte, dazu in der Bibliothek Inkunabeln und Wiegendrucke. Unter den Künstlern finden sich namhafte wie der
Meister von Rabenden (im Chiemgau) und Jörg Syrlin.
(www.herzoglichesgeorgianum.de)

Marstallmuseum (Schloss Nymphenburg, Eingang 1):
im Erdgeschoss Sammlung historischer Fahrgestelle, im
Obergeschoss die Sammlung der Nymphenburger Porzellanproduktion. Siehe S. 236. (http://www.schloesser-
bayern.de/deutsch/schloss/objekte/ny_marst.htm)

Münchner Stadtmuseum (Sankt-Jakobs-Platz 1): Stadtgeschichte mit verschiedenen Spezialabteilungen (Fotografie,
Musikinstrumente, Wohnkultur, Puppentheater, Schaustellerei und Filmmuseum). Siehe S. 125. (www.stadtmuseum-
online.de)

Museum für Abgüsse Klassischer Bildwerke (Meiserstraße 10): Sammlung von originalgetreu abgeformten griechischen und römischen Skulpturen. Siehe S. 163. (www.abgussmuseum.de)

Museum Brandhorst (Theresienstraße 35a): Stiftung moderner Kunst des Kölner Sammler-Ehepaars Udo und Anette Brandhorst, eröffnet 2009. Siehe S. 156. (www.museum-brandhorst.de)

Museum Villa Stuck (Prinzregentenstraße 60): Wohnhaus und Ateliergebäude des ›Malerfürsten‹ Franz von Stuck, Jugendstilmuseum. Siehe S. 200. (www.villastuck.de)

Neue Pinakothek (Barer Straße 29): Museum für europäische Malerei und Skulptur vom späten 18. bis 20. Jh. Siehe S. 153 (www.pinakothek.de/neue-pinakothek)

Pinakothek der Moderne (Barer Straße 27): Nach jahrzehntelangen Provisorien der ›Staatsgalerie moderner Kunst‹ wurde der klassischen Moderne und der zeitgenössischen Kunst mit der Pinakothek der Moderne ein neues Forum zuteil. Exponate der ›Sammlung Moderne Kunst‹, der ›Neuen Sammlung‹, des ›Architekturmuseums der Technischen Universität München‹ und der ›Staatlichen Graphischen Sammlung München‹. Siehe S. 157. (www.pinakothek.de)

Residenz (Verwaltung der Residenz, Residenzstraße 1): eine über fünf Jahrhunderte entstandene weitläufige, prächtige Stadtschlossanlage, die in zwei Führungslinien (Vormittag und Nachmittag) zu besichtigen ist. Die Residenz beherbergt auch die ›Staatliche Münzsammlung‹ mit etwa 2500 Münzen und Gemmen in der Ausstellung und einer Viertelmillion Objekte in der Studiensammlung. Siehe S. 91. (www.residenz-muenchen.de)

Sammlung Goetz (Oberföhringer Straße 103): Zeitgenössische Sammlung der Kunstsammlerin Ingvild Goetz. Siehe S. 210. (www.sammlung-goetz.de)

Schack-Galerie (Prinzregentenstraße 9): Gemäldesammlung des Grafen Adolf Friedrich von Schack mit rund 270 Werken der deutschen Früh- und Spätromantik. Siehe S. 191. (www.pinakothek.de/schack-galerie)

Schloss Nymphenburg und Parkburgen (Schloss und Gartenverwaltung Nymphenburg, Eingang 19): neben Schönbrunn und Versailles eines der prächtigsten Schlösser Europas. Die musealen Sammlungen im Schloss und in den Parkburgen fügen sich in diese große Architektur- und Landschaftsschöpfung. Siehe S. 229 (www.nymphenburg.com)

Schlossanlage Schleißheim (Max-Emanuel-Platz 1): Die Schleißheimer Schlösser im Norden Münchens liegen außerhalb des Stadtgebiets, sind aber historisch der herzoglichen und kurfürstlichen Wittelsbacher Residenz eng verbunden: Das 1617–23 von Herzog Wilhelm V. erbaute Alte Schloss Schleißheim ist seit 1986 mit der Ausstellung »Das Gottesjahr und seine Feste« (Sammlung Gertrud Weinhold) ein Zweigmuseum des Bayerischen Nationalmuseums. Das Neue Schloss, erbaut 1701–26 von Kurfürst Max Emanuel, präsentiert sich als großartiges, wenn auch nur als Teilstück des ursprünglichen Konzepts verwirklichtes Barockschloss. Erst nach Max Emanuels Tod begann die Entwicklung hin zum Galerieschloss mit großer Barocksammlung, der heutigen Staatsgalerie europäischer Malerei des Barock. Schloss Lustheim, 1684–1689 (Abschluss der Innenausstattung) erbaut von Enrico Zuccalli zur Heirat Max Emanuels mit der Kaisertochter Maria Antonia, ist wegen seiner erhaltenen barocken Deckenfresken und der seit 1972 ausgestellten Sammlung Meißner Porzellans (Sammlung Ernst Schneider) berühmt. (www.schloesser-schleissheim.de)

Staatliche Antikensammlung (Königsplatz 1): Die Sammelschwerpunkte umfassen Vasen, Bronzen, Terrakotten sowie Gold und Silber. Siehe S. 116. (www.antike-am-koenigsplatz.mwn.de/antikensammlung)

Staatliches Museum Ägyptischer Kunst (Hofgartenstraße 1): König Ludwig I. hatte starkes Interesse an der Kunst Ägyptens zur Pharaonenzeit. Ergänzend zu den wenigen ägyptischen Objekten aus der Hinterlassenschaft

Albrechts V. kaufte er für die Glyptothek und deren
›Ägyptischen Saal‹ mehrere Skulpturen. Das wittelsbachi-
sche Ägypten-Erbe wurde nach dem Zweiten Weltkrieg
mit dem bayerischen Staatsbesitz anderer Orte zusam-
mengeführt, seit 1970 werden die Skulpturen, Kultgegen-
stände, Schmuckstücke u. a. im Festsaalbau der Residenz
ausgestellt. 2008 wurde südlich der Pinakotheken ein
Neubau begonnen. (www.stmwfk.bayern.de/kunst/museen/
aegypt.html; www.aegyptisches-museum-muenchen.de)

Staatliche Graphische Sammlung (Meiserstraße 10): Die
auf Karl Theodors 1758 gegründetes ›Kupferstich- und
Zeichnungs-Kabinett‹ zurückgehende Sammlung mit rund
400 000 Zeichnungen und Druckgraphiken, die nur in Wechselausstellungen in der Pinakothek der Moderne gezeigt
werden können. Siehe S. 163. (www.stmwfk.bayern.de/
kunst/museen/graphische_sammlung.html)

Staatliches Museum für Völkerkunde (Maximilianstraße 42): Die Anfänge des Völkerkundemuseums reichen mindestens bis in die Renaissance zurück, 1782
konnten Münchens Bürger in der Hofgartengalerie erstmals die ›Kuriositätensammlung‹ der Wittelsbacher Herzöge und Kurfürsten betrachten. Ein eigenes repräsentatives Gebäude erhielt die völkerkundliche Sammlung jedoch erst 1926 in dem 1866 gegenüber dem Gebäude der
Regierung von Oberbayern für das Bayerische Nationalmuseum geschaffenen Bau von Eduard Riedel. Der Museumsbau wurde im Bürklein-Stil der Maximilianstraße
gestaltet. Der dreigeschossige Haupttrakt wird von zweigeschossigen Flügelbauten gerahmt, auf das Bayerische
weisen an der Attika das bayerische Staatswappen und die
Bavariafigur sowie am Hauptportal die als Teutonen oder
Bajuwaren bezeichneten Atlanten. Unter der Fülle allego-
rischer Figuren sind an den Seitenrisaliten des Haupttrakts
und an den Eckrisaliten der Flügelbauten zwischen Erdgeschoss und erstem Stock die acht *Kardinaltugenden des
Bayernvolks* dargestellt (v. l. n. r.): Vaterlandsliebe (Bürger

mit Fahne), Treue (Figur mit Perücke, Graf Arco), Fleiß (Jakob Fugger), Großmut (Kaiser Ludwig der Bayer), Tapferkeit (Friedrich der Siegreiche), Frömmigkeit (hl. Severin), Gerechtigkeit (König Ruprecht von der Pfalz), Weisheit (Albrecht IV.).

König Ludwig II. ließ 1868 sämtliche europäischen Objekte ausgliedern und den Namen in Königlich Ethnographisches Museum ändern. Der Anteil der bayerischen Ethnologen an der Entwicklung der Sammlung ist groß, so z. B. Herzog Maximilian von Leuchtenberg (Arktis), Prinzessin Therese von Bayern (Südamerika), die Oberin der Englischen Fräulein in Nymphenburg, Xaveria Berger (Indien) und die Brüder Schlagintweit (Zentralasien). Der Krieg zerstörte am schwersten den Westtrakt und den Südflügel, erst 1954 konnte das Museum wieder geöffnet werden. In den 1990er-Jahren wurde das Haus im Innern vollständig restauriert. (www.voelkerkundemuseum-muenchen.de)

Städtische Galerie im Lenbachhaus (Luisenstraße 33): in der ›toskanischen‹ Villa des Malerfürsten Franz von Lenbach samt Nebenbau ein Museum des ›Blauen Reiters‹, der Münchner Schule des 18. und 19. Jh.s, des Jugendstils, der Neuen Sachlichkeit, des 20. Jh.s und der zeitgenössischen internationalen Kunstszene. Siehe S. 168. (www.lenbachhaus.de)

Valentin-Karlstadt-Musäum (Tal 50, südlicher Isartorturm): ein Kultort der Komiker- und Volkssänger-Freunde. Siehe S. 116. (www.valentin-musaeum.de)

Anhang

Übersichtskarte

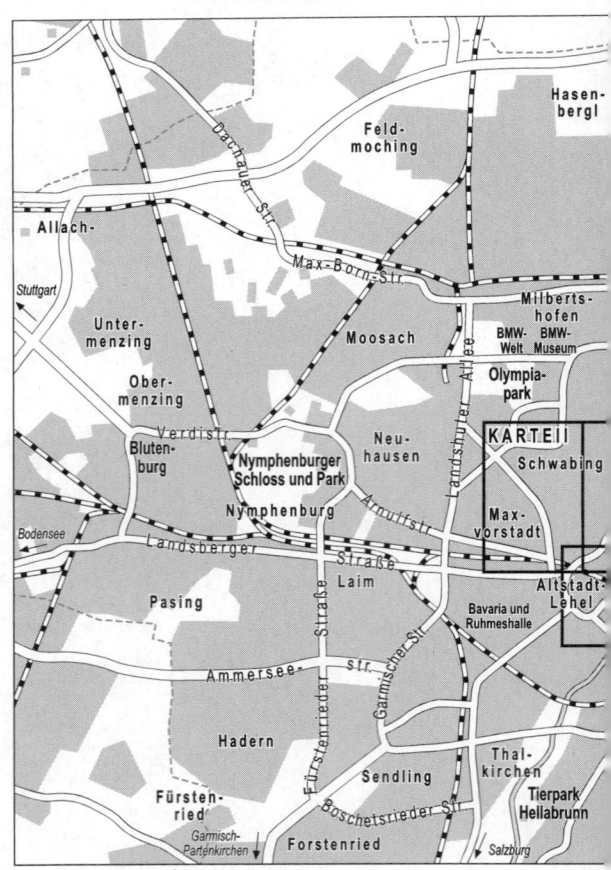

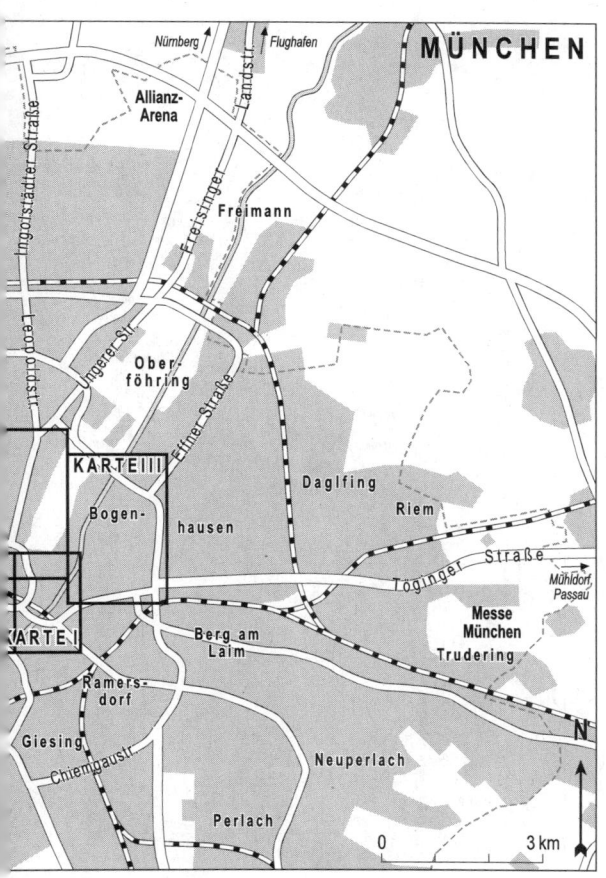

Karte I

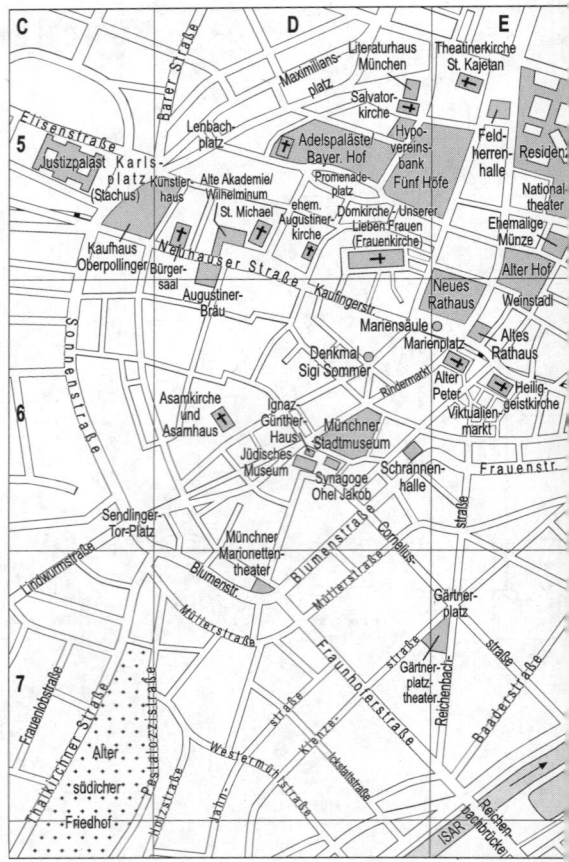

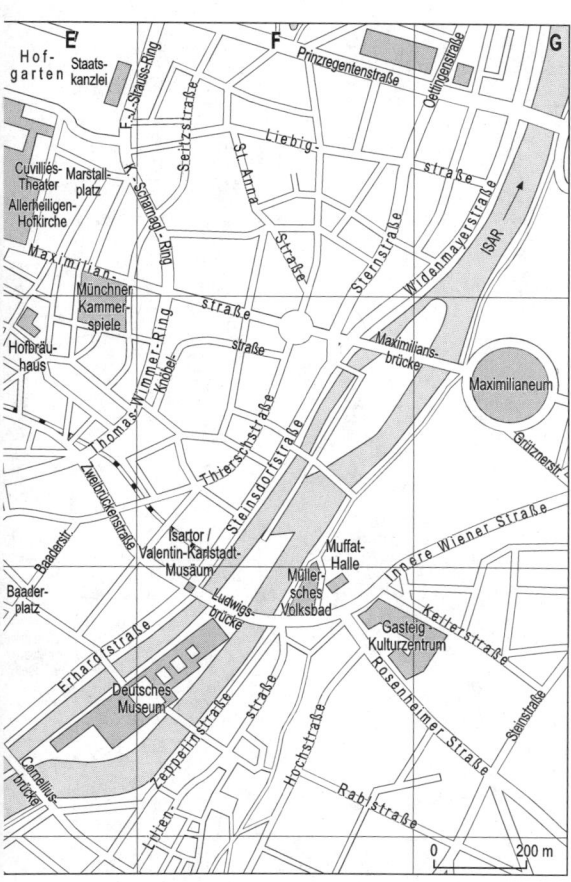

Karte II

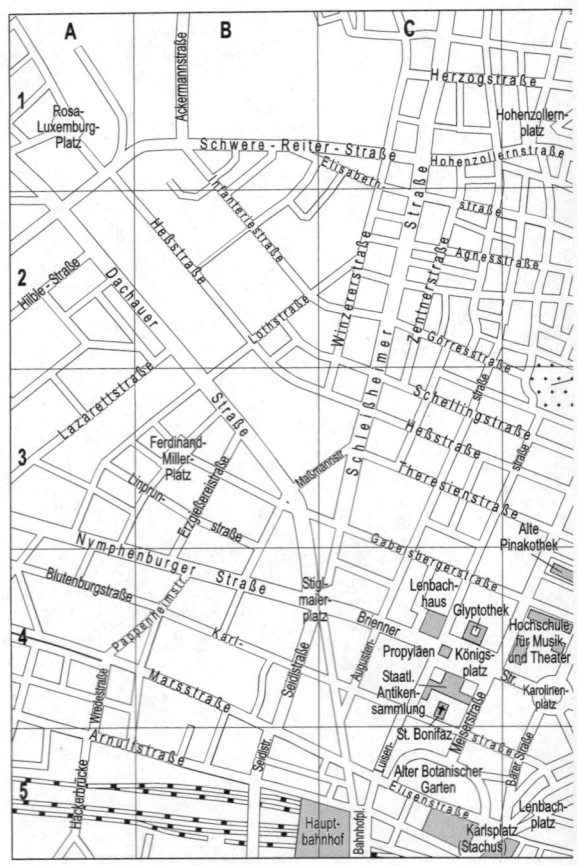

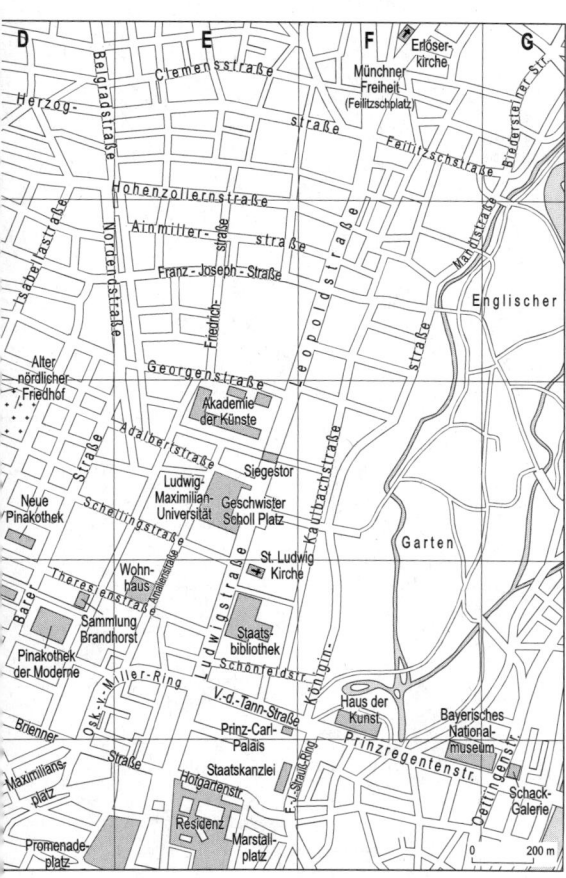

Karte III

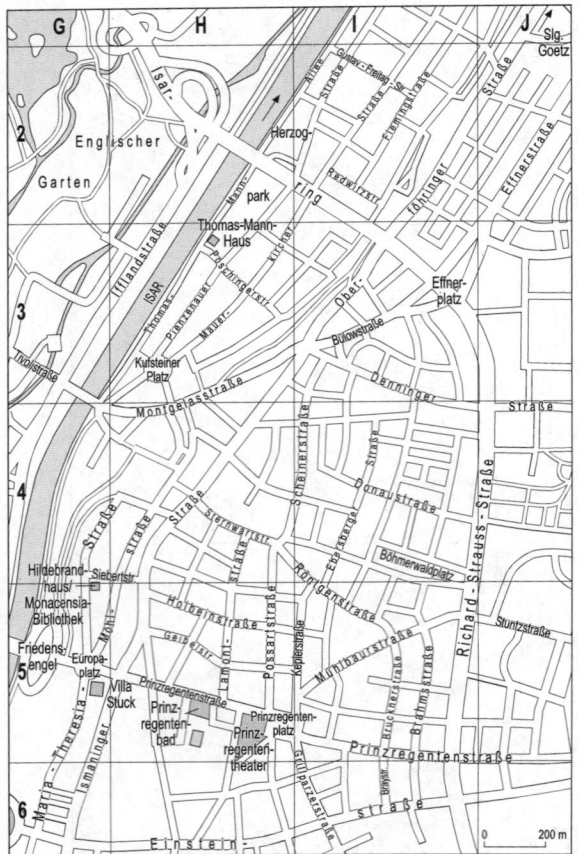

Nachweis der Karten und Abbildungen

Günter Baumann, Gerlingen: S. 84, 246; Michael Neumann-Adrian, München: S. 181; Bernd Römmelt, München: S. 69, 129; Anna Schulze, Hannover: S. 96, 97, 186, 187, 232, 244, 262–268; Tourismusamt München: S. 37 (F. Mader), 57 (Christl Reiter), 88 (J. Lutz), 92 (W. Hoesl), 103 (Bernd Römmelt), 137 (J. Wildgruber), 142 (Peter Hutzler), 158 (Bernd Römmelt), 165 (Alfred Müller), 169 (Städt. Galerie Lenbachhaus), 196 (T. Krüger), 212 (J. Kankel), 217 (Deutsches Museum), 227 (C. L. Schmitt), 230 (W. Hoesl), 242 (H. Gebhardt), 249 (S. Bruckmeier)

Weiterführende Informationen

Literatur

Bärnreuther, Andrea: Revision der Moderne unterm Hakenkreuz. Planungen für ein ›neues München‹. München 1993.

Bauer, Richard: Geschichte Münchens. Vom Mittelalter bis zur Gegenwart. München 2008.

– / Graf, Eva: Stadtvergleich. Münchener Ansichten. München 1995.

Biller, Josef H. / Rasp, Hans-Peter: München. Kunst und Kultur. Stadtführer und Handbuch. 2., aktualisierte Auflage München 2006.

Buttlar, Adrian von / Bierler-Rolly, Traudl (Hrsg.): Der Münchner Hofgarten. Beiträge zur Spurensicherung. München 1988.

Dehio, Georg: München. Bearb. von Ernst Götz, Heinrich Habel, Karlheinz Hemmeter und Friedrich Kobler. Handbuch der Deutschen Kunstdenkmäler, fortgeführt von Ernst Gall. München 1996.

Eikelmann, Renate: Bayerisches Nationalmuseum. Handbuch der kunst- und kulturgeschichtlichen Sammlungen. München 2000.

Götz, Norbert / Schack-Simitzis, Clementine (Hrsg.): Die Prinzregentenzeit. Katalog zur Ausstellung im Münchner Stadtmuseum. München 1988.

Groß, Gerhard: München wie geplant. Ausstellung im Münchner Stadtmuseum. Hrsg. vom Referat für Stadtplanung und Bauordnung der Landeshauptstadt München. München [o. J.].

Haberlik, Christina: Neue Architektur in München. Berlin 2004.

Hohoff, Curt: München. München 1970.

Huse, Norbert: Kleine Kunstgeschichte Münchens. 2., durchges. Auflage München 1992.

Kachelmann, Jakob / Obermeier, Claus: Grün in München. Plätze, Parks und Paradiese. München 2005.

Klein, Dieter: Martin Dülfer. Wegbereiter der deutschen Jugendstilarchitektur. Hrsg. vom Bayerischen Landesamt für Denkmalpflege. München 1981.

Kotteder, Hans / Wolf, Eberhard (Hrsg.): Der Krieg ist aus. Erinnern in München nach 1945. Mit vielen Fotos. München 2005.

Krause, Alexander: Arcisstraße 12. Palais Pringsheim – Führerbau –

Amerika Haus – Hochschule für Musik und Theater. München 2005.

Kronawitter, Georg: Mit aller Leidenschaft. 20 Jahre Politik für München. München 2001.

Landeshauptstadt München, Münchner Stadtmuseum, Referat für Stadtplanung und Bauordnung, Stadtarchiv München (Hrsg.): München wie geplant. Die Entwicklung der Stadt von 1158 bis 2008. München 2004.

Landeshauptstadt München – Zentrum. Bayerisches Landesamt für Denkmalpflege. München 2008.

Metzger, Rainer: München. Die große Zeit um 1900. Kunst, Leben und Kultur 1890–1920. Wien 2008.

Münchner Bürgerliche Baukunst der Gegenwart. Eine Auswahl von charakteristischen öffentlichen und privaten Neubauten. München 1898–1909.

Nerdinger, Winfried: Richard Riemerschmid – Vom Jugendstil zum Werkbund. München 1982.

– (Hrsg.): Friedrich von Gärtner. Ein Architektenleben 1791–1847. Mit den Briefen an Johann Martin von Wagner. München 1992.

– (Hrsg.): Architekturführer München (dt./engl.). Texte von Katharina Blohm und anderen, in Zus.-Arb. mit dem Architekturmuseum der Technischen Universität München. 3., überarb. und erw. Auflage Berlin 2007.

Neumann-Adrian, Edda und Michael: Literarisches München. Dichter, Literaten, Philosophen, Wohnorte und Werke. 2., erw. und aktualisierte Auflage Berlin 2008.

– Münchens Lust am Jugendstil. Häuser und Menschen um 1900. 2., erw. und aktualisierte Auflage München 2006.

Rosenfeld, Gavriel D.: Architektur und Gedächtnis. München und Nationalsozialismus. Strategien des Vergessens. Aus dem Amerikanischen von Uli Nickel und Bernadette Ott. München/Hamburg 2004.

Schleich, Erwin: Die zweite Zerstörung Münchens. Stuttgart 1978.

Schrick, Kirsten Gabriele: München als Kunststadt. Dokumentation einer kulturhistorischen Debatte von 1781–1945. Wien 1994.

Till, Wolfgang / Weidner, Thomas (Hrsg.): Typisch München. Das Jubiläumsbuch des Münchner Stadtmuseums. München 2008.

Tworek, Elisabeth: … und dazwischen ein schöner Rausch. Dichter und Künstler aus aller Welt in München. München 2008.

Internetseiten

Offizielle Informationsseite der Stadt:
  www.muenchen.de
Stadtverwaltung mit Bibliotheken:
  www.ssl.muenchen.de
Aktuelle Ausstellungen:
  www.ask.com
Hotelführer für München, mit Buchungsmöglichkeit:
  www.hotel.muenchen.de

Objektregister

Personenregister